Frederick de Moll

Bildung als Medium der jüdischen Emanzipation

Eine Untersuchung
des jüdischen Bildungsverständnisses
zwischen Aufklärung und Tradition

Frederick de Moll

BILDUNG ALS MEDIUM DER JÜDISCHEN EMANZIPATION

Eine Untersuchung
des jüdischen Bildungsverständnisses
zwischen Aufklärung und Tradition

ibidem-Verlag
Stuttgart

Bibliografische Information der Deutschen Nationalbibliothek
Die Deutsche Nationalbibliothek verzeichnet diese Publikation in der
Deutschen Nationalbibliografie; detaillierte bibliografische Daten sind im
Internet über http://dnb.d-nb.de abrufbar.

Bibliographic information published by the Deutsche Nationalbibliothek
Die Deutsche Nationalbibliothek lists this publication in the Deutsche Nationalbibliografie;
detailed bibliographic data are available in the Internet at http://dnb.d-nb.de.

Für die Gestaltung des Umschlags sei der Kölner Grafik-Designerin Nadja Kalbfleisch gedankt. Zu sehen ist die Chanukkia, hier als Symbol für das traditionelle Judentum, vor dem Hintergrund des sich wegbahnenden Lichts der Aufklärung.

∞

Gedruckt auf alterungsbeständigem, säurefreien Papier
Printed on acid-free paper

ISBN-10: 3-8382-0009-8

ISBN-13: 978-3-8382-0009-5

© *ibidem*-Verlag
Stuttgart 2009

Alle Rechte vorbehalten

Das Werk einschließlich aller seiner Teile ist urheberrechtlich geschützt. Jede Verwertung außerhalb der engen Grenzen des Urheberrechtsgesetzes ist ohne Zustimmung des Verlages unzulässig und strafbar. Dies gilt insbesondere für Vervielfältigungen, Übersetzungen, Mikroverfilmungen und elektronische Speicherformen sowie die Einspeicherung und Verarbeitung in elektronischen Systemen.

All rights reserved. No part of this publication may be reproduced, stored in or introduced into a retrieval system, or transmitted, in any form, or by any means (electronical, mechanical, photocopying, recording or otherwise) without the prior written permission of the publisher. Any person who does any unauthorized act in relation to this publication may be liable to criminal prosecution and civil claims for damages.

Printed in Germany

»Vom Zuviel war die Rede, vom
Zuwenig. Von Du
und Aber-Du, von
der Trübung durch Helles, von
Jüdischem, von
deinem Gott.«

Paul Celan

Inhalt

Einleitung..9

1. Bildung im Judentum?..15
   1.1 Die Tradition des Lernens...15
   1.2 Jüdische Bildung und Interkulturalität..17
   1.3 Gelehrsamkeit versus Bildung..21
2. Historisch-systematische Vorüberlegungen..25
   2.1 Bildung als Akkulturation und bürgerliches Ideal..........................25
   2.2 Die zwei Dimensionen des Bildungsbegriffs bei Moses Mendelssohn.............29
   2.3 Emanzipation und Aufklärung..37
   2.4 Voraussetzungen und Ziele der Haskala...40
   2.5 Bildungsideal und der Prozess der Verbürgerlichung 43
3. Bildung und Judentum bei Moses Mendelssohn................................49
   3.1 Gläubiger Jude und Aufklärungsphilosoph – kein Widerspruch?....49
   3.2 Die Vervollkommnung des Menschen..54
   3.3 Über die Vereinbarkeit von Judentum und Bildung........................57
      3.3.1 Bewahrung des Judentums in der Moderne.............................57
      3.3.2 Exkurs: Die protestantische Aufklärung zwischen Vernunft und Glaube..63
      3.3.3 Schattenseiten der Bildung...70
   3.4 Mendelssohn und die jüdische Erziehung.......................................74
   3.5 Die Freischule zwischen Mehrheitskultur und Judentum................78
4. Hartwig Wesselys Versuch einer Vereinigung von Bildung und Judentum............83
   4.1 Wessely zwischen Tradition und Aufklärung.................................83
   4.2 »Worte des Friedens und der Wahrheit«...87
   4.3 Ein missverstandener Reformer..104

5. David Friedländer und die Säkularisierung des Judentums..................109
   5.1 Friedländers Erziehungs- und Bildungskonzeption im Licht der jüdischen Emanzipation..................109
   5.2 Emanzipation um den Preis des Judentums?..................119
   5.3 Die Gefahr der Säkularisierung..................128

6. Die jüdische Orthodoxie: Ein anderer Weg in die Moderne..................133
   6.1 Säkularisierung und Emanzipation aus Sicht der traditionellen Rabbiner......133
   6.2 Samsons Raphael Hirsch – Biographische Notizen und intellektueller Hintergrund..................138
   6.3 Jüdische Religiosität zwischen Vernunft und Offenbarung..................141
   6.4 Probleme einer Erziehung im Geiste der jüdischen Lehre..................146
   6.5 Die Einheit von Bildung und Tora..................153
      6.5.1 Hirschs Entwurf einer jüdischen Bildung..................153
      6.5.2 Bildung zum Zwecke der Sittlichkeit und sozialer Teilhabe..................158
   6.6 Die doppelte Funktion orthodoxer jüdischer Bildung..................161

7. Bildung als Medium der jüdischen Emanzipation?..................165

Resümee..................179

Einleitung

Das jüdische Bildungsverständnis zwischen Aufklärung und Orthodoxie, zwischen Tradition und Moderne steht im Fokus der vorliegenden Untersuchung. Es werden vier Repräsentanten der jüdischen intellektuellen Elite in ihrer ideellen Wegbereitung der Verbindung von Judentum und Bildung in den Blick genommen. Dass diese aus dem deutschen Kulturraum stammen, ist einerseits der thematischen Eingrenzung geschuldet, andererseits der besonderen Situation der Juden in den deutschen Ländern. Modernisierung und Reformen des Judentums sind von Deutschland ausgegangen. Hier gelangte das intellektuelle jüdische Leben im 18. und 19. Jahrhundert, inspiriert vom Denken der Aufklärung, zu voller Blüte. Einen Ausschnitt dieses Lebens und seines Wirkungskreises möchte diese Arbeit zeigen.

Konkret wird der Beginn der Rezeption der Bildungsidee durch jüdische Aufklärer in der zweiten Hälfte des 18. Jahrhunderts thematisiert und dahingehend untersucht wie es gelang, die Bildungsidee, die der jüdischen Tradition zunächst entgegenstand, mit einem erneuerten Judentum zu vereinbaren. Die hier vorgestellten jüdischen Aufklärer – Mendelssohn, Wessely und Friedländer – variieren den Bildungsgedanken in ihrer je eigenen Weise, ergänzen sich gegenseitig, bauen ihre Vorstellungen aufeinander auf oder weichen von denen des Vorgängers erheblich ab. Durch ihr Wirken und Schreiben wurde die Tradition immer mehr zurückgedrängt, was schließlich zu Werk und Bildungskonzeption des Gründers der modernen Orthodoxie überleitet. Dieser, Samson Raphael Hirsch, ist in einem ähnlichen Kontext bislang kaum beachtet worden, da die Orthodoxie zumeist in ihrer Gegnerschaft zur Modernisierung und Öffnung des Judentums für die Bildungsinhalte der Umweltkultur dargestellt wird.

Das Besondere am Bildungsverständnis der vorgestellten Denker ist, wie der Titel der Arbeit vermuten lässt, das jeweils auffindbare Verhältnis zur rechtlichen Gleichstellung der Juden, zur Emanzipation.

Es wird gezeigt, wie das Bildungsverständnis der Juden sich im Spannungsfeld von jüdischer Tradition und Aufklärung gewandelt hat. Unter dem Anpassungsdruck der Umwelt und getrieben von dem Bedürfnis nach innerer Erneuerung haben sich jüdische Denker der Bildungsidee angenommen. Bildung wurde, in ihren jeweiligen Variationen, zu ihrem Leitgedanken auf dem mühsamen Weg zur mehr oder weniger offen geforderten Emanzipation. Bei Hartwig Wessely und Moses Mendelssohn steht noch die Reform der Erziehung, das Bemühen um die Bewahrung des Judentums angesichts der Herausforderungen durch die Aufklärungsphilosophie einerseits und die Verteidigung der Reform gegen traditionell gesinnte Rabbiner andererseits im Vordergrund. Im Kern geht es immer auch um die Verbreitung allgemeiner Bildung unter den Juden, die bis dahin weltliches Wissen nur sehr begrenzt im Rahmen der beruflichen Notwendigkeiten erworben hatten und dem Ideal des talmudisch Gelehrten verhaftet waren. Mendelssohn, Exponent der deutschen Aufklärungsphilosophie, trat für die Ausweitung der Bildung auch deshalb ein, weil durch sie der Mensch seiner Bestimmung zu Vollkommenheit und Glückseligkeit näher kommen sollte. Die Verbreitung und Verbreiterung des Wissens diente aber nicht bloß dem Streben nach Vollkommenheit, sondern einerseits der Anhebung der Nützlichkeit des Einzelnen für das Gemeinwesen und andererseits dem sozialen Aufstieg. Zunächst war der Gedanke der Nützlichkeit und damit der so genannten bürgerlichen *Verbesserung* durch Bildung maßgebend. Später, bei David Friedländer, wurde die Aussicht auf die Emanzipation zum tragenden Motiv für die Ausweitung der Bildung unter den Juden. Im Grunde hatte diese schon zuvor am Horizont jüdischer Hoffnungen gestanden, nun aber wurde sie kurzzeitig zu deren Nahziel. Friedländers Ansinnen wurde enttäuscht, die Emanzipation wurde von der Obrigkeit vertagt. Viele Juden hatten sich zwar bereits Bildung angeeignet, doch auch die Aufnahme ins Bildungsbürgertum erfolgte langsam und zu keiner Zeit standen sie auf gleicher Augenhöhe mit den deutschen Christen. Lange noch verweigerte die christliche Mehrheitskultur den Juden die völlige Gleichstellung in rechtlicher und sozialer Hinsicht. Nicht wenige Juden hatten da ihre Religion bereits aufgegeben und in der Bildung einen viel versprechenden Ersatz gefunden.

In Folge dessen besannen sich die Bewahrer des Judentums wieder auf die innere Reform. Beispielhaft dafür steht Samson Raphael Hirsch, welcher der Bildungsidee im traditionellen Judentum eine Heimat schuf und so die Tradition mit der Moderne versöhnte. Seine Ideen werden auch deshalb hier diskutiert, weil sie die rasche Verwurzelung des Bildungsgedankens im Judentum bis in die Orthodoxie hinein zeigen. Die Orthodoxie regenerierte sich letztlich durch Bildung und wurde so Teil des jüdischen Emanzipationsstrebens.

Zweierlei soll also hier aufgezeigt werden: zum einen werden die Wandlungen im Bildungsverständnis der genannten Denker behandelt und an ihnen verdeutlicht wie Juden am intellektuellen Leben in Deutschland partizipierten; zum anderen soll nachvollzogen werden, wie diese Wandlungen eine Funktion erfüllten, welche als Akkulturation gedeutet wird. Akkulturation bedeutet hier die Aneignung einer Kultur durch eine Minderheit, mit dem Ziel darüber die Emanzipation zu legitimieren.

Die vorliegende Arbeit gliedert sich grob in drei Teile. Im Sinne einer bildungstheoretischen und bildungshistorischen Kontextualisierung werden zunächst die Entwicklungen im Judentum vor der Emanzipationsepoche skizziert, um ein richtiges Verständnis davon zu entwickeln, welchen Umbruch die Bildungs- und Vernunftidee im Judentum einleitete. Die jüdische Tradition des Lernens wird ebenso behandelt wie die Lage der Juden vor der Emanzipation und der Einfluss der Aufklärung. Der dieser Arbeit zugrunde gelegte Bildungsbegriff wird ebenfalls zu erörtern sein wie überhaupt einige terminologische Vorüberlegungen von Nöten sind, um nicht in begriffliche Wirrnis zu geraten. In Anlehnung an Mosse wird Bildung als wichtiger, wenn nicht wichtigster Faktor begriffen, der den Juden die Verbürgerlichung und schließlich die Emanzipation ermöglichte (vgl. Mosse 1990, S. 169). Diese Deutung verweist auf Bourdieus Konzept des kulturellen Kapitals.

Im zweiten und eigentlichen Hauptteil der Arbeit werden die genannten vier jüdischen Denker vorgestellt. Dabei wird dem Leser womöglich auffallen, dass Samson Raphael Hirsch durchaus ausführlicher behandelt wird als die übrigen. Jene zeigen aber das aufklärerische Denken in je eigener Weise, während Hirsch etwas

Neues versucht. Zudem wurde Hirsch im Kontext der jüdischen Emanzipation bislang offenbar kaum thematisiert. Der Untersuchung seines Bildungsverständnisses hinsichtlich der Funktionalisierung von Bildung im Verbürgerlichungs- und Emanzipationsprozess der Juden wird daher besondere Aufmerksamkeit geschenkt. Dabei wird deutlich werden, dass nicht nur die jüdischen Aufklärer in ihrem Bildungsverständnis von der Aussicht auf die Emanzipation geprägt wurden.

In einem letzten Punkt soll die Frage nach der durch Bildung vermittelten Emanzipation aus (bildungs-)historischer Perspektive geklärt werden, um somit die bildungstheoretische Wirkungsgeschichte in einen weiteren historischen Rahmen zu stellen. Es wird die Frage aufgeworfen, inwiefern Bildung tatsächlich zur Emanzipation der Juden beitragen konnte und welchen Einschränkungen ein solches Verständnis unterworfen ist.

Schließlich muss freilich resümiert werden, welche Fragen nach der vorliegenden Darstellung offen bleiben und welche Implikationen die dargestellten Ideen über ihren historischen Zusammenhang hinaus erkennen lassen.

Die Forschungslage zu der vorliegenden Thematik ist noch immer unbefriedigend. Die meisten Darstellungen der Aufnahme des deutschen Bildungsideals durch die Juden seit der Aufklärung sind historischer Natur und schenken einer bildungstheoretischen Wirkungsgeschichte wenig oder gar keine Aufmerksamkeit. Dies ist freilich auch nicht ihr Anliegen. Zum Bildungsdenken der jüdischen Aufklärer, vor allem aber zu demjenigen jüdischer Reformer des 19. Jahrhunderts, zu denen auch Hirsch gezählt werden muss, fehlen systematische Untersuchungen gänzlich. So ist mit Uta und Ingrid Lohmann zu fragen: »Aber was wissen wir tatsächlich über sie? Was wissen wir über die jüdische als Teil der deutschen Bildungsgeschichte in jener Epoche?« (Lohmann/ Lohmann 2001, S. 13). Untersuchungen, welche die Bildung der Juden im Übergang zur Moderne zum Gegenstand haben, gebe es kaum. Auch Britta Behm bemerkt das Fehlen einer bildungstheoretischen Wirkungsforschung zu Mendelssohns Bildungsdenken (vgl. Behm 2002, S. 178). Gleiches muss freilich auch für Wessely und Friedländer gelten.

So ist denn die vorliegende Arbeit, die sich hauptsächlich auf philosophische und historische Literatur sowie die Primärtexte der jüdischen Denker stützt, auch ein bescheidener Versuch, dem Mangel an Arbeiten zu dieser Thematik abzuhelfen.

1. Bildung im Judentum?

1.1 Die Tradition des Lernens

Ohne im Rahmen dieser Arbeit auch nur im Ansatz die Geschichte jüdischen Lernens und jüdischer Erziehung überblicken zu können und zu wollen, sollen an dieser Stelle einige Grundzüge der jüdischen Tradition des Lernens, ihrer Bedeutung für das Judentum als Ganzes und für das jüdische Erziehungswesen aufgezeigt werden. Dies dient zuvorderst einer anfänglichen Orientierung mit Blick auf Thema und Fortgang der Untersuchung.

Die Tradition des Lernens beginnt im Judentum vermutlich mit der Zerstörung des zweiten Tempels durch die Römer im Jahre 70 n.d.Z.. Dieses Datum bedeutete das Ende des archaischen Opferkultes der Juden. Das Studium der Opfergesetze ersetzte fortan die Darbringung der Opfer. In der folgenden Zeit der Diaspora, des Lebens außerhalb ihres angestammten Landes, idealisierten die Juden das Studium ihrer heiligen Schriften, der Tora und des um diese Zeit verfassten Talmud und erhoben es zur religiösen Pflicht. Tendenziell findet sich diese Pflicht zum Lernen freilich schon früher. So gab es wohl seit mindestens dem ersten Jahrhundert v.d.Z. ein jüdisches Schulwesen, welches die religiöse Unterweisung der Söhne übernahm. Die jüdische Schule war von Beginn an ganz dem Studium der religiösen Texte verpflichtet und behandelte weltliches Wissen stets nur als Hilfswissen zum Tora-Studium. Günter Stemberger betont, dass alles Lernen »religiös ausgerichtet, damit Gottesdienst« (Stemberger 1995, S. 44) war. Das Lernen der Tora in der Kindheit, des Talmud spätestens seit dem frühen Erwachsenenalter, das nach jüdischer Tradition mit dem 13. Lebensjahr beginnt, verfolgten fromme Juden seit jener Zeit bis ins hohe Alter. Die Idealisierung des Lernens kommt auch darin zum Ausdruck, dass es »zum Inbegriff endzeitlicher Vollendung wurde, daß dann Gott selbst mit den erlösten Tora lernen wird« (ebd., S. 50). Elie Wiesel bringt die mit den Jahrhunderten auch emotional eminente Bedeutung des Talmudstudiums auf den Punkt:

»Talmud bedeutet Lehre, und den Talmud studieren heißt die Lehre studieren. ›Du sollst

Tag und Nacht die Tora studieren«, lautet ein biblisches Gebot, das sich gleichermaßen auf das Studium des Talmud bezieht. In beiden Fällen liegt der Akzent auf dem Studium als Heilmittel, wie auch das Gebet als Schutz gegen Unglück dient. Beim Gebet wenden wir uns an Gott, daß er in die Ereignisse eingreifen möge, beim Studium aber lassen wir ihn selbst an den Diskussionen teilnehmen, wobei er übrigens nicht immer eine gute Figur abgibt« (Wiesel 1992, S. 7).

In der Welt des osteuropäischen Schtetl hielt sich das Ideal jüdischer Gelehrsamkeit, wie es hier genannt werden soll, bis weit ins 19. Jahrhundert hinein, ja teilweise prägten die Lernhäuser noch bis zur Vertreibung und Ermordung der europäischen Juden in der Shoa das Bild des osteuropäischen Judentums. Herzog und Zborowski, die diese Welt anschaulich beschrieben haben, formulieren die Faszination religiösen, lebenslangen Lernens im Judentum so: »Es spielt keine Rolle, wie lange man lebt, die Entdeckung neuer Wunder in der grenzenlosen Komplexität und den zahllosen Sichtweisen des Gesetzes nimmt kein Ende« (Herzog/Zborowski 1991, S. 77). Die Hochachtung des religiösen Studiums kommt auch in dem jiddischen Wort *schul*, für Synagoge, zum Ausdruck. Manche Synagogen hatten bis spät in die Nacht für die Lernenden geöffnet (vgl. Rosten 2006, S. 555). Auch im deutschen Judentum vor der Aufklärung und bis ins 19. Jahrhundert hinein, war das Ideal der Gelehrsamkeit tief verwurzelt:

> »Das Talmud Thora, das Thorastudium nicht um irgendeines bestimmten Zweckes, sondern um seiner selbst willen, war das allgemein anerkannte Ideal der jüdischen Gesellschaft. Das gesamte Spektrum des Lebens, der Beschaffung des Lebensunterhalts, der Familienangelegenheiten, war, zumindest theoretisch, diesem hohen Ideal untergeordnet« (Ben-Sasson 1969, S. 962).

So erklärt sich auch die Dramatik, welche das Aufkommen des neuen Bildungsbegriffs in der Aufklärung für die Juden bedeutete. Plötzlich war ihr hohes Ideal in Frage gestellt. Plötzlich strebten Juden danach, sich allgemeines Wissen, überhaupt Bildung anzueignen und das religiöse Studium zu vernachlässigen. Die Welt der Judenghettos wurde diesen Juden zu eng, sie verlangten nach mehr Wissen und mit dem Mehr an Wissen wuchs ihre Verzweiflung über die misslichen Umstände ihres Lebens als rechtlich benachteiligte Minderheit. Um diesen Kontrast zwischen der Welt des Talmud und der Welt der Bildung eingehend zu vergegenwärtigen, soll hier der nochmals der Talmudkenner Wiesel zu Wort kommen:

»Wird das Exil für den Juden schwer und unerträglich, findet er im Talmud Trost und Hoffnung. Wenn draußen auf dem Markt aufgehetzte und blutrünstige Mörder ihre Messer wetzten, bemühten sich ein paar Schritte weiter Meister und Schüler in ihren Studienhäusern mit den schimmelzerfressenen Wänden, hier eine schwierige Stelle zu ergründen oder dort eine verwickelte Frage zu lösen, bei der es beispielsweise um die Gewänder gehen konnte, die der Hohepriester am Jom Kippur zu tragen hatte. Wenn sie sich die im verklärten Licht daliegende Vergangenheit vorstellten, ertrugen sie leichter die Finsternis, die ihnen drohte. Das Studium war ihnen eine Hilfe, dadurch ihrer Zeit die Stirn zu bieten, indem sie die Gegenwart, in der sie lebten, ins Zeitlose überhöhten, wo Worte und Zeichen eine über sie hinausgehende Bedeutung haben« (Wiesel 1992, S. 8).

Hieran wird neben der identitätsstiftenden Funktion des religiösen Lernens für die jüdische Minderheit erkennbar, was die jüdischen Aufklärer zunehmend abschreckte. In der Zeit der Aufklärung nahmen brutale Judenverfolgungen stetig ab. Sowie die Welt draußen sicherer wurde, wuchs das Bedürfnis vieler Juden, sich in sie einzumischen, am vielfältigen Leben der Umgebungskultur teilzuhaben. Gegenüber der Philosophie der Aufklärung und den vielfältigen Äußerungen der deutschen Kultur, der Literatur und des Theaters, erschien ihnen das Nachdenken über dergleichen von Wiesel angedeutete Fragen zunehmend unattraktiv.

Ein etwas anderes Bild von jüdischer Gelehrsamkeit und Bildung zeichnet nun Jouhy. In seinem Aufsatz werden aber die Punkte der jüdischen Tradition erkennbar, an denen das Bildungsideal der Neuzeit anknüpfen konnte. Gleichzeitig wird in seiner Erörterung die Bedeutung des Lernens für das Judentum noch klarer vor Augen geführt und die Konflikte jüdischen Lebens innerhalb der Umgebungskultur aufgezeigt.

1.2 Jüdische Bildung und Interkulturalität

Ernest Jouhy (Jouhy 1986) hat der Verbindung von Judentum und Bildung einen Aufsatz gewidmet, welcher im Folgenden dargestellt wird. Jouhy entfaltet darin die These, dass Bildung für die Juden in der Diaspora gleichermaßen Teilhabe an der Mehrheitskultur und Bewahrung der eigenen Tradition bedeutete. Bildung sei bei den Juden stets (und bis auf die Gegenwart) allen (Männern) zugängliches Gut gewesen und habe nicht wie in anderen Kulturen dem Machterhalt einer Elite gedient.

Schließlich habe Bildung im Judentum immer primär der Entwicklung von Menschlichkeit und der Ablehnung endgültiger Wahrheiten gedient. Jouhys Thesen können hier nur soweit diskutiert werden wie sie für das Thema relevant sind. Seine Darstellung schafft insgesamt ein gutes Verständnis für den Stellenwert, den Bildung im Judentum einnimmt. Es sei darauf hingewiesen, dass der Bildungsbegriff bei Jouhy arg verschwimmt, worauf später noch einzugehen ist. Zunächst aber wird der Einfachheit halber Jouhys Begrifflichkeit übernommen.

Jouhy stellt zunächst fest, dass Bildung ein Kennzeichen der Schriftkulturen sei. Die schriftlosen Kulturen hätten zwar wie die Schriftkulturen der Existenz der Gemeinschaft und des Einzelnen einen Sinn gegeben, dieser sei aber all ihren Mitgliedern zugänglich gewesen. »Erst die klassengespaltenen Hochkulturen machten sie zum privilegierten Besitz der Schriftkundigen« (Jouhy 1986, S. 269). Die Juden seien nun aber das einzige Volk, dass »dieses historische Gesetz der klassengebundenen Bildung« (ebd.) durchbrochen hätte. Dies führt Jouhy auf die babylonische Gefangenschaft im sechsten vorchristlichen Jahrhundert, ferner auf die Diaspora zurück (vgl. ebd., S. 269 u. 274). Die Entkoppelung von Bildung und politischer Macht durch das Fehlen der politischen Einheit des jüdischen Volkes habe zur einer Demokratisierung der Bildung geführt: »Die Zentren der jüdischen Existenz waren nicht die der politischen Macht, sondern die der biblischen *Bildung*« (ebd.). Jouhy weist nun darauf hin, dass Bildung im Judentum die Verbindung von Gott und Mensch sei, weshalb alle Juden über die notwendigen Kulturtechniken der Schriftkultur verfügen müssten, um den Bund mit Gott gemäß den Verpflichtungen der Tora eingehen zu können (vgl. ebd.). Hier zeigt sich auch wieder die jüdische Tradition des Lernens. Bildung, so Jouhy, heiße in der Sprache der Talmud-Toraschulen *Deuten lernen* (vgl. ebd.). Der demokratische Charakter des Judentums liegt eben in der Auffassung, dass die individuelle, ständige Auseinandersetzung mit den religiösen Schriften auch je individuelle Deutungen, Interpretationen zulässt. Freilich finden dennoch gemeinschaftsbildende Deutungen statt, der Talmud zeigt dies deutlich insofern er konsensuale Auslegungen der Tora enthält. Wie Jouhy betont, unterscheide sich das Judentum gerade durch den »demokratischen Zugang und Umgang mit dem *Buch*« (ebd., S. 270) von den Herrschaftskulturen der westlichen Welt.

Interessant für das hier behandelte Thema ist nun Jouhys Erklärung für die »kaum faßbare Aufrechterhaltung der kulturellen Identität der jüdischen Enklaven inmitten der Hochkulturen des Altertums, des Mittelalters und der Neuzeit« (ebd.).[1] Diese beruhe insbesondere auf der jüdischen Auffassung vom Sinn der Bildung. Bildung sei im Judentum stets individueller Aneignungsprozess des überlieferten Gesetzes, welches das Leben der Gemeinschaft regeln soll (vgl. ebd.). Es wird leicht erkennbar, dass gemeinschaftsstiftende und gemeinschaftlich tradierte und veränderte Regelungen des Zusammenlebens dem Erhalt einer Gruppenidentität förderlich sind. Die später dargestellten jüdischen Denker, vor allem Samson Raphael Hirsch, haben letztlich nichts anderes versucht, als das Judentum so zu transformieren, dass die Konturen der Gemeinschaft trotz der individualisierenden Tendenzen der bürgerlichen Gesellschaft erhalten bleiben können. Sie stehen somit in der Tradition der ständigen Anpassung an die Erfordernisse der Zeit bei gleichzeitiger Aufrechterhaltung der kulturellen Identität: »Schließlich hat kaum eine andere Ethnie sich in so intensiver Weise die Philosophie und Wissenschaft der europäischen Aufklärung angeeignet als gerade die jüdische« (ebd., S. 271).

Ein weiterer Punkt Jouhys ist im Hinblick auf spätere Überlegungen von Interesse: »*Bildung* bedeutet seit Existenz von klassengespaltenen Hochkulturen die

---

[1] Der Begriff der Identität wird im Folgenden nicht reduktionistisch im Sinne der singulären Zugehörigkeit eines Individuums zur im vorliegenden Fall jüdischen Gemeinschaft verwendet. Vielmehr bezeichnet jüdische Identität hier jenes Gefühl der Verbundenheit mit dem Judentum und anderen Juden, welches unter Umständen für ein Individuum bedeutsam werden oder mit anderen Identitäten konkurrieren kann. Amartya Sen hat jüngst gegen die in der Identitätstheorie häufig anzutreffende Idee der Einzelidentität eingewandt, dass vielmehr plurale Zugehörigkeiten und soziale Kontexte verschiedene Einstellungen und Handlungen begünstigen: »Tatsächlich gehören wir auf die eine oder andere Weise vielen verschiedenen Gruppen an, und jedes dieser Kollektive kann einem Menschen eine potentiell bedeutsame Identität vermitteln« (Sen 2007, S. 38). Auch für die vorliegende Arbeit festzuhalten ist Sens Feststellung, dass »grundlegende kulturelle Einstellungen und Anschauungen zwar die Art unseres Denkens *beeinflussen*, aber das heißt nicht, daß sie diese vollständig *determinieren*« (ebd., S. 48).

Eingeweihtheit in Herrschaftswissen und damit Teilhabe an den Privilegien der herrschenden Klassen« (ebd.). Diese Tatsache verweist auf die hier vertretene Auffassung, dass der Erwerb von *europäischer/deutscher* Bildung seit der Aufklärung die Zugangsvoraussetzung zum Bürgertum darstellte, welche Juden sich verschafften. Dass das Bürgertum in Deutschland lange Zeit von politischer Herrschaft abgeschnitten war, ist dabei nicht von wesentlicher Bedeutung, da gleichwohl die Zugehörigkeit zum Bildungsbürgertum ein Türöffner auch zu gesellschaftlichem Einfluss und ökonomischer Macht war. Die Verbindung von Bildung und ökonomischer Macht bei den deutschen Juden weist allerdings über das Thema weit hinaus. Jouhys Feststellung über »das Grundkonzept aller herrschaftlichen Bildung: Wissen ist Macht« bildet den nicht immer notwendig zu erwähnenden Hintergrund jeder bildungsgeschichtlichen Darstellung.

Was bedeutet nun Interkulturalität bei Jouhy? Obgleich er darauf kaum explizit eingeht, scheint doch klar, dass damit nur die von ihm aufgezeigte Teilnahme der Juden an beiden Bildungswelten gemeint sein kann: an der jüdischen, minoritären Kultur und an der Umgebungskultur: »Bildung hieß für Juden die Teilhabe an der Vielfalt der Kulturen und gleichzeitig Fortsetzung der eigenen Tradition ›des Buches der Bücher‹« (ebd., S. 276). Dieses Motiv findet auch in der vorliegenden Arbeit erneute Bestätigung. Hier steht es allerdings nicht für sich, sondern im Kontext des Emanzipationsprozesses und erhält dadurch ein differierendes Moment gegenüber früherer jüdischer Interkulturalität (etwa im maurischen Spanien).

Jouhy kennzeichnet im weiteren Verlauf seiner Argumentation den Unterschied zwischen matrigener und patrigener Bildung, wobei er die jüdische ersterer zuordnet. Sie bezeichne die sozialen Fähigkeiten, die elementaren »Tugenden der gesellschaftlichen Interaktion« (ebd., S. 280): »Bildung wird verstanden weit mehr als Lernprozeß solcher humanen Tugenden denn als Aneignung instrumenteller Kompetenzen zur absichtsvollen Gestaltung von Natur und Gesellschaft« (ebd.). Letzteres seien Merkmale patrigener Bildung. Die matrigene geht zwar der patrigenen Bildung grundsätzlich voraus, doch auf letzterer liege in Herrschaftskulturen das Primat, sie bestehe aus dem Erfassen der zur Gestaltung und Beherrschung der Welt notwendigen Fähigkeiten und Wissensinhalte. Die instrumentellen Kompetenzen bildeten das »Kompendium herrschaftlicher Allgemeinbildung und Ausbildung im Machtbereich einer Hochkultur« (ebd.). Die große Leistung der Juden in der Geschichte, so Jouhy, sei die Erfassung beider Bereiche: »Aus geschichtlich verifizierbaren Gründen gibt es eine, im Zahlenverhältnis zur Weltgesellschaft winzige Ethnie, die seit langer Zeit die Einheit der Bildung gleichzeitig mit der notwendigen Vielfalt der Kulturen historisch-praktisch vorführt, die jüdische« (ebd., S. 286).

Jouhy ist zweifelsohne zuzustimmen in seiner Einschätzung der Leistung des Judentums, die Auseinandersetzung mit der Umgebungskultur bei gleichzeitiger Wahrung der jüdischen Lehre über zweitausend Jahre im Gleichgewicht gehalten zu haben. Er übersieht aber den im Folgenden zu bestimmenden Unterschied zwischen jüdischer Gelehrsamkeit und dem neuzeitlichen Bildungsgedanken. Sein Bildungsbegriff leidet an einer gewissen Indifferenz. Das Judentum befand sich im hier behandelten Zeitraum in einer ernsthaften Krise, da ihm das, was Jouhy als Einheit der Bildung bezeichnet, abhanden gekommen war. Ja, es scheint, als habe die Herstellung oder wenigstens die Vollendung dieser Einheit überhaupt erst mit der jüdischen Aufklärung begonnen. Die intellektuelle Durchdringung dieses Kernthemas jüdischer Existenz in der Moderne hat jedenfalls in der Aufklärung ihren Ausgang genommen.

1.3 Gelehrsamkeit versus Bildung

Im Anschluss an die Auseinandersetzung mit Jouhy wird nun eine für diese Arbeit wichtige Differenzierung zwischen neuzeitlicher Bildung und jüdischer bzw. religiöser Gelehrsamkeit vorgenommen. Es handelt sich hier nicht um eine polemische Spaltung, sondern um die dem historischen Kontext der Aufklärungsepoche entnommene Unterscheidung von alt und neu, von eng und weit. Es wird sich zeigen, dass es Anliegen der später vorgestellten Denker war, zwischen

Gelehrsamkeit und Bildung zu vermitteln, doch ein Zurück hinter die mit der Aufklärung aufkommende Idee der Bildung, die im nächsten Kapitel näher umrissen werden soll, war unmöglich geworden. Die Unterscheidung ist notwendig, um die zwei konkurrierenden Ideale innerhalb des Judentums auf dem Weg in die Moderne zu kennzeichnen und um die Schwierigkeiten der jüdischen Aufklärer verständlich zu machen. Nur in dem Gegensatz von Gelehrsamkeit und Bildung wird ihr geradezu revolutionäres Vorhaben, das Judentum mit dem Bildungsgedanken vertraut zu machen, klar erkennbar.

Unter Gelehrsamkeit wird im Folgenden das rabbinische Ideal verstanden, das ganze Leben dem Studium der religiösen Schriften zu widmen und dies als göttliche Pflicht aufzufassen, die darin gipfelt, dass die intellektuelle Beschäftigung mit allem anderen, mit weltlichem Wissen überhaupt, als Gefährdung betrachtet wird. Dem Ideal der Gelehrsamkeit inhärent ist somit eine unbedingte Abwehrhaltung gegenüber dem neuzeitlichen Ideal der Bildung. Neuzeitliche Bildung zeigt sich hier in verschiedenen Akzentuierungen, kann aber grob stets identifiziert werden mit der Idee, sich persönlich durch die Aneignung von theoretischem und praktischem Wissen zu verbessern und zu vervollkommnen.

Der Begriff der Gelehrsamkeit wird nicht von ungefähr für den Vorgang verwendet, den Jouhy auch als Bildung bezeichnet. Herzog und Zborowski sprechen etwa vom »Ziel der Buchgelehrsamkeit« als Basis des traditionellen Judentums, welches gegen Angriffe von außen über Jahrhunderte erfolgreich verteidigt worden sei und die »führende Kraft der Kultur« des Judentums geblieben sei (Herzog/Zborowski 1991, S. 79). Dies mochte für das osteuropäische Schtetl noch über die Aufklärung hinaus gegolten haben (und gilt in ultra-orthodoxen Kreisen wohl bis heute), jedoch muss im hier behandelten örtlichen und zeitlichen Rahmen erwähnt werden, dass sich die jüdischen Aufklärer dazu aufschwangen, die Führung der jüdischen Kultur den Händen der gelehrten Rabbiner zu entreißen und den Anstoß zu liefern für ein neues Bildungsideal (vgl. Ben-Sasson 1969, S. 963). Die Gelehrsamkeit musste erst durch die Schule der allgemeinen Bildung gehen, um als jüdische Bildung ihre Erneuerung zu erleben. Jüdische Aufklärer waren letztendlich gewiss erfolgreich, indem sie das rabbinische Ideal beständig diskreditierten und behaupteten: »Wenn eine Leuchte der Gelehrsamkeit des weltlichen Wissens ermangle und mit ›Sitten, Bildung und Natur‹ unvertraut sei, dann sei ihre Bildung mangelhaft« (ebd.). Das traditionelle Judentum, das wird sich bei Samson Raphael Hirsch zeigen, konnte sich solcher Kritik nicht lange entziehen.

Manfred Fuhrmann hat den angeführten Gegensatz zwischen religiöser Gelehrsamkeit und neuzeitlicher Bildung sehr deutlich definiert:

> »Die Begriffe ›Bildung‹ und ›Kultur‹ ... setzen die Aufklärung, die Säkularisierung der gesamten europäischen Lebenswelt voraus. ›Bildung‹, als Prozess des Sich-Bildens und als erreichter Zustand des Gebildetseins, scheint sich auf die Denkenden und Wissenden einer gänzlich von der Religion durchdrungenen Ära nicht übertragen zu lassen. Das Mittelalter kannte Geistliche und Gelehrte ..., jedoch ›Gebildete‹ im modernen Sinne trifft man dort, wenn man sich nicht eines Anachronismus schuldig machen will, nicht an. Dies ist gewiss vor allem durch die Inhalte der Bildung bedingt, durch deren überwiegend ›weltlichen‹ Charakter. Ähnlich scheint es sich mit der Kultur zu verhalten.« (Fuhrmann 2002, S. 37)

Die jüdische Gelehrsamkeit ist tatsächlich mehr dem Mittelalter zuzurechnen, während die Verbreitung der Bildung unter den Juden (mitsamt ihrer säkularisierenden Effekte) den Beginn der Neuzeit für das Judentum, den Eintritt der Juden in die Moderne bedeutet. War es einst die Erlösung durch religiöses Wissen, auf die sich das Denken der gelehrten Juden konzentrierte, so wurde im Zeitalter der Aufklärung der Erlösungsgedanke gegen das Ideal geistiger und sittlicher Vervollkommnung eingetauscht. Die Bildungsgeschichte der Juden zeigt dies noch deutlicher als ein Blick auf die christliche Auseinandersetzung mit der Bildungsidee.

2. Historisch-systematische Vorüberlegungen

2.1 Bildung als Akkulturation und bürgerliches Ideal

Um angesichts der zuvor angedeuteten komplexen Thematik nicht in begriffliche Wirrnis zu geraten, ist es geboten, aller weitergehenden Darstellung einige terminologische und historische Erläuterungen vorauszuschicken. Zwar handelt es sich um in der pädagogischen Literatur geläufige Grundbegriffe, jedoch lässt gerade deren inflationärer Gebrauch die Bedeutungen nicht immer klar erscheinen. Die Herausarbeitung dessen, was im hier gegebenen Kontext mit »Aufklärung«, »Bildung« und »Emanzipation« gemeint ist, muss notwendig berücksichtigen, was in der fraglichen Epoche unter diesen (damals mehr oder weniger neuen) Begriffen verstanden wurde. Die Explosivität und inspirative Kraft dieser im 18. Jahrhundert neu entstandenen bzw. besetzten Begriffe ist heute kaum noch nachvollziehbar darzustellen. Es ist ein Anliegen dieser Arbeit, wenigstens einen Eindruck oder eine Ahnung von »der überhöhten Bedeutung von Bildung an der Wende vom 18. zum 19. Jahrhundert in Deutschland« (Voßkamp 1992, S. 117) sowie von dem zu vermitteln, was die Idee der Bildung in der deutschen Judenheit ausgelöst hat. Die Schwierigkeit liegt gewiss darin, die genannten Begriffe in ihrem ursprünglichen Bedeutungszusammenhang zu betrachten und zugleich ihre über die Zeit hinaus weisende Kraft erkennbar zu machen. Es handelt sich um eine Kraft, die im 18. Jahrhundert wohl noch spürbar war, heute aber nur noch selten aufleuchtet. Heute gilt zweifellos Fuhrmanns mahnende Bemerkung: »›Bildung‹ und ›Kultur‹ sind zerredete, missbrauchte, geschundene Wörter. Vielleicht täte es ihnen gut, wenn sie eine Zeit lang geschont würden.« (Fuhrmann 2002, S. 5) Freilich können diese Wörter nicht geschont werden, sie sind zur Analyse der in dieser Arbeit diskutierten theoretischen und historischen Vorgänge zwingend notwendig. Absolute Klarheit über sie kann schlechterdings nicht erlangt werden. Immer wieder scheinen die Bedeutungen (und damit auch die gemeinten Prozesse) von Bildung und Aufklärung, Akkulturation und Emanzipation ineinander zu fließen und es kann nicht Absicht des Autors sein, sie festzurren zu wollen. Dies würde ohnehin nur zu einer sachlichen Verkürzung und Simplifizierung beitragen.

Die in der Einleitung bereits angeklungene Deutung der Bildung als Medium der Verbürgerlichung und Emanzipation geschieht in Anlehnung an Bourdieus Begriff des kulturellen Kapitals resp. eines Teils dessen, des inkorporierten Kulturkapitals. Bourdieu hat diesen Begriff geprägt, um die Mechanismen zu beschreiben, welche in einer Gesellschaft für die Festigung sozialer Ungleichheit verantwortlich sind (vgl. z.B. Bourdieu 1992, S. 49-80). Lässig macht die Begrifflichkeit Bourdieus für die Erforschung der Verbürgerlichung der deutschen Juden fruchtbar, indem sie argumentiert, in einer Umbruchphase wie der Emanzipationsepoche habe der Erwerb von Bildung die soziale Mobilität, hier der Aufstieg ins Bürgertum, erhöhen können (vgl. Lässig 2004, S. 31 f.). Diese Argumentation ist auch deshalb nahe liegend, weil das Bürgertum sich eben selbst erst formierte, also noch recht weiche Strukturen aufwies. Das deutsche Bildungsbürgertum begann mit seiner Selbstdefinition erst durch die Annahme des Bildungsideals. Der Übergang von feudal-ständischen Gesellschaftsstrukturen zur bürgerlichen Gesellschaft der Moderne, der mit der Aufklärung begann und sich in Folge der französischen Revolution intensivierte, fiel nicht zufällig mit der Verbürgerlichung der Juden zusammen. In der Übergangsphase war die bürgerliche Gesellschaft und damit das Bürgertum noch relativ offen für Neuankömmlinge und hatte nicht die von Bourdieu in den Blick genommene Festigkeit. Bildung als distinguierendes Merkmal, als Vehikel des sozialen Aufstiegs befand sich noch in der Formung. Gleichwohl begann das entstehende Bildungsbürgertum alsbald mit der Entwicklung von Abschottungsmanövern, welche den Juden ihr Aufstiegsbemühen erschwerten. Was ließ die Juden überhaupt nach dem Eintritt ins Bürgertum streben? Es war die anders nicht zu erreichende Emanzipation, die rechtliche Gleichstellung, die ihnen von Seiten der Obrigkeit, welche zunehmend unter dem Einfluss bürgerlicher Beamter stand, nicht bedingungslos gewährt werden sollte. Die Juden sollten sich dem in Zeiten des aufgeklärten Absolutismus reformierenden Staat als nützlich erweisen. Dazu sollten sie die einsame und selbstbezogene Welt der Judengassen und des alten Judentums verlassen und sich dem Wissen der Neuzeit zuwenden. Antijüdische, mittelalterliche Vorurteile verloren an Bedeutung, das Verlangen des Staates nach gebildeten Bürgern fand bei den Juden, welche die Chance einer Ausweitung ihrer Betätigungsfelder (in ökonomischer und kultureller Hinsicht) gekommen sahen, eine befriedigende Erwiderung. Während die Breite der Bevölkerung sich dem Aufklärungsdenken nicht so öffnete wie von manchen Aufklärern, die letztlich eine intellektuelle Elite waren, erhofft[2], stieß das neue Denken zunächst bei einer ebenfalls dünnen Schicht jüdischer Aufklärer, später bei großen Teilen dieser Minderheit auf Resonanz. Der Bildungsgedanke wurde bald in je eigentümlicher Weise von jüdischen Philosophen und Reformern rezipiert und im Zusammenhang mit jüdischen Denktraditionen variiert. Bildung wurde als Akkulturation an die Mehrheitskultur begriffen, ohne dass freilich dieser heutige Ausdruck gebraucht wurde. Als sich die Akkulturation vieler Juden bereits vollzogen hatte, begannen orthodoxe jüdische Denker, allen voran Samson Raphael Hirsch, den Bildungsgedanken wiederum in Abgrenzung zur christlichen Mehrheitskultur mit dem traditionellen Judentum in Einklang zu bringen. Darin ist allerdings nicht nur eine Abgrenzung, sondern vielmehr auch und gerade eine Reaktion auf den Umstand zu sehen, dass die Mehrheitsgesellschaft die Akkulturation der Juden erst spät mit der Emanzipation belohnte. Gleichzeitig ist die Aufnahme des Bildungsideals in das orthodoxe Judentum selbst ein Akt der Angleichung an das deutsche Bildungsbürgertum und macht die Problematik und Unschärfe der verfügbaren Begriffe einmal mehr deutlich.

Wo, wenn nicht angesichts der im Kontext der jüdischen Emanzipation aufgeworfenen Fragen, erweist sich das Postulat zuvorderst zweckfreier Bildung – wie es in scheinbarer Nachfolge Wilhelm Humboldts exaltiert angemahnt wird – als Illusion

---

2 Die Volksaufklärung unter dem Motto *Vernunft für das Volk!* wurde gewiss in die Breite getragen, die Beispiele hierfür reichen von Schriften über Volksbildungsinitiativen bis hin zu Armenschulen, doch blieben Figuren wie der gebildete Bauer Johann Ludewig doch eher die Ausnahme (vgl. Böning 2007). Zu bedenken ist auch, dass die Volksaufklärung auf die Verbesserung des Nutzens innerhalb des arbeitenden Standes gerichtet war und nicht auf die Transition in eine neu entstehende Bevölkerungsgruppe.

einer bürgerlich-elitären Bildungstheorie? Mit der Bildung (einschließlich ihrer Begrifflichkeit und Sinnbezüge) verhält es sich komplizierter. Es sollen daher einige Möglichkeiten ihrer Deutung aufgezeigt werden, um zu verstehen, was die späterhin dargestellten Denker unter Bildung verstehen konnten und inwiefern sie zum Zwecke der Emanzipation instrumentalisiert werden konnte.

Anders als Fuhrmann, der »Bildung für eine Form des Bewahrens« (Fuhrmann 2002, S. 6) hält, sie also in den Dienst der Pflege und Weitergabe von Traditionen stellt, muss Bildung hier zunächst gesehen werden als etwas Neuartiges. Der Bildungsgedanke wie er sich bei den jüdischen Aufklärer findet, ist zu begreifen als die für das Judentum völlig neue Beschäftigung mit weltlichem Wissen. Er steht im Kontext des aufklärerischen Topos der Selbstvervollkommnung, bedeutet aber ebenso Hinwendung zum bürgerlichen Leben. Konkret meint Bildung in der Aufklärung immer auch die Aneignung von nützlichen Fähigkeiten, das heißt solcher, die das Leben in der entstehenden bürgerlichen Gesellschaft ermöglichen und erleichtern. Insofern ist auch von der *Verbesserung* der Juden die Rede. Von diesen wird erwartet, dass sie sich bilden, um dem Gemeinwesen von größerem Nutzen sein zu können. Das bedeutet aber auch, dass »›Bildung‹ als die Form gilt, in der die Individuen an der Kultur teilhaben« (ebd., S. 36). So erklärt sich, dass Bildung notwendig zu einer Angleichung an die Kultur der Mehrheit führen musste, da jene ihre Inhalte stets mitbestimmte.

Im Bürgertum »hatte sich im 18. Jahrhundert ein neuer, ein säkularer Glaube zu konstituieren und zu entfalten begonnen: der Glaube an die Kultur und an die Teilhabe jedes Einzelnen daran, für die sich die Bezeichnung ›allgemeine Bildung‹ durchsetzte« (ebd., S. 78 f.). Allgemeine Bildung bedeutete fortan »die Verfügung über eine repräsentative Auswahl von Kenntnissen aus allen Bereichen der Kultur«, welche »eines der höchsten Ziele der menschlichen Existenz sei« (ebd.). Diese Bildung »ist ›allgemein‹ in ihrem Weltbezug, indem sie den Menschen befähigt, in allen Bereichen am gesellschaftlich-kulturellen Leben teilzunehmen« (Böhm 2000, S. 14). Damit ist angesprochen, inwiefern die Übernahme dieses Bildungsideals für die

Juden eine Akkulturation an das Bürgertum bedeutete. Zugleich wird deutlich, dass eine einfache Trennung zwischen aufklärerischem Nützlichkeitsdenken und neuhumanistischer Persönlichkeitsbildung (vgl. Holstein 1977, S. 17) nicht ohne weiteres auf das Bildungsverständnis der jüdischen Denker angewendet werden kann. Ihre Konzeptionen mussten sich stets zwischen diesen Polen aufhalten.

2.2 Die zwei Dimensionen des Bildungsbegriffs bei Moses Mendelssohn

Während die vorangegangene Darstellung den Bildungsbegriff von einer heutigen Warte aus betrachtet, soll er nun aus der Perspektive der Aufklärung, genauer aus der des führenden Popularphilosophen Moses Mendelssohn gezeigt werden. Es eröffnet sich dabei die Möglichkeit, derjenigen Akzentverschiebungen gewahr zu werden, die der Bildungsbegriff im Verlauf des Emanzipationsprozesses erfahren hat. Dass es ausgerechnet Moses Mendelssohn ist, bei dem zwei wesentliche Aspekte der sich hier entfaltenden Problematik, nämlich Aufklärung und Kultur, zusammenfließen, wundert wenig. Für Mendelssohn, die Führungsfigur der deutschen Aufklärung, war das Leben in zwei im Wandel begriffenen Kulturkreisen – Christentum und Judentum waren ja gleichermaßen von den Herausforderungen der Aufklärung betroffen – eine Selbstverständlichkeit. Mendelssohn teilt in seinem Aufsatz »Über die Frage: was heißt aufklären?« (Mendelssohn 1784) den Bildungsbegriff in eben jene zwei Dimensionen: Aufklärung und Kultur. Wie Altmann passend herausstellt, zeige diese Aufspaltung eine »innere Dynamik und Spannung« (Altmann 1981, S. 1) in Mendelssohns Persönlichkeit. Die Frage nach eventuellen Widersprüchlichkeiten wird an anderer Stelle wieder aufgegriffen. Nun steht zunächst die Argumentation Mendelssohns im Vordergrund. Sein Aufsatz erschien im Rahmen der bekannten in der *Berlinischen Monatsschrift* geführten Diskussion über die Frage, was unter Aufklärung zu verstehen sei. In Erinnerung geblieben ist hauptsächlich die Antwort Immanuel Kants. Seine »Beantwortung der Frage: Was ist Aufklärung?« (Kant 1784) hatte und hat bis heute offenkundig den größeren Wirkungskreis. Zur Zeit ihres Entstehens war es aber Mendelssohns vier Monate zuvor erschienener Beitrag, der das Selbstverständnis der deutschen Aufklärer maßgeblich prägte (vgl. Hinske 1981, S. 85 f./ Ciafardone 1990, S. 13).

Es handelt sich bei Mendelssohns Beitrag »gar nicht um einen eigenständigen Aufsatz, sondern um einen Ausschnitt aus einem umfangreichen Diskussionsprozeß«, was zur Folge hatte, dass in ihm nicht alle Gedanken en détail ausgeführt wurden. Die Diskussionsteilnehmer wussten um den Gang der Diskussion (vgl. Hinske 1981, S. 86 ff.).

Während zweifellos auch Kants Aufsatz das Bildungsverständnis der Juden, allerdings eher der späten Maskilim wie Friedländer, beeinflusste, ist es Mendelssohn, dessen Verständnis für diese Arbeit von größerem Interesse ist. Es muss bemerkt werden, dass die hier entfaltete Interpretation der Mendelssohnschen Zweiteilung des Bildungsbegriffs klar dem Blick auf die Verbürgerlichung und Emanzipation der Juden verpflichtet ist. Das heißt, dass Mendelssohns Definition der Bildung in die weitere Argumentationsstruktur einfließt.

Mendelssohn bemerkt zunächst die Neuartigkeit der Begriffe Aufklärung, Bildung und Kultur in der Sprache seiner Zeit und weist damit auf den Definitionsbedarf hin, welchem er nachkommen möchte (vgl. Mendelssohn 1784, S. 338). Sodann ordnet er die genannten Worte einem bestimmten, nämlich dem sozialen Bereich des menschlichen Lebens zu: »Bildung, Kultur und Aufklärung sind Modifikationen des geselligen Lebens; Wirkungen des Fleißes und der Bemühungen der Menschen, ihren geselligen Zustand zu verbessern (ebd.).« Mendelssohn stellt nun aber im Folgenden die Begriffe nicht, womöglich gleichbedeutend, nebeneinander, sondern stellt fest: »Bildung zerfällt in *Kultur* und *Aufklärung*« (ebd.). Hinske bemerkt, diese Definition sei »von irritierender Umständlichkeit« (Hinske 1981, S. 91), da er ebenso gut das Wort Aufklärung, um das es ja eigentlich geht, direkt von ihrem Zweck her denken hätte können oder die üblichen Formeln seiner Zeit hätte bemühen können. Stattdessen ordnet Mendelssohn die Aufklärung wie die Kultur einer »bestimmten Grunddimension menschlichen Lebens« (ebd.) zu: der Bildung.

Altmann geht der Frage nach, warum Mendelssohn diese zwei Komponenten der

Bildung unterscheidet. Er findet eine Antwort im historischen Verlauf der deutschen Aufklärung, die grob in zwei Phasen unterteilt wird: die Frühaufklärung, welche primär Nützlichkeit, Beruf und Gemeinwesen in den Mittelpunkt stellte und die Spätaufklärung, welche dem Philosophieren größeres Gewicht verlieh (vgl. Altmann 1981, S. 2). Mendelssohn zollt also beiden Phasen Tribut, indem er im Aufklärungsbegriff Theorie und Philosophie repräsentiert sieht und das praktische Leben, auch das nützliche Wissen im Bereich der Kultur ansiedelt. Im Grunde geht es schon um die Vermittlung zwischen individuellen Bedürfnissen und den Anforderungen der Gesellschaft, gleichzeitig auch um die Dualität von (kritischer) Ich-Bezogenheit und sozialer Einbindung bzw. Verpflichtung. Der soziale bzw. kulturelle Aspekt der Bildung ist es, welcher der hier vertretenen These nach in der Folgezeit für die jüdische Verbürgerlichung den Ausschlag gab, während der Aufklärungsaspekt an Bedeutung verlor.

Altmann sieht in Mendelssohns Unterscheidung ferner einen Ausdruck dessen Auseinandersetzung mit Rousseaus Kulturkritik, welche deutlich hat werden lassen, dass Aufklärung, Wissenschaft und Kunst eben nicht notwendig sittliche Kultur nach sich ziehen (vgl. ebd., S. 3).

Wie definiert Mendelssohn nun die freilich nur vor dem Hintergrund ihres neuen Gebrauchs bislang weitgehend unbekannten Begriffe. Aufklärung zielt auch bei ihm auf Verstand und Erkenntnisvermögen ab (vgl. Mendelssohn 1784, S. 338 f.). Sie dient der Aufhellung von Wahrheiten und der Vertreibung von Vorurteilen, der Erlangung philosophisch gesicherter, deutlicher Erkenntnisse und der Verteidigung derselben, kurz: das Instrument der Aufklärung sind die Wissenschaften.[3] Gleichzeitig, wie sich später noch zeigen wird, dient die Aufklärung bei Mendelssohn kaum der Religionskritik, sondern vielmehr auch der philosophischen Fundierung der so genannten natürlichen Religion. Indem Mendelssohn den Aufklärungsgedanken, die Vernunft, mit dem der Religion identifiziert, bemüht er sich letztlich um eine

---

3 Diese Sichtweise lässt natürlich an die eher naturwissenschaftlich orientierte Kennzeichnung der Aufklärung, dargestellt z.B. in Tenorth/Tippelt 2007, S 42 ff., denken.

Legitimation des Judentums in der Moderne, die nichts Widersinniges, keinen Widerspruch mit der Vernunft akzeptiert. Das ist auch sein unbedingtes Anliegen: Religion und Vernunft gleichermaßen zu wahren, nicht aber einer der beiden den Vorzug zu geben. Die wohl wichtigste Funktion der Aufklärung aber ist bei Mendelssohn ihr Beitrag zur Bestimmung des Menschen, doch dazu später. Wenn hier nämlich von einem Beitrag die Rede ist, so geschieht dies mit Rücksicht auf Hinskes Feststellung, dass Aufklärung für Mendelssohn, »so kostbar, so unverzichtbar sie auch sein mag ... nur ein Wert neben anderen« sei (Hinske 1981, S. 92). Von einer Verabsolutierung der Aufklärung, so Hinske, sei Mendelssohn weit entfernt, vielmehr bedürfe diese in seinen Augen stets des Korrektivs der Kultur (vgl. ebd., S. 93).

Während der Aufklärungsbegriff nun alle theoretischen Momente der Bildung in sich aufnimmt, gilt Mendelssohn die Kultur als die Domäne sittlicher und ästhetischer Werte. Nur auf den ersten Blick ist die Kultur dem Bereich des Geistigen ähnlich, in der Tat verweist sie aber auf das gesellschaftliche Leben. Bildung ist bei Mendelssohn auch Kultur- und Gesellschaftsfähigkeit. Die Kultur eines Menschen ist gekennzeichnet durch seine Beredsamkeit, seine praktischen Fertigkeiten und seine Sittlichkeit, womit ein weiterer populärer Begriff der Aufklärungszeit eingeführt wäre. Er bezeichnet sowohl Gesinnung als auch Handlungen eines Menschen bzw. setzt diesen einen Bewertungsrahmen. Indem Sittlichkeit auf Gesellschaftskonformität abzielt, nimmt sie eine kontrollierende Funktion gegenüber dem menschlichen Egoismus ein. Kultur bezeichnet also den sozialen Aspekt von Bildung. In Mendelssohns Kulturbegriff wird auch ein Merkmal der deutschen Aufklärung sichtbar, nämlich ihre grundsätzlich prostaatliche und damit einhergehend ihre zwar nicht unpolitische, aber doch kaum politikkritische Einstellung (vgl. Schneiders 1992, S. 3).

Es bleibt festzuhalten, dass der Bildungsbegriff an sich bei Mendelssohn noch nicht so sehr mit Bedeutung aufgeladen ist wie dies in späteren Definitionen von Herder, Humboldt oder etwa Hegel der Fall ist (vgl. hierzu z.B. Fertig 1984, S. 353; Böhm 2004, S. 89 ff.). Mendelssohns Bildungsbegriff bietet aber eine interessante

Grundlage für eine Erörterung der Verbreitung der Bildungsidee unter den deutschen Juden. Zum einen haben Mendelssohns Gedanken das Denken seiner Zeit geprägt oder präzise zum Ausdruck gebracht, zum anderen hat sein Bildungsverständnis das der jüdischen Aufklärer und der religiösen Reformer beeinflusst. Mendelssohn fasst Bildung noch nicht wie später Humboldt als Zweck des menschlichen Daseins auf, sondern stellt sie in den Dienst seiner maßgebenden Konstruktion der Bestimmung des Menschen: »Ich setze allezeit die Bestimmung des Menschen als Maß und Ziel aller unserer Bestrebungen und Bemühungen, als einen Punkt, worauf wir unsere Augen richten müssen, wenn wir uns nicht verlieren wollen.« (Mendelssohn 1784, S. 339)

Die Bestimmung des Menschen ist eine Schöpfung der Aufklärung, welche den Menschen an sich erst (wieder-)entdeckt hat. Jetzt wird ihm ein eigenständiges Dasein, ein individueller Wert (zuerst der Idee nach) vollends zuteil, ihm werden Rechte zugesprochen, er steht ihm Mittelpunkt der Philosophie, welche ihn von der Dienerschaft an Gott und Kirche befreit und damit ihrem eigenen Verständnis nach vollendet, was im Humanismus begonnen wurde. Die Bestimmung des Menschen ist im Verständnis der Aufklärung und so auch bei Mendelssohn im Wesentlichen die Selbstvervollkommnung flankiert von Glückseligkeit.[4] Der Begriff der Glückseligkeit ist keineswegs hedonistisch zu verstehen, vielmehr meint er den Zustand sittlicher und intellektueller Reife. Diese Definition des Glücks wird auch fassbar in Kants Frage: »Denn wie kann man Menschen glücklich machen, wenn man sie nicht sittlich und weise macht?« (Kant 1993, S. 457).

Während nun Aufklärung der Vervollkommnung des Theoretischen, des Vernunfturteils, dient, betrifft Kultur die Verbesserung des Praktischen. Wenn Aufklärung und Kultur Hand in Hand gehen, dann fallen wohlgemerkt auch Denken und Handeln in eins. Ein Gedanke, der bei Hirsch wieder auftauchen wird und der eine Parallele zwischen jüdischem Gedankengut und Aufklärungsdenken darstellt, insofern vom

---

4 Mendelssohns Auffassung findet sich tendenziell in der späteren, neuhumanistischen Identifikation des Bildungsprozesses mit einem Vervollkommnungsprozess wieder.

Studium von Talmud und Tora positive Auswirkungen auf das Handeln des frommen Juden erwartet werden.

Mendelssohn versteht unter der Bestimmung des Menschen, die er an verschiedenen Stellen mal mehr, mal weniger ausführlich behandelt hat, wiederum zweierlei: die »Bestimmung des Menschen als *Mensch*« und die »Bestimmung des Menschen als *Bürger*« (Mendelssohn 1784, S. 339). Es soll nun diese Unterscheidung und ihre Bedeutung für die Aufklärung geklärt werden. Nach Mendelssohn sind die Menschen natürlich verschieden, das heißt jeder Mensch hat seine ihm eigene Bestimmung, wobei Bestimmung durchaus etwas schicksalhaftes an sich hat. Einige Jahre früher, 1764, schreibt Mendelssohn die Bestimmung des Menschen betreffend: »Jeder einzelne Mensch geht seinen ihm eigenen Gang, folgt einer ihm allein von der Vorsehung angewiesenen Reihe von Berufen und Widmungen, welche ins Unendliche fortgeht« (Mendelssohn 1976, S. 380). Seine Bestimmung zu erkennen, ist dringliche Aufgabe jeder menschlichen Existenz. Gemeinsam ist aber allen Menschen die Bestimmung, sich ihren Anlagen entsprechend zu entwickeln. Die unaufhörliche Verbesserung und Übung der eigenen, individuellen Kräfte ist Teil des Vervollkommnungsprozesses, welcher der wesentliche Charakter der Bestimmung ist. Insofern die Entwicklung der Fähigkeiten eine Vermehrung derselben bedeutet, ist sie auf die Vollkommenheit gerichtet:

> »Aber du besitzest auch etwas eigenthümliches, wodurch du Mensch bist. Du kannst durch Übung vollkommener werden, und du wirst es. Dein Leben ist eine beständige Bemühung, die in dir eingewickelten Fähigkeiten abzuwinden. Deine Kräfte arbeiten unaufhörlich an ihrer eigenen Verbesserung. Du magst als Säugling oder als Greis sterben, so gehst du allezeit ausgebildeter von hinnen, als du hergekommen bist« (ebd., S. 307).

Dem Ziel der Vollkommenheit kommt man freilich nur immer näher, man wird sich »nie mit der Quelle der Vollkommenheit ganz vereinigen« (ebd., S. 389). Der Vollkommenheit näher kommen, heißt

> »einsehen und empfinden lernen, daß ich und alle Geschöpfe meiner Gattung von unserm Urheber einzig und allein berufen und gewidmet sind, rechtschaffen und in der Rechtschaffenheit glückselig zu seyn; berufen und gewidmet sind, nach Wahrheit zu forschen, Schönheit zu lieben, Gutes zu wollen und das Beste zu thun, berufen und gewidmet sind, anzubeten und wohlzuthun!« (ebd., S. 389)

Damit ist die Bestimmung des Menschen allgemein hinreichend geklärt: Die Bestimmung des Menschen als Mensch ist die allen Menschen gemeinsame, nicht endende individuelle Entwicklung von Fähigkeiten, um Vollkommenheit und damit Glückseligkeit zu erlangen, dem Bild des Schöpfers sich anzugleichen. Die Bestimmung des Menschen als Bürger betrifft dann die genaue Ausformung der Individualität und damit die unterschiedliche, berufliche Bestimmung des einzelnen innerhalb einer Gesellschaft (vgl. dazu: Hinske 1981, S. 101).

Welche Rolle spielen nun Kultur und Aufklärung mit Blick auf die zweifache Bestimmung des Menschen? Die Bestimmungen der Mitglieder einer Gesellschaft, so Mendelssohn,

> »erfordern aber auch für jedes Individuum nach Maßgebung seines Standes und Berufs andere theoretische Einsichten, und andere Fertigkeit dieselben zu erlangen, einen andern Grad der *Aufklärung*. Die *Aufklärung*, die den Menschen als Mensch interessiert, ist *allgemein* ohne Unterschied der Stände; die Aufklärung des Menschen als Bürger betrachtet, modifiziert sich nach *Stand* und *Beruf*« (Mendelssohn 1784, S. 340).

Mendelssohns Argumentation ist freilich auch dem Standesdenken seiner Zeit geschuldet. Die Aufklärung, das theoretische Wissen, soll dem Menschen als Bürger soweit zuteil werden, wie sie für ihn innerhalb seines Standes und Berufes von Nutzen ist. Die Aufklärung, die allen Menschen gleichermaßen angedeihen soll, betrifft das Menschsein außerhalb der gesellschaftlichen Nützlichkeit des Einzelnen. Hinske schreibt dazu: »Der Mensch geht in seiner gesellschaftlichen Funktion nicht auf. Jener ›Rest‹ aber, der nicht in der Gesellschaft aufgeht, ist ... eben jene Dimension, in der sich das Menschsein des Einzelnen entscheidet« (Hinske 1981, S. 104). Dieser Aspekt ist bemerkenswert im Hinblick auf die spätere Konzeption des Judentums bei Hirsch. Während nämlich in dieses, was Hinske hier den »Rest« nennt, all das einfließt, was hier bereits unter den Aufklärungsgedanken subsumiert wurde, wird Hirsch den Aufklärungsgedanken durch das Judentum ersetzen. Aufklärung des Menschen als Bürger, das heißt das praktisch relevante Fachwissen, wird Hirsch für wichtig erachten. Bei ihm ist es zwar nicht mehr Aufklärung, sondern vielmehr das, was Mendelssohn unter Kultur versteht: derjenige Teil der Bildung, der auf das

Praktische zielt.

Wieder auf Mendelssohns Unterscheidung zwischen den Bestimmungen des Menschen zurückkommend, ist die Erwähnung einer wichtigen Konsequenz aus den divergierenden Aufklärungsmotiven geboten: »Menschenaufklärung kann mit Bürgeraufklärung in Streit kommen. Gewisse Wahrheiten, die dem Menschen, als Mensch, nützlich sind, können ihm als Bürger zuweilen schaden« (Mendelssohn 1784, S. 340). Obgleich die Folgen dieser möglichen Kollision der Aufklärungen hier nicht vertieft werden können[5], soll die Problematik kurz hinsichtlich der Judenfrage besehen werden. Wenn die Aufklärung des Menschen als Mensch und als Bürger nicht gleichermaßen voranschreiten kann, so wird daraus ein Politikum: »Unglückselig ist der Staat, der sich gestehen muß, daß in ihm die wesentliche Bestimmung des Menschen mit der wesentlichen des Bürgers nicht harmonieren, daß die Aufklärung, die der Menschheit unentbehrlich ist, sich nicht über alle Stände des Reichs ausbreiten könne; ohne daß die Verfassung in Gefahr sei, zugrunde zu gehen« (ebd., S. 340 f.). Dass Mendelssohn bei diesem Satz nicht auch die Fernhaltung der Juden von den bürgerlichen Rechten im Sinn hatte, ist kaum vorstellbar. Mendelssohn, wie noch zu zeigen sein wird, war folgerichtig der Meinung, dass die Aufklärung der Juden die Gefahr berge, in Widerspruch zu ihrer tatsächlichen Stellung im Staat zu geraten. Wenn den Juden Bildung angedeihen sollte, so musste dies im Einklang mit ihrer Rolle in der Gesellschaft geschehen. Ein rechtloser Gebildeter, das heißt einer, der von seiner Bildung keinen Gebrauch machen kann, kann seiner Bestimmung als Bürger nicht nachkommen.

Der Gedanke der *Menschheit* – die Bestimmung des Menschen ist allen Menschen gleich – steht unausgesprochen über Mendelssohns Essay. Den Juden musste (wie allen Menschen) die Möglichkeit gegeben werden, Aufklärung und Kultur zu erlangen. Bildung nach Mendelssohn betrifft beides: weltliches Wissen und gesellschaftlichen Umgang.

---

5 Siehe dazu ausführlich: Hinske 1981, S. 105-110; jüngst hat sich auch Benner des Themas angenommen und es hinsichtlich seiner pädagogischen Implikationen bearbeitet, siehe dazu: Benner 2007, S. 40 ff.

2.3 Emanzipation und Aufklärung

Im Folgenden werden die Begriffe der *Emanzipation* und der *Aufklärung* in der in dieser Arbeit verwendeten Bedeutung erläutert. Daran anknüpfend werden die mit ihnen verbundenen historischen Ereignisse in einem dem Verständnis der folgenden Erörterung zuträglichen Umfang skizziert. Schließlich sollen freilich auch die pädagogischen Implikationen des Begriffs der Emanzipation Erwähnung finden. Diese stellen eine erhebliche Ausweitung seiner ursprünglichen Bedeutung dar.

Laut Ruhloff wird der Emanzipationsbegriff im 19. Jahrhundert »zum Schlagwort für Befreiungsbewegungen aller Art, z.B. für die Befreiung der Juden, der Katholiken in Irland ...« (Ruhloff 2004, S. 280). Auf die Judenemanzipation findet er erst in den 1830er Jahren Anwendung. Zuvor wurde von der *Verbesserung* der Juden im Sinne der Aneignung allgemeiner Bildung sowie der Werte und Verhaltensnormen der deutschen, bürgerlichen Umgebungskultur gesprochen. Die rechtliche Gleichstellung wurde meist als mögliche Konsequenz vorheriger Verbesserung betrachtet, was den konditionalen Charakter der Judenemanzipation in Deutschland kennzeichnet.

Im Anschluss an Brandt wird hier unter der Emanzipation der Juden ausschließlich die »rechtliche Gleichstellung der Juden in der Zeit des Übergangs von Alteuropa zur modernen Welt als Integrations- und Identitätsproblem« (Brandt 1988, S. 177) verstanden. Freilich ist die Judenemanzipation in Deutschland nicht als singuläres Ereignis zu sehen, sondern als

> »Folge gesetzgeberischer Akte, die, auf dem Boden der Aufklärung und ihrer naturrechtlichen Konstruktion vom Menschenrechte, zunächst die Ausnahmestellung der Juden in dem kirchlich gebundenen, noch mittelalterlichen Staate beseitigte, um dann in einer mehr oder weniger langen Periode allgemeiner innerstaatlicher Umstellungen speziell die Juden zu gleichberechtigten Staatsbürgern zu erheben.« (Herlitz/Kirschner 1927, S. 385)

Im Rahmen einer bildungstheoretischen Erörterung müssen freilich vor allem die Auswirkungen dieses langwierigen Prozesses auf das Bildungsverständnis der vorgestellten jüdischen Denker nachgezeichnet werden. Die Konstruktion eines jüdischen Bildungsverständnisses erfolgte schließlich seit Beginn der Aufklärung, speziell der jüdischen, stets vor dem Hintergrund der Möglichkeit einer rechtlichen

Gleichstellung mit der christlichen Bevölkerung.

Der Abschluss des Emanzipationsprozesses erfolgte in Deutschland erst 1871 mit der Reichsgründung. Zuvor war es in den einzelnen Ländern zu unterschiedlichen Zeitpunkten zum Erlass von Judenedikten gekommen, von denen das preußische Edikt von 1812 Erwähnung finden wird, da es für Friedländer und indirekt für Hirsch bedeutsam wurde. Diese Judenedikte gestanden den Juden zwar meist weitere Rechte zu als sie zuvor hatten, doch wurden diese oftmals in Zeiten der politischen Reaktion wieder eingeschränkt (vgl. ebd., S. 195 ff.). Die immer wieder hinausgezögerte Emanzipation hatte auf das kulturelle Leben der Juden einen nicht unerheblichen Einfluss. Das wird zu gegebener Zeit zu erörtern sein.

In dieser Arbeit soll der Emanzipationsbegriff über die rechtliche Bedeutung – die »Erlangung zivilrechtlicher Autonomie« (ebd., S. 175) – hinaus nicht verwendet werden. Gleichwohl ist zu beachten, dass seine erst im 20. Jahrhundert erfolgende Inanspruchnahme durch die Pädagogik in der Aufklärung ihren Ursprung hat. Wie Ruhloff feststellt, steht der Begriff im Sinne der Aufklärung »für die Herauslösung aus traditionellen Abhängigkeiten, die nicht durch Vernunftgründe beglaubigt sind und gegen das ›natürliche‹ Recht auf Anerkennung als gleich und frei verstoßen« (Ruhloff 2004, S. 280). Im heutigen Emanzipationsbegriff wie er in der Pädagogik Anwendung findet, spiegelt sich das aufklärerische Ideal des Selbstdenkens (vgl. Hinske 1990, S. 422). Letzterer Begriff wird spätestens seit Kant wiederum durch den Begriff der Mündigkeit ersetzt, welcher in seiner negativen Wendung Eingang in Kants berühmte Definition der Aufklärung von 1784 gefunden hat, diese sei der »Ausgang des Menschen aus seiner selbst verschuldeten Unmündigkeit« (Kant 1838, S. 145).

Der Begriff der Aufklärung wird hier jedoch auch in einem anderen Sinne verwendet. Die Darstellung der seinerzeit wohl bedeutsameren Definition Mendelssohns hat bereits andere Konnotationen durchblicken lassen. Aufklärung kann auch ganz grundsätzlich auf die aktive Verbreitung oder Aneignung von Wissen abzielen, also nicht nur als individuell zu vollbringende Leistung verstanden werden.

Ferner wird der Begriff schlicht als Bezeichnung der Epoche verwendet, die zum Ende des 17. Jahrhunderts mit Spinoza ihren Ausgang nahm und deren Ende um 1800 mit dem Tod Kants (1804) anzusetzen ist (vgl. Tenorth/Tippelt 2007, S. 42). Diese zeitliche Begrenzung ist freilich problematisch und so wird Aufklärung hier eher aufgefasst als eine geistesgeschichtliche Epoche, die im 18. Jahrhundert zu voller Blüte gelangte und in der bestimmte »geistige Tendenzen« (Hartwich 2005b , S. 11) vorherrschten. Von dieser Epoche kann einerseits mit Hampson bewusst lakonisch behauptet werden kann: »Within limits, the Enlightenment was what one thinks it was« (Hampson 1968, S. 9). Andererseits hat Peter Gay eine ideengeschichtliche Definition gegeben, welche eben jene geistigen Tendenzen der Aufklärung sehr gut einfängt:

> »The philosophy of the Enlightenment insisted on man's essential autonomy: man is responsible to himself, to his own rational interests, to his self-development, and, by an inescapable extension, to the welfare of his fellow man. For the philosophes, man was not a sinner, at least not by nature; human nature – and this argument was subversive, in fact revolutionary, in their day – is by origin good, or at least neutral. Despite the undeniable power of man's antisocial passions, therefore, the individual may hope for improvement through his own efforts – through education, participation in politics, activity in behalf of reform, but not through prayer« (Gay 1966, S. 398).

Die deutsche Aufklärung war entgegen der häufig anzutreffenden Meinung, sie sei vor allem auf die Selbstaufklärung bezogen gewesen, nicht grundsätzlich unpolitisch. Das wird mit Blick auf die jüdische Aufklärung und ihr Hinarbeiten auf die Emanzipation überaus deutlich. Nicht so sehr die theoretischen Fragen Kants hatten im Vordergrund der deutschen Aufklärung gestanden, sondern vielmehr »die Verwirklichung eines viel weiter gespannten Erziehungsprogramms …, das auf die ganzheitliche Bildung des Individuums und auf den Aufbau einer gerechteren Gesellschaft zielt« (Ciafardone 1990, S. 14). Diese pädagogische Dimension der Aufklärung, die im Denken der jüdischen Aufklärer immer wieder präsent ist, lässt Aufklärung »zur großen Bildungsbewegung« werden, indem sie »Leben und Erziehung von der Vernunft her gestaltete und jeden, ohne Unterschied des Standes, der Rasse oder der Religion gleichermaßen an Bildung teilnehmen lassen wollte« (Böhm 2000, S. 36 f.). Dieser Aspekt soll in den folgenden Darstellungen den

Hintergrund bilden für die Erörterung des jüdischen Bildungsverständnisses im Spannungsverhältnis von Aufklärung und Tradition. Dabei wird auch der Zusammenhang von Emanzipation und Aufklärung deutlich, da erstere im Licht der Aufklärung erst philosophisch diskutiert werden konnte.

2.4 Voraussetzungen und Ziele der Haskala

Die jüdische Aufklärung (Haskala)[6] hatte zwei wesentliche Voraussetzungen, aus denen sich ihre Ziele bestimmen lassen. Die Haskala ist ein so komplexer und weitläufiger Vorgang, dass ihre Grundzüge hier bloß kurz umrissen werden können. Shmuel Feiner, der sich um eine Definition der jüdischen Aufklärungsbewegung bemüht hat, bemerkt: »Unlike other agents of change in modern Jewish history, the Haskalah had no ideological and institutional coherence, comprehensive organisation, constitution, generally agreed programme, principles, or allegiance to a specific defined ideology« (Feiner 2002, S. 184). Dennoch muss versucht werden, ihre Motive und theoretischen Annahmen, wenn auch erst in den folgenden Analysen der drei jüdischen Aufklärer – Mendelssohn, Wessely und Friedländer – fassbar zu machen.

Eine Voraussetzung der Haskala war klar die europäische Aufklärung, als deren Teil sie gesehen werden muss. Die Idee der Vernunft ist das tragende Moment der Aufklärung und somit auch das der Haskala. Sie wendet es auf die spezifische Situation der Juden an. Da die Vernunft bei allen Menschen anzutreffen sei, so die Annahme der Aufklärung, müsse ihr lediglich der Raum zur Entfaltung gegeben werden. Darin enthalten ist bereits das Versprechen, dass sich die Menschen mittels der Vernunft der Beschränkungen, welche die mittelalterliche Welt ihnen auferlegte, entledigen könnten. Dies galt in besonderem Maße für die Juden wie Schulte die Position der jüdischen Aufklärer (Maskilim) zusammenfasst:

> »Juden sind also, wie alle anderen Menschen auch, erkenntnisfähig, nicht nur eine schmale Elite von Gelehrten und Philosophen. Sind Juden nicht aufgeklärt, so liegt das nicht am prinzipiellen Vernunftmangel, sondern an schlechten äußeren Umständen

---

6 Das Wort *Haskala* stammt vom hebräischen Substantiv *Sechel*, das Vernunft oder Verstand bedeutet und synonym für die jüdische Aufklärung verwendet wird.

durch jahrhundertelange judenfeindliche Diskriminierungen, an fehlender profaner Bildung und Erziehung und an der Verblendung durch eine verkrustete religiöse Tradition« (Schulte 2002, S. 23).

Für Maskilim bedeutete das, dass sie sich der Beseitigung jedweder Schranken der Vernunft widmen mussten und also der Verbreitung von Bildung und Sittlichkeit. Die Welt der Bildung war aber die Welt der Umgebungskultur, im vorliegenden Fall der deutschen, christlich geprägten Kultur, die sich ihrerseits im Wandel befand. Sich der Mehrheitskultur zu öffnen, um aus der erstarrten jüdischen Gelehrsamkeit auszubrechen, erforderte »von den Maskilim eine ungeheure Akkulturationsleistung«, so Schulte, »die nicht nur Wissenschaften und Künste betraf, sondern auch Sprache, Alltagsleben und sogar die Religion« (ebd., S. 36). Um am Aufklärungsdiskurs teilnehmen zu können, mussten die Juden sich die deutsche Sprache, andere Umgangsformen usw. aneignen. Als Besonderheit kam aber hinzu, dass sie meist noch in der jüdischen Tradition aufgewachsen waren und somit sich von dieser selten völlig loslösen wollten. »Die deutschen ›Maskilim‹ ... waren ursprünglich keineswegs Revolutionäre, die das ganze Gebäude der Tradition mit einem Schlag wegfegen wollten, sondern das jüdische Leben vor allem durch die Erziehung und die Literatur weiterzuentwickeln suchten« (Herlitz/Kirschner 1927, S. 1443). Es war ihr Anliegen, die Tradition zu bereinigen von allen mittelalterlichen Altlasten und in gewissermaßen durch die Vernunft geläuterter Fassung mit einer Annäherung an die Mehrheitskultur zu vereinbaren. Daher widmeten sie sich nicht nur der Rechtfertigung der neuen Bildungsidee gegenüber ihren in der Tradition fest verwurzelten Gegnern, vor allem den Rabbinern, sondern auch einer Reform des Judentums, das ihnen nicht mehr zeitgemäß schien. Eine Reform des Judentums musste zuvorderst eine Reform der Erziehung bedeuten, die sich in einem Zustand befand, der mit dem Bildungsideal der Aufklärung keineswegs korrespondierte. Wie Kurzweil bemerkt, »bestand in dem traditionellen Cheder (wörtlich: Zimmer; jüdische Elementarschule im Hause des Lehrers; Plural: Chadarim) der Unterricht hauptsächlich im Lernen von Bibel und Talmud, oft auf primitive Weise, ohne systematischen Unterricht in hebräischer Sprachlehre« (Kurzweil 1987, S. 14). Dies waren die Maskilim gewillt zu ändern. Sie glaubten, »that they posessed the correct keys to ... the transformation of the Jewish society and culture« (Feiner 2002, S. 11). Dabei ging es ihnen nicht nur um die Verbreitung des von der Aufklärung propagierten vernünftigen Nachdenkens, sondern bald auch um den Beweis, dass die Juden ebenso treue und gebildete Staatsbürger sein konnten wie die Christen. Die Verlockungen des Bürgertums spielten hier eine nicht unerhebliche Rolle. Sie sollen noch geschildert werden.

Die Möglichkeit der rechtlichen Gleichstellung, welche durch die Schrift des preußischen Beamten Christian Wilhelm Dohm zum beherrschenden Thema der jüdischen wie zwischenzeitlich auch der Aufklärung in Deutschland insgesamt wurde, stellt die zweite Voraussetzung der Haskala dar. Diese Schrift »Über die bürgerliche Verbesserung der Juden« (1781), in der die politische und rechtliche Unterdrückung der Juden gleichermaßen angeprangert wird wie wirtschaftliche Restriktionen, betonte die Bildungsfähigkeit der Juden und verlangte sowohl die Änderung ihrer Lebensbedingungen als auch einen Erziehungsprozess, in dem die Juden an die Mehrheitskultur herangeführt werden sollten (vgl. Brandt 1988, S. 185). Dohm sprach sich für eine sofortige rechtliche Gleichstellung der Juden aus, die den Ausgangspunkt ihrer Verbesserung bilden sollte. Obgleich seine Thesen auch unter den christlichen Aufklärern viel Beachtung fanden, blieb speziell dieser Passus unbeachtet von der preußischen Obrigkeit. Zur allgemein anerkannten Forderung wurde vielmehr, dass die Juden sich *zuerst* bilden und anpassen sollten, *bevor* ihnen die Emanzipation zugestanden werden sollte. Die jüdischen Aufklärer machten sich Dohms Ansichten größtenteils zu eigen. Nicht allerdings seine Rede von der »Verdorbenheit der Juden« (Dohm, zitiert in: Brandt 1988, S. 185).

In der Folgezeit ging es den jüdischen Aufklärern um den Nachweis der Kompatibilität des Judentums mit der Vernunft ebenso wie um die Verbreitung allgemeiner Bildung unter den Juden. Beides hatte zum Ziel, einerseits den Juden die gesellschaftliche Teilhabe am Leben der Umgebungskultur zu ermöglichen und andererseits die Bedingungen für die erhoffte Emanzipation zu erfüllen. Die Bemühungen um diese Ziele veränderten sich inhaltlich mit dem Fortgang des

Emanzipationsprozesses und aufgrund der bereits zunehmenden Anpassung an die Mehrheitskultur. Zudem waren sie immer wieder schweren Anfeindungen aus dem Lager des traditionellen Judentums ausgesetzt. Aber auch christliche Aufklärer waren keineswegs alle dem Judentum wohlgesonnen. »Entsprechend groß war die Herausforderung, die Beziehung zwischen Religiosität und Weltbezug des Lernens konzeptuell neu zu begründen, säkulare Kenntnisse auf der einen, religiöse Gesinnung auf der anderen Seite ›dem Geist der Zeit‹ und den ›Sitten des Landes‹ angemessen ins Verhältnis zu setzen« (Lohmann/Lohmann 2002, S. 89).

Wenn hier von jüdischen Aufklärern die Rede ist, so ist damit stets nur eine schmale jüdische Elite gemeint, die wohl nie mehr als 200 Personen in ganz Deutschland umfasste, die sich hauptsächlich in Berlin, Königsberg und Breslau aufhielten, also in den großen preußischen Judengemeinden (vgl. Feiner 2002, S. 9). Die unten besprochenen Denker waren allesamt in Berlin, dem eigentlichen Zentrum der Haskala tätig. Von hier nahmen die aufklärerischen Ideen ihren Ausgang und fanden bald auch in entfernteren Gegenden Preußens und Österreichs einen Widerhall.

2.5 Bildungsideal und der Prozess der Verbürgerlichung

Um die Herausarbeitung eines jüdischen Bildungsverständnisses, die philosophischen und praktischen Überlegungen zur Erziehungsreform durch die jüdischen Aufklärer verstehen zu können, müssen schließlich die sozialgeschichtlichen Wandlungen im betrachteten Zeitraum berücksichtigt werden. Nur so wird die Motivation der jüdischen Aufklärer und bald großer Teile der deutschen Judenheit erkennbar, sich auf den mühsamen Weg des Wandels und der Aneignung einer bis dahin gänzlich fremden Kultur und Bildung zu begeben.

Im Zuge des wirtschaftlichen und sozialen Wandels und mit zunehmender Verbreitung einer aufgeklärten Haltung im 18. Jahrhundert bekamen die »realen und imaginären Gettomauern« (Volkov 1988, S. 350) Risse und erschienen allmählich durchlässiger. Der Eintritt in das sich herausbildende Bildungsbürgertum bot die Möglichkeit sozialen Aufstiegs und gesellschaftlicher Teilhabe. Dieser als Verbürgerlichung bezeichnete Prozess wird in seiner Bedeutung für die Emanzipation noch zu betrachten sein. Dass sich das deutsche Bildungsbürgertum in dieser Zeit erst entwickelte, vor allem in Abgrenzung von Adel und altem Stadtbürgertum, ist von nicht unerheblicher Bedeutung für den Verbürgerlichungsprozess der Juden. Es entstand eine neue Gesellschaftsschicht, welche durch relative Offenheit gekennzeichnet war und in einer engen Wechselbeziehung zur Aufklärung stand. Ihre ökonomischen und habituellen Merkmale fungierten als Aufnahmekriterien für Neuankömmlinge und mussten von diesen je nach ihrer Herkunft mühselig erworben werden. Der wachsende Wunsch der Juden in Deutschland, sich der Mehrheitsgesellschaft anzunähern, wird nachvollziehbar vor dem Hintergrund ihrer rechtlichen, sozialen und ökonomischen Stellung. Die Idee der Emanzipation erwuchs letztlich vor allem aus ihrer strukturellen Benachteiligung. Diese soll kurz skizziert werden, wobei die komplexe Lage der Juden in den deutschen Fürstentümern, Königreichen und Freien Städten in diesem Zusammenhang keine ausführliche Betrachtung finden kann.

Juden war in den deutschen Ländern bis ins späte 18. Jahrhundert der Zugang zu höherer Bildung erheblich erschwert, wenn nicht gar verwehrt, ihre beruflichen Möglichkeiten waren stark eingeschränkt und ihre rechtliche Stellung variierte von Ort zu Ort. Die rechtliche Stellung unterschied sich aber nicht nur regional, sondern auch mit Blick auf den Einzelnen. Vielerorts wurden so genannte Schutzbriefe an den Hausvater ausgestellt und erlaubten den Aufenthalt in der nämlichen Gemeinde, wobei dieser meist nicht an die nächste Generation weitergegeben werden konnte. Auf diese Weise sicherten sich die Gemeinden Einnahmen aus den Schutzbriefen und regelten die Anzahl jüdischer Einwohner. Zudem war in manchen deutschen Staaten der Aufenthalt entweder nur in ländlichen Gemeinden oder nur in Städten erlaubt. Es war oft schwierig eine Duldung zu erhalten, insbesondere für mittellose Juden wie das Beispiel Moses Mendelssohns zeigt, der lange warten musste bevor er einen verhältnismäßig sicheren Status als Jude in Berlin erhielt.

Mit Blick auf die Aufklärung von Interesse ist freilich gerade die Lage der Juden in den Städten, da hier die wenigen wohlhabenden Juden anzutreffen waren, unter denen der Aufklärungsgedanke am ehesten um sich greifen konnte. Die Berufsbeschränkungen betrafen aber auch sie, wenn sie diese auch eher kompensieren konnten. Die ländliche jüdische Bevölkerung litt hingegen erheblich unter eingeschränkter Bewegungsfreiheit und Berufsverboten (die christlichen Handwerkszünfte waren den Juden beispielsweise versperrt). Es ist daher nicht zu übersehen, inwiefern auch für die ärmere jüdische Bevölkerung die Loslösung von der althergebrachten Lebensweise attraktiv sein musste, sobald die rabbinische Autorität Risse bekam. Die Emanzipation stellte ihnen ein besseres Auskommen in Aussicht. Dennoch war der Weg für Landjuden weit schwieriger.

> »Es ist nicht allzu schwer, den Eintritt eines jüdischen Bankiers oder Großkaufmanns ins Bürgertum – von rein wirtschaftlichen Voraussetzungen her und abgesehen von den psychologischen, religiösen, kulturellen und legislativen Schwierigkeiten – begreiflich zu finden. Jedenfalls muss er wesentlich leichter erscheinen als ein Übergang der nicht selbständigen Schichten von Handlungsdienern, Tagelöhnern und Hausangestellten in die ›gehobene‹ bürgerliche Gesellschaft« (Toury 1977, S. 146 f.).

An der kurzen Aufzählung wird deutlich, welche Berufe Juden im Wesentlichen ausüben durften, sie »waren von der Produktion materieller Güter ausgeschlossen, weil sie weder den Boden bearbeiten durften noch in Handwerkszünfte aufgenommen wurden« (Grab 1991, S. 9).

Die Emanzipation hätte diese Beschränkungen freilich mit einem Mal aufgehoben, doch wurde diese von der preußischen Obrigkeit immer wieder aufgeschoben. Die Auswirkungen dieser Aufschübe auf das jüdische Bildungsverständnis werden noch zu diskutieren sein. Eine Auswirkung bestand darin, dass die Aneignung von Bildung bei den Juden zwar nun nicht zur erhofften Emanzipation führte, aber doch zu der Möglichkeit, ins deutsche Bürgertum, genauer: in das Bildungsbürgertum aufzusteigen. Dieses gewann seinen speziellen Charakter durch die Aussperrung von der politischen Macht: »Im Zusammenhang mit der verzögerten Demokratisierung bildet sich vor allem in Deutschland neben der bürgerlichen Erwerbsschicht eine Bildungsschicht (Bildungsbürgertum) heraus, die sich an einem unpolitisch-humanistischen Bildungsbegriff und einer wirtschaftsfernen Mußekultur orientiert.«

(Rombach/Hillmann 1977, S. 161). Die Annäherung an diese Schicht musste den Juden leichter fallen, nachdem sie angetrieben von den Maskilim sich diesem Bildungsideal angenähert hatten. Kocka, der die Kultur des deutschen Bürgertums, zumal des Bildungsbürgertums untersucht hat, bemerkt, dass durch Prozesse der Verbürgerlichung neue Schichten in die bürgerliche Kultur sozialisiert werden können (vgl. Kocka 1987, S. 82). Es liegt nahe, dass Bildung dazu geeignet war, in diese Kultur einzutreten, speziell da mit ihr auch ökonomische, politische und kulturelle Selbstständigkeit erlangt werden, die eine Behauptung im Bürgertum ermöglichen.

Im Folgenden wird die Kultur des Bildungsbürgertums näher erläutert, um ein Bild davon zu erhalten, vor welchem gesellschaftlichen Hintergrund die vorgestellten jüdischen Denker ihre Vorstellungen entfalteten. Alle vier verkehrten innerhalb dieser Schicht oder näherten sich an sie an. Alle vier bereiteten den intellektuellen Boden, auf dem sich Juden das bürgerliche Bildungsideal aneignen konnten.

Das Auffinden einer grundlegenden Gemeinsamkeit der zum Bürgertum gehörenden, heterogenen Funktions- und Berufsgruppen gestaltet sich äußerst schwierig. Die unter dem Begriff subsumierten Gruppierungen unterliegen seit dem Entstehen der Bezeichnung im 18. Jahrhundert einem steten Wandel. Kocka definiert nun das Bürgertum des 19. Jahrhunderts, aber gewiss auch des späten 18. Jahrhunderts, »durch gewisse gemeinsame und gleichzeitig spezifische Deutungsmuster und Wertungen, Mentalität und ›Kultur‹« (ebd., S. 43) Gemeinsam sei den verschiedenen Teilgruppen des Bürgertums demnach »eine besondere Hochachtung vor individueller Leistung in den verschiedensten Lebensbereichen (nicht nur, aber auch in der Ökonomie)« und dadurch begründete »Ansprüche auf wirtschaftliche Belohnung, soziales Ansehen und politischen Einfluß« (ebd.). Die Probleme, welche mit einer Definition des Bürgertums als Kultur verbunden sind, können hier freilich nicht weiter verfolgt werden. Es sei lediglich bemerkt, dass auch der Kulturbegriff keineswegs immer trennscharf ist und dass die Wertvorstellungen, Normen, Konventionen und Praktiken, auf die er verweist, in der historischen Rückschau kaum präzise zu benennen sind. Dennoch scheint es hilfreich, Kockas Definition als eine wichtige Akzentuierung des kulturellen Aspektes der Bürgerlichkeit zu begreifen. Im Zusammenhang mit der Verbürgerlichung der Juden von besonderer Bedeutung sind gewiss die bürgerlichen Verhaltensregeln bzw. treffender noch: der kulturelle Kodex des Bürgertums. Vor allem dieser kaum fassbare, unausgesprochene Verhaltenskodex war es, welchen zu erlernen unablässig für jene war, die sich sicher in bürgerlichen Kreisen bewegen wollten. Transportiert wurde er offenbar gerade auch über Bildung, ja er war gewissermaßen wesentlicher Bestandteil des individuellen Bildungsprozesses.

Die Beherrschung des Kodex hing somit zweifellos vom Bildungsstand ab. Bildung repräsentierte neben der finanziellen Ausstattung und in wechselseitiger Abhängigkeit mit dieser die unabdingbare Voraussetzung für einen Eintritt in die bürgerliche Gesellschaft. »Die Betonung von Bildung (statt Religion oder in Verbindung mit bildungskompatiblen Varianten von Religion) kennzeichnete das Welt- und das Selbstverständnis der Bürger; Bildung gehörte zugleich zur Grundlage ihres Umgangs miteinander und zur Abgrenzung von anderen (etwa durch geistreiche Konversation). Ein enges Verhältnis zur ... ästhetischen Kultur (Kunst, Literatur, Musik) kennzeichnete das Bürgertum ebenso wie Respekt für Wissenschaft.« (ebd., S. 43)

Wie Behm betont, haben sich Juden nicht nur die entstehende Kultur des Bürgertums angeeignet, sondern gleichsam an deren Entstehung mitgewirkt. Die ökonomischen, rechtlichen und kulturellen Veränderungen seit dem späten 18. Jahrhundert hätten »frühe Formen der Akkulturation« begünstigt und seien als Zeichen der »Teilnahme kleiner jüdischer Gruppen an der Schaffung einer modernen bürgerlichen Kultur zu verstehen« (Behm 2002, S. 149). »Dieser beginnende Verbürgerlichungsprozess stellte eine der Voraussetzungen für die sich in Berlin formierende jüdische Aufklärung dar« (ebd.). Vonseiten der Mehrheitskultur war während dieses Prozesses die »Aufmerksamkeit gegenüber den Juden wesentlich auf deren Erziehung respektive Bildungsstand und darüber hinaus auf die prinzipielle Frage nach der (sittlichen) Verbesserungsfähigkeit der Juden« (ebd., S. 113) gerichtet.

Nicht ohne Pathos und Übertreibung schreibt Wiener über diesen Prozess, welcher den Rahmen der jüdischen Aufklärung bildete und zugleich durch diese erheblich verstärkt wurde:

>»Die deutsche Judenheit war sozusagen über Nacht aus dem Zustande mittelalterlicher Gebundenheit, welcher die denkbar beste psychologische und gesellschaftliche Voraussetzung für die praktische Wirkungsart des ganzen religionsgesetzlichen Daseinsbetriebs bildete, in eine bürgerliche und kulturelle Gemeinschaft mit dem deutschen Volke versetzt worden. Welche Schönheitsfehler immer vom Gleichberechtigungsideal her gesehen der Emanzipation anhaften mochten, eins war gewiß, die bisherige soziale Autarkie der jüdischen Gemeinschaft war gesprengt und mit ihr der Boden abgegraben, auf dem alle Gezwungenheiten und künstlichen Konstruktionen des rabbinischen Lebensgesetzes als ganz natürliche Gewächse empfunden wurden.« (Wiener 1933, S. 29)

3. Bildung und Judentum bei Moses Mendelssohn

3.1 Gläubiger Jude und Aufklärungsphilosoph – kein Widerspruch?

»Vergessen ist, daß er einer der geistreichsten Denker im Europa des 18. Jahrhunderts war, der wie kein anderer die Ideale seiner Epoche verkörperte. Vergessen ist, daß er als Philosoph und Ästhetiker, als Kritiker und Stilist der erste Jude in Deutschland war, der in seiner Person die Möglichkeit verkörperte, Judentum und moderne Kultur miteinander zu verbinden« (Schoeps 1979, S. 5).

Der Mangel, den Julius Schoeps im Vorwort seiner Biografie über Mendelssohn anspricht, ist wohl mittlerweile weitgehend behoben. Die Schriften, die Mendelssohns Leben und Philosophie, ihre Rezeption in der Aufklärungsepoche und darüber hinaus thematisieren, haben insbesondere in den letzten zwei Jahrzehnten Zuwachs bekommen.

Moses Mendelssohn (1729-1786) ist für beide Welten, in denen er lebte, bedeutsam gewesen und zwar deutlich über seine Zeit hinaus. Er gilt gemeinhin als »Hauptvertreter der Popularphilosophie« (Ciafardone 1990, S. 32) und als Wegbereiter der Haskala. Insofern verkörpert er den Prototyp des akkulturierten, gebildeten Juden. Er behielt sich vor, die praktische Beobachtung des jüdischen Religionsgesetzes ebenso in seine Lebensführung zu integrieren wie ausgedehnte Kontakte mit Christen. Ersteres zog freilich bald das Befremden christlicher Gesprächspartner[7], letzteres die Gegnerschaft traditioneller Rabbiner nach sich. Über den Handel hinausgehende Kontakte zwischen Juden und Christen waren, bis auf die erzwungenen Religionsdispute des Mittelalters sowie wenige Ausnahmen, über Jahrhunderte nicht üblich gewesen. Nun machte sich der Autodidakt Mendelssohn, der ebenso jüdisch gelehrt war wie an den neuzeitlichen Kulturgütern und in der Philosophie gebildet, daran, diese Schranken zu durchbrechen. Wesentliche frühe Stationen seines Lebensweges mögen nun in der gebotenen Kürze nachgezeichnet werden.[8]

Moses Mendelssohn wuchs in einfachen Verhältnissen im Dessauer Judenghetto auf.

---

[7] Am bekanntesten ist hier der Streit zwischen Mendelssohn und Lavater, der ihn mehr oder weniger direkt zum Übertritt zum Christentum aufgefordert hatte. Siehe dazu auch Kap. 3.3.1.
[8] Die folgende Darstellung orientiert sich im Wesentlichen an der Mendelssohn-Biografie von Julius Schoeps, hier insbesondere die Seiten 9-21.

Sein Vater, der als Schreiber und Kopierer tätig war, konnte die Familie mit Mühe ernähren, legte aber auf die Ausbildung seines Sohnes großen Wert. Das Dessauer Ghetto galt »als ein kleines Zentrum jüdischer Gelehrsamkeit« (Schoeps 1979, S. 9) und so kamen auch die äußeren Umstände Mendelssohn entgegen. Mit fünf Jahren, so Schoeps, habe Mendelssohn bereits erste Kenntnisse des Hebräischen besessen und die täglichen Lektionen im Lehrhaus genügten ihm bald nicht mehr. Mit zehn Jahren beherrschte er diese Sprache bereits sehr gut und so wurde er bald ein Schüler des örtlichen Landesrabbiners David Fränkel (1707-1762). Dieser führte ihn in den Talmud und in die mittelalterliche jüdische Philosophie ein.[9] Mit vierzehn Jahren folgte Mendelssohn seinem Lehrer nach Berlin, wo er in elenden Verhältnissen und unter der ständigen Gefahr, der Stadt verwiesen zu werden, seine Studien fortsetzte. Die Ausweisung drohte aber nicht nur durch die Stadtverwaltung, da Mendelssohn als armer Jude weder Aussicht auf ein Aufenthaltsrecht noch auf jedwede Bürgerrechte hatte. Mendelssohn setzte sich bald einer weiteren Gefahr aus, indem er seine biblisch-talmudischen Studien heimlich um deutsche Bildung ergänzte: er »lernte – was auf das Strengste verboten war – deutsch lesen und schreiben« (ebd., S. 12). Hätte ihn ein Rabbiner dabei erwischt, so hätte er ihn aus der Gemeinde und der Stadt verbannen können, da zu der Zeit die Judengemeinden noch über einen rechtlichen Sonderstatus verfügten. Der junge Mendelssohn lernte aber bald nicht mehr nur Deutsch, sondern auch klassische Sprachen. Mit Schreibarbeiten verdiente er sich einen geringen Unterhalt. Schließlich lernte er den jüdischen Arzt Aaron Salomon Gumpertz (1723-1769) kennen, der sein Interesse nicht nur für die neuere deutsche Philosophie von Wolff und Leibniz, sondern auch für das Französische und Englische weckte.[10] Durch Gumpertz, der einer Hofjudenfamilie angehörte, wurde er in die

---

9 Der bedeutendste Vertreter dieser Philosophie war Moses ben Maimon (1135-1204), dessen wissenschaftliches Werk, insbesondere sein »More newuchim«, auf Judentum und europäische Scholastik gleichermaßen Einfluss nahm (vgl. dazu: Simon/Simon 1999, S. 183-214).
10 Es muss an dieser Stelle nochmals angemerkt werden, dass es schon vor Mendelssohn gebildete Juden in Preußen und den übrigen deutschen Ländern gab. Vornehmlich waren dies Ärzte, da Medizin bis ins 18. Jahrhundert das einzige universitäre Fach war, zu dem auch Juden Zugang hatten. Zuerst Beachtung gefunden hat dies durch einen Aufsatz von Eschelbacher 1916, wohingegen mittlerweile das Buch von Schochat 1960 maßgebend geworden ist.

gebildeten Kreise Berlins eingeführt. Er lernte Lessing kennen, mit dem ihn bald eine Freundschaft verband und für dessen »Nathan der Weise« er später, so die landläufige Auffassung, Pate stand (vgl. Trepp 1996, S. 81). Mendelssohn eignete sich neben der europäischen Philosophie, einer breit gefächerten Bildung, auch die Kulturtechniken des entstehenden Bürgertums an. Umgangsformen und gesellige wie gehobene Konversation gehörten hierzu ebenso wie ein Bewusstsein für die allmählich Gestalt annehmende deutsche, berlinische Kultur der Aufklärungszeit. Schoeps zufolge war des jungen Mendelssohn favorisierter Philosoph über lange Zeit John Locke. Dessen Philosophie erschien Mendelssohn offenbar wie eine passende Antwort auf die Diskriminierung der Juden, welche er ja selbst so schmerzhaft während der mittel- und rechtlosen ersten Jahre in Berlin erfahren hatte: »In Locke erachtete er den Philosophen, der es gewagt hatte, bürgerliche Freiheiten für jedermann zu verlangen. In ihm bewunderte er den Mann der Toleranz, der offen erklärt hatte, niemand dürfe seiner Anschauungen oder seines Religionsbekenntnisses wegen benachteiligt oder verfolgt werden« (Schoeps 1979, S. 16). Dieses Motiv zeigt sich auch in der noch vorzustellenden späteren Schrift Mendelssohns über die Vereinbarkeit von Vernunft und Judentum.

Mendelssohns Begeisterung für die deutsche Kultur, welcher er auch in seiner Erstlingsschrift »Philosophische Gespräche« (Mendelssohn 1755) Ausdruck verlieh, überstieg häufig die seiner frankophilen Zeitgenossen: »Dies und sein Ruf als junger Philosoph, der die deutsche Sprache und die deutschen Sitten formvollendet beherrschte, öffnete Mendelssohn die Türen der Salons« (Schoeps 1979, S. 18). Hier legte er seine Schüchternheit ab und gewann Selbstsicherheit, auch im Umgang mit seiner chronischen Krankheit, wohl einer Körperlähmung.

Um seinen Lebensunterhalt zu bestreiten, nahm er 1750 eine Stelle als Hauslehrer des jüdischen Seidenfabrikanten Isaak Bernhard an, in dessen Unternehmen er einige Jahre später eine Karriere begann und ein erfolgreicher Geschäftsmann wurde. Das sicherte schließlich auch seinen Status als Jude und brachte ihm 1763 die außerordentliche Schutzbürgerschaft ein (vgl. Berghahn 2000, S. 153). Sein Beruf war für

Mendelssohn aber stets bloße Lebensgrundlage, während seine Leidenschaft weiterhin der Philosophie galt. Seit den 1760er Jahren betätigte er sich schriftstellerisch in verschiedenen Bereichen der Philosophie. Einer seiner bedeutendsten Aufsätze wurde oben bereits diskutiert. Im Folgenden soll sein Engagement für die Bildung der Juden im Mittelpunkt stehen.

Mendelssohn hatte am eigenen Leib erfahren, welche Chance sich einem Juden durch die Aneignung von Bildung eröffnete. Zwar war er prinzipiell der Meinung, dass die Gleichberechtigung den Juden bedingungslos im Sinne der Menschheitsidee gewährt werden sollte, doch glaubte er auch, dass eine Befähigung der Juden zu gesellschaftlicher Teilhabe diese Einsicht bei der Obrigkeit am ehesten befördern könnte. Der Bildung vorausgehen musste in seinen Augen vor allem das Erlernen der deutschen Sprache. Die Juden sprachen untereinander den jiddischen Dialekt und benutzten Deutsch nur falls nötig im Zusammenhang mit Handelstätigkeiten. »Mendelssohn war nun der Auffassung, daß wenn die Juden erst einmal die deutsche Sprache beherrschten, wenn jüdischer Geist und deutsche Kultur in eine Symbiose eingetreten, dann würden die Ghettotore sich öffnen, die Juden als gleichberechtigte Bürger anerkannt werden« (Schoeps 1979, S. 131). Folgerichtig machte sich Mendelssohn seit Mitte der 1770er Jahre an die Übersetzung der Tora ins Deutsche, um seinen Glaubensgenossen gleichsam über ihr eigenes höchstes Kulturgut den Zugang zu anderen, zur deutschen Kultur zu eröffnen (vgl. Trepp 1996, S. 83). An diesem großen Werk wirkte auch Wessely mit. Die im Jahr 1783 erschienene Pentateuch-Übersetzung entfaltete eine breite Wirkung. Die traditionellen Rabbiner lehnten sie ab, belegten sie gar häufig mit einem Bann. Dennoch ermöglichte sie vielen jungen, wissbegierigen Juden in den folgenden Jahren den Zugang zur deutschen Schriftsprache und zur Bildung: »Junge Juden wurden in die Lage versetzt, sich mit den Problemen der neuzeitlichen Literatur, Wissenschaft und Philosophie, aber auch mit den Grundlagen der hebräischen Sprache vertraut zu machen« (Schoeps 1979, S. 135). Auch Eliav sieht die wesentliche Funktion der Übersetzung im Erwerb von Deutschkenntnissen: »Zweifelsohne trug die Übersetzung weniger zur

Bibelkunde bei, als daß sie die deutsche Sprache und den Geist der Aufklärung näher brachte« (Eliav 1960, S. 46). Ob dessen Verdienste um die Ausbreitung der deutschen Sprache unter den Juden sieht Seligmann in Mendelssohn gar einen »Germanisator«, der »in die Geschicke der deutschen Judenheit« eingriff (Seligmann 1922, S. 50). Obgleich dieser Begriff sicherlich über das Ziel einer angemessenen Würdigung der Verdienste Mendelssohns um die Einführung des Deutschen in jüdische Kreise hinausgeht, unterstreicht er die Verbindung zwischen deutscher Sprache und Akkulturation. Deutsch war das primäre Medium für den Erwerb von Bildung.[11]

Durch seine Lebensführung bewies Mendelssohn, dass Judentum und moderne Kultur durchaus miteinander vereinbar waren. Er diente so seinen Glaubensgenossen als Vorbild und zog ihre Bewunderung auf sich. Caesar Seligmann beschreibt dies in besonders eindringlicher Weise:

> »So stand Mendelssohn seinen Glaubensgenossen als der erste gebildete deutsche Jude gegenüber, der sich trotz seiner Bildung, trotz seines freundschaftlichen Verkehrs mit Nichtjuden seine Väterreligion treu bewahrt hat. Ungeheuer war die Wirkung, die von der Erkenntnis dieser Tatsache auf die kommende Generation ausging. Als leuchtendes Beispiel erschien ihnen Mendelssohn, als lebendiger Zeuge dafür, dass Vertrautheit mit europäischer Kultur und gesellschaftlicher Anschluss an die nichtjüdische Welt nicht notwendig einen Bruch mit dem frommen Judentum bedeuten müsse. Sein Vorbild hat den Bann gebrochen, hat die Scheu vor der modernen Kultur aus der Seele der Juden hinweggeschmolzen« (ebd., S. 50).

Wessely und Friedländer diente er mit seinem Wirken für eine Verbreitung der Bildung unter den deutschen Juden als Orientierung. Was Mendelssohn in praktischer Hinsicht vollzog, das suchte er auch intellektuell zu begründen. Sein Versuch, die Vernunftgemäßheit des Judentums zu beweisen, zeugt von diesem Bemühen. In Mendelssohn fand das, was bis dahin als Widerspruch gegolten hatte – ein Leben in beiden Kulturen: der jüdischen und der christlich-deutschen – eine Aussöhnung. Indessen war der Anfang neuer Widersprüche schon gemacht. Die gebildeten Juden mussten später erfahren, dass sich die von Mendelssohn zuerst gehegte Hoffnung, mittels der Bildung sich der Mehrheitskultur als gleichwertig und gleichberechtigt zu empfehlen, so bald nicht realisieren lassen würde.

---

11 Die bildungshistorische Bedeutung von Mendelssohns Pentateuch-Übersetzung hat jüngst Britta Behm herausgearbeitet, vgl. Behm 2002, S. 157-165.

Mendelssohns Wertschätzung von kultureller und theoretischer Bildung wie sie oben bereits diskutiert wurde, lässt sich nun auch im Zusammenhang mit seiner Biografie betrachten. Angesichts eigener Erfahrungen musste die Bedeutsamkeit beider Kategorien ihm umso wichtiger erscheinen.

3.2 Die Vervollkommnung des Menschen

Dieser Abschnitt widmet sich nun noch nicht dem Eintreten Mendelssohns für die Bildung der Juden, sondern vielmehr einem seiner (und der Aufklärung überhaupt) Grundgedanken. Dies ist nicht zuletzt mit Blick auf spätere Überlegungen Hirschs, aber auch konkret im Zusammenhang mit der jüdischen Emanzipation von Relevanz. Schließlich wurde in Mendelssohns Aufsatz über die Aufklärung bereits deutlich, dass die Vervollkommnung des Menschen nur auf dem Boden von Recht und Freiheit möglich sei.

Die Fähigkeit zur Selbstvervollkommnung, welche letztlich die Fähigkeit zur Bildung einschließt, ist allen Menschen gemein und qualifiziert somit auch die Juden zur Erlangung allgemeiner Bildung. Dies ist die politische Dimension des Grundtheorems der Mendelssohnschen Anthropologie, die in Kapitel 2.5 bereits angesprochen wurde. Laut Britta Behm, welche das Menschenbild Mendelssohns im Hinblick auf seine Bedeutung für die Judenemanzipation untersucht hat, entfaltet Mendelssohn die Vervollkommnungsfähigkeit als universelles Prinzip menschlichen Daseins. Ja er betont die Vollkommenheit überhaupt (in deutlicher Anlehnung an Leibniz) als Prinzip der Schöpfung, auch im Hinblick auf die Verbesserung der Juden. Er trat damit auch einem Argument der Gegner der Judenemanzipation entgegen, die die Juden für nicht der Bildung fähig, für *unverbesserlich* hielten (vgl. Behm 2002, S. 114).

Wie Behm erläutert, war der Großteil der jüdischen und christlichen Autoren der Aufklärungszeit sich einig, dass vor allem die traditionelle jüdische Erziehung mit ihrem Schwerpunkt auf Tora und Talmud eine Integration der Juden in die Mehrheitskultur verhindere (vgl. Behm 2002, S. 97). Da von den Juden als

Gemeinschaft keine schnelle Verbesserung (im Sinne von Bildung) zu erwarten war, wurden Veränderungen im individuellen Erziehungsprozess gefordert und zur Bedingung rechtlicher Zugeständnisse gemacht: »Erst nach einer Erziehungs- oder, von heute aus beurteilt, Assimilationsleistung sollten Juden, als nun potenziell ›nützliche‹ Mitglieder, in den politischen Verband aufgenommen werden dürfen« (ebd., S. 98). Somit war zunächst ausgeschlossen, den Juden als Kollektiv die Emanzipation zu gewähren, sondern diese wurde konditional an den individuellen Bildungsfortschritt gebunden. Freilich lief dies darauf hinaus, den Juden erst dann die rechtliche Gleichstellung zugestehen zu wollen, wenn eine Mehrzahl sich der Bildung zugewandt hatte.

Das Prinzip der Perfektibilität avancierte in der Aufklärung zu einer tragenden »Programmidee« (vgl. dazu Hinske 1990, S. 78-80). Darunter verstanden wurde die Vervollkommnungsfähigkeit des Menschen. Mendelssohn entwickelte diese zu einem Grundpfeiler seiner Philosophie und zwar in Auseinandersetzung mit Rousseau, der den Begriff geprägt hatte und damit auf die menschliche Selbstentwicklung hinweisen wollte (vgl. Behm 2002, S. 104). Durch Mendelssohn erhielt der Begriff aber ein teleologisches Moment. Er sah den Menschen als Teil einer vollkommenen Schöpfung dazu bestimmt sich zu bilden, um die Vollkommenheit der Natur und damit die prinzipielle Vernünftigkeit der kosmologischen Gesamtstruktur zu erkennen (vgl. ebd., S. 105). Behm schreibt über Mendelssohns Menschenbild, es sei mit dessen »Begriffen von Gott und der Schöpfung eng verbunden bzw. leitete sich daraus ab. Vor diesem Hintergrund charakterisierte er den Menschen als notwendig geselliges, in seiner gesamten Existenz gottbezogenes Geschöpf, das in seinen Entscheidungen trotz der Ausrichtung auf den normativ gesetzten Gott frei sei« (ebd., S. 107). Die vernünftige Erkenntnis der göttlichen Wahrheit durch Wissenschaft und Philosophie bringt nach Mendelssohn den Menschen Gott näher. Indem er der Vollkommenheit der Schöpfung gewahr wird, wird der Mensch selbst vollkommener. So erhält der Vervollkommnungsprozess eine metaphysische Dimension, welche in der Verknüpfung von Vernunft und göttlicher Vollkommenheit gegründet ist. Damit verträgt sich auch das Vollkommenheitsstreben, die Aufklärung überhaupt mit dem Judentum, das gleichsam die vorphilosophische Erziehung auf Gott hin bedeutet. Ihrem Zweck nach gelangen Judentum und Vernunft zur Deckungsgleichheit, sind komplementär. Dieser Gedanke wird im nächsten Kapitel noch vertieft behandelt. Er rechtfertigt die Verbindung von Bildung und Judentum. Gleichzeitig ist die Übernahme der Idee der Vervollkommnung und damit das Streben nach Verbesserung essentiell für die Verbürgerlichung der Juden. Die Idee der Vervollkommnung geht dem bürgerlichen Bildungsgedanken ideengeschichtlich voraus. Sie findet schließlich Eingang in das Bildungsideal des Bürgertums.[12]

Das Streben nach Vollkommenheit mittels vernunftbasierter Erkenntnisse wird ergänzt durch die Entfaltung eher auf das Praktische gerichteter Fähigkeiten. In seinen Anmerkungen zu einem Briefwechsel mit Abbt schreibt Mendelssohn 1781: »Die Entwickelung unsrer Anlagen, Geschicklichkeiten und Kräfte ist Erwerbung der Vollkommenheit, ist an und für sich Glückseligkeit, von welcher sich weiter kein Endzweck denken lässt« (Mendelssohn 1844, S. 389). Die Glückseligkeit, deren Betonung für das Aufklärungszeitalter typisch ist, hing für die Juden bisher am lebenslangen Studium der religiösen Schriften. Auch insofern ist also die Entfaltung dieser Idee gerade durch Mendelssohn interessant, da sie nämlich seinen jüdischen Glaubensgenossen – zwar nicht sofort – signalisierte, dass in weltlicher Bildung eine sinnvolle Erweiterung des eigenen Lern- und Lebensweges zu sehen sei.

Die intellektuelle Vervollkommnung ist nicht allein möglich, das kommt schon in Mendelssohns Kulturbegriff, der die Geselligkeit des Menschen hervorhebt, zum Ausdruck. Hier bedeutet es, dass die Selbstvervollkommnung auf beides angewiesen ist, auf Vernunft und Kultur. Man sollte von den Juden nicht erwarten können, sich zu bilden, ohne ihnen zu ermöglichen, sich auch kulturell zu betätigen. Das aber war ihnen in der Breite zu Mendelssohns Zeit verwehrt. Auch deshalb bemühte sich Mendelssohn darum, dass Prinzip der Vervollkommnungsfähigkeit als universelles

---

12 Siehe zu Überschneidungen des Bildungsbegriffs mit der Idee der Vervollkommnung die Analyse von Voßkamp 1992.

Prinzip des Menschseins zu entwickeln und eine »jüdische Sonderanthropologie« (Behm 2002, S. 114) zu verhindern. Mendelssohn hatte die Bedeutung der Frage nach der Vervollkommnungsfähigkeit der Juden erkannt und so wurde es, wie Behm formuliert, von ihm »zu einem der Schlüsselkriterien erhoben, an deren Besitz oder Nichtbesitz sich entschied, ob die Juden in den sich formierenden aufklärerischen Begriff der Menschheit einbezogen wurden oder nicht und – damit konditional verbunden – ob sie als gleichberechtigte Bürger in den allgemeinen politischen Verband Eingang finden sollten oder nicht« (ebd., S. 114).

3.3 Über die Vereinbarkeit von Judentum und Bildung

3.3.1 Bewahrung des Judentums in der Moderne

Gewiss hat Mendelssohns Pentateuch-Übersetzung den Juden den Weg zur deutschen Sprache und damit zu deutscher bzw. europäischer Bildung gebahnt. Gewiss ist sein Einfluss auf das bedeutendste erziehungspraktische Projekt der jüdischen Aufklärung, die Freischule in Berlin, nicht zu vernachlässigen. Sein Versuch jedoch, hier den Juden die Vernunft als universelles (Bildungs-)prinzip vorzustellen, dort den Nichtjuden die Vereinbarkeit von Judentum und Vernunft zu beweisen, ist von grundlegender Bedeutung. Der Pentateuch ist als Kulturgut geeignet, sich an ihm zu bilden und Deutsch zu lernen. Die Freischule ist der recht erfolgreiche Versuch, allgemeine Bildung von Kindesbeinen unter den Juden zu verbreiten. »Jerusalem oder über religiöse Macht und Judentum« (Mendelssohn 1783) ist aber die – retrospektiv betrachtet – notwendig gewesene Begründung dafür, dass Bildung den Juden erlaubt und ihre Religion zu lassen sei, sie aber gleichzeitig der Bürgerlichkeit für fähig und würdig zu erachten durch die Vernunft gerechtfertigt sei.

Mendelssohns Schrift ist unter anderem als literarische Antwort auf eine Provokation durch den Schweizer Geistlichen Johann Caspar Lavater zu sehen. Lavater, mit dem Mendelssohn bereits einige Zeit in Kontakt gestanden hatte, hatte ihn aufgefordert, entweder Beweise gegen das Christentum anzuführen oder zu konvertieren. Zwar verweigerte sich Mendelssohn einer theologischen Diskussion, stattdessen legte er dar, warum er von der Wahrheit des Judentums überzeugt sein dürfe (vgl. Trepp 1996, S. 81 f.). Wichtiger noch aber war die damit verbundene Begründung der Kompatibilität von Judentum und staatsbürgerlicher Pflichterfüllung, von Judentum und gesellschaftlicher Teilhabe. Mendelssohn wandte sich gegen Intoleranz und trat für die Religionsfreiheit als Grundrecht in modernen Staaten ein. Zum ersten Mal, so David Martyn im Nachwort der von ihm edierten Ausgabe des »Jerusalem«, meldete sich Mendelssohn mit diesem Buch als Jude zu Wort, zum ersten Mal wandte sich ein Jude »als Jude unvermittelt und unübersetzt an die deutschsprachige Öffentlichkeit« (Martyn 2001, S. 137). Es ist an dieser Stelle freilich unmöglich, die vielschichtige Schrift Mendelssohns ausführlich zu behandeln. Vielmehr müssen aus den teilweise gar verworrenen Argumentationssträngen Mendelssohns die hier interessierenden Grundthesen herausgefiltert werden.

Im »Jerusalem« wird deutlich, inwiefern Mendelssohn ein Anhänger der Idee der natürlichen Religion und damit einer gemäßigten Aufklärung ist. Regina Strowig, die Mendelssohns Verhältnis zur Religion untersucht hat, schreibt in diesem Zusammenhang: »Die den Regeln der Vernunft entsprechende natürliche Religion mit ihren für lebensnotwendig erachteten und daher unverzichtbaren Prinzipien der Existenz Gottes ... bildet für große Teile der Aufklärung nicht nur die Garantie einer Aufklärung schlechthin, sondern die Grundlage des gesamten menschlichen Lebens überhaupt« (Strowig 1996, S. 45). Mendelssohn ist dem hier benannten Teil der Aufklärung klar zuzuordnen. Die Prinzipien der natürlichen Religion werden Strowig zufolge als deckungsgleich mit der praktischen Vernunft angesehen. Sie präzisiert Mendelssohns Religionsbegriff, der Religion und Ethik in eins setze, ja die Religion letztlich auf die Ethik reduziere: »Die Ethik thematisiert die Beziehung zwischen Mensch und Natur; die Religion ist, allgemein betrachtet, per definitionem die Relation zwischen Geschöpf und Schöpfer, oder, mit anderen Worten, zwischen Mensch und Gott« (ebd., S. 59 f.). Das Verhältnis zwischen Gott und Mensch ist wie das zwischen den Menschen bestimmt durch das Erfordernis sittlicher Handlungen. Um Gott, dem vollkommenen Wesen, näher zu kommen, muss der Mensch mittels ethisch vertretbarer, vernunftgeleiteter Handlungen im Umgang mit seinen Mitmenschen sich vervollkommnen. Das Judentum leitet zu vernünftigen Handlungen an, insofern es nach Mendelssohn offenbartes, vernunftgemäßes Gesetz ist. Im Jerusalem »unternimmt es Mendelssohn, den überlieferten Offenbarungsbegriff der jüdischen Religion in eine neue Konstitutionsform zu gießen, deren theoretischer Wesenskern ... im rational Erfaßbaren, besteht. Damit stellt er das Judentum auf das Fundament vernunftgemäß begründeter Überzeugungen« (ebd., S. 79). Die Offenbarung ist nach Mendelssohn eine göttliche Gesetzgebung zur Erlangung der Glückseligkeit derer, die nach ihr leben. Die Tora ist nicht einmal eine Offenbarung, sondern ein Zeremonialgesetz, welches die vernunftgemäßen Lebensregeln beinhaltet: »Es ist wahr: *ich erkenne keine andere ewige Wahrheiten, als die der menschlichen Vernunft nicht nur begreiflich, sondern durch menschliche Kräfte dargethan und bewährt werden können*« (Mendelssohn 1783, S. 86). Das Zeremonialgesetz ist nach Mendelssohn unveräußerlicher Kern des Judentums. Es ist ein praktisches Gesetz, in dem sich das Wesen des Judentums – anders gesagt: das auf sein Wesentliches reduzierte Judentum – zeigt.

Es ist nun Mendelssohns Überzeugung, dass das Judentum mit der Vernunft grundsätzlich übereinstimmt, da es ein von Gott angeordnetes Gesetz ist. Die Wahrheit der Tora kann mittels menschlicher Vernunft erkannt werden und muss handelnd in der Welt verwirklicht werden. Damit ist die im Judentum eminent wichtige Dualität von Handeln und Lernen auf den Boden der Vernunft gestellt (vgl. dazu ebd., S. 42). Die Religion hat für Mendelssohn die Aufgabe, den Menschen in seinem Vervollkommnungsprozess zu unterstützen, sie ist Erziehung. Der Staat regelt das Verhältnis der Menschen untereinander durch Gesetze, die Religion schafft die Gesinnung zu vernünftigen Handlungen. Insofern wirken beide, wenn sie im Einklang mit der Vernunft stehen, positiv auf die Bildung ein: »Unter Bildung des Menschen verstehe ich die Bemühung, beides, Gesinnungen und Handlungen so einzurichten, daß sie zur Glückseligkeit übereinstimmen; die Menschen *erziehen* und *regieren*« (ebd., S. 39). Da das Judentum eine Vernunftreligion sei, könne der Staat ihm getrost die Erziehung der Gesinnungen, welche das Verhältnis des Menschen zu Gott und zu seinen Mitmenschen bestimmen, überlassen. Ja, die Religion könne in der Frage der Gesinnungen »dem Staat zu Hülfe kommen …. Ihr kommt es zu, das Volk auf die nachdrücklichste Weise von der Wahrheit edler Grundsätze und Gesinnungen zu überführen« (ebd., S. 41). Die Religion übernimmt also bei Mendelssohn eine Erziehungsfunktion, das Judentum mit seiner Tradition der Erziehung und des Lernens scheint besonders geeignet, diese auszufüllen. Freilich ist eine Modernisierung der Erziehung von Nöten, doch um diese bemüht sich Mendelssohn eher in der innerjüdischen Diskussion. Hier geht es ihm darum, das Judentum gegen Vorurteile zu verteidigen.

Freilich weist Mendelssohns Argumentation von einem heutigen Standpunkt aus einige logische Lücken auf, die tatsächlich nur durch den Glauben geschlossen werden können. Für die Juden seiner Zeit und nach ihm stellte aber seine Schrift den Beweis dar, dass sie der Vernunft teilhaftig werden konnten, denn die wissenschaftliche Erkenntnis der Wahrheit »offenbaret der Ewige uns, wie allen übrigen Menschen, allezeit durch Natur und Sache, wie durch Wort und Schriftzeichen« (ebd., S. 86). Die Prämisse der Vernunftgemäßheit des Judentums war aber auch an die Adresse derjenigen Christen, die eine Überhöhung der eigenen Religion noch in der Aufklärung betrieben und damit natürlich auch an Lavater gerichtet. Gleichzeitig stellte Mendelssohn so klar, dass alle Menschen in der Möglichkeit der Vernunfterkenntnis geeint waren, die Besonderheit der Juden aber in geoffenbarten Geboten begründet sei, für deren Aufhebung es keine vernünftigen Gründe gebe. Auch bemühte er sich, letzteres mittels an das Christentum angelehnter Logik zu untermauern, denn

> »was Gott gebunden hat, kann der Mensch nicht lösen. Wenn auch einer von uns zur christlichen Religion übergehet; so begreife ich nicht, wie er dadurch sein Gewissen zu befreyen, und sich von dem Joche des Gesetzes zu entledigen glauben kann? Jesus von Nazareth hat sich nie verlauten lassen, daß er gekommen sey, das Haus Jakob von dem Gesetze zu entbinden« (ebd., S. 129).

Ein weiteres Ziel, so die Auffassung Behms, verfolgte Mendelssohn mit seinem Buch. So wie Wesselys Schrift »Worte des Friedens und der Wahrheit« (Wessely

1782) sei auch der »Jerusalem« eine Reaktion auf die Toleranzpatente Kaiser Josephs II. gewesen (vgl. Behm 2002, S. 235). Diese bedeuteten zwar einen Fortschritt für die österreichischen Juden, setzte sie aber zugleich unter einen gewissen Anpassungsdruck.[13] Zusätzlich muss »Jerusalem« im Kontext der von Dohm bereits zwei Jahre zuvor angestoßenen Debatte um die *bürgerliche Verbesserung* der Juden gelesen werden (vgl. Schoeps 1979, S. 141). So lässt sich auch begründen, dass Mendelssohn nicht nur das Judentum gegen Angriffe der Aufklärungstheologen verteidigte, sondern auch die Chance wahrnahm, »dessen Kompatibilität mit einer bürgerlichen Ordnung aufzuzeigen« (Behm 2002, S. 239). Darin liegt die Originalität seines Werkes, dass er einem christlichen Publikum ein »selbstbewusst skizziertes modernes Judentum« (ebd.) vorstellte, das sich nur gleichberechtigt in die bürgerliche Gesellschaft integrieren lassen wollte. Damit trat Mendelssohn für einen religiösen Pluralismus ein, der zu seiner Zeit durchaus etwas neuartiges darstellte. Die rechtliche Gleichstellung der Juden war für ihn, wie auch Berghahn bemerkt, »eine Frage der Menschenrechte, nicht aber der Religionszugehörigkeit« (Berghahn 2000, S. 168). Mendelssohn rechtfertigt diese Auffassung philosophisch in Anlehnung an John Locke: »Der Staat, als Staat, hat auf keine Verschiedenheit der Religionen zu sehen; denn die Religion hat an und für sich auf das Zeitliche keinen nothwendigen Einfluß, und stehet blos durch die Willkühr der Menschen mit demselben in Verbindung« (Mendelssohn 1783, S. 36). Theologisch unterstreicht er diese Forderung mit einer scharfsinnigen Bemerkung: »so lasset uns keine Uebereinstimmung lügen, wo Mannigfaltigkeit offenbar Plan und Endzweck der Vorsehung ist« (ebd., S. 133). Damit wird nicht nur Religionsfreiheit gefordert, sondern christliche Bekehrungsversuche werden auch als dem göttlichen Plan widersprechend kritisiert. Während insbesondere christliche Aufklärer den Juden im Grunde ihr Judentum abspenstig machen wollten, während manche Juden bereits die Bereitschaft zu einer Aufgabe ihrer besonderen Lebensführung zeigten, trat Mendelssohn für seine unbedingte Erhaltung ein. Innerhalb der zeitgenössischen Debatte, ob die Juden sich

---
13 Vgl. zur Juden- und Toleranzpolitik der Habsburger ausführlich: Lohrmann 2000.

über die Aneignung von Bildung die Gleichberechtigung verdienen könnten, kam Mendelssohns Buch einem Paukenschlag gleich. Mendelssohn erteilte Assimilationsforderungen christlicher Aufklärer und Fanatikern wie Lavater gleichermaßen eine Absage und bereitete den Weg für die Verbürgerlichung eines modernisierten Judentums (vgl. Behm 2002, S. 249). Zugleich, indem er das Judentum als Vernunftreligion konstruierte, machte er es zum Eckpfeiler des individuellen Bildungsprozesses. Einige seiner Argumente klingen noch bei Hirsch nach. Friedländer, der sich als Schüler Mendelssohns begriff, setzte sich über die Warnungen seines Lehrers, am Zeremonialgesetz nicht zu rütteln, kühn hinweg.

Mendelssohn bot der Obrigkeit an, dass das Judentum im Staat eine stabilisierende Funktion übernehmen könne, wenn sein Existenzrecht anerkannt würde. Nur innerhalb des Judentums, so Mendelssohn, könnten sich seine Glaubensgenossen der Bildung hingeben. Dabei wiederum seien sie auf die Unterstützung des Staates angewiesen, das wird auch im folgenden Abschnitt deutlich: was nützt dem Juden die Bildung, wenn er dem Gemeinwesen nicht von Nutzen sein darf?

> »Betrachtet uns, wo nicht als Brüder und Mitbrüder, doch wenigstens als Mitmenschen und Miteinwohner des Landes. Zeiget uns Wege und gebet uns Mittel an die Hand, wie wir bessere Menschen und bessere Miteinwohner werden können, und lasset uns, so viel es Zeit und Umstände erlauben, die Rechte der Menschheit mit genießen. Von dem Gesetze können wir mit gutem Gewissen nicht weichen, und was nützen euch Mitbürger ohne Gewissen?« (Mendelssohn 1783, S. 130).

Mendelssohn appelliert eindringlich an die Mehrheitskultur, sich wahrer Toleranz zu öffnen, da nur so die Vervollkommnung, die Bildung jedes Mitglieds der Gesellschaft möglich sei:

> »Bahnet einer glücklichen Nachkommenschaft wenigstens den Weg zu jener Höhe der Cultur, zu jener allgemeinen Menschenduldung, nach welcher die Vernunft noch immer vergebens seufzet! Belohnet und bestrafet keine Lehre, locket und bestechet zu keiner Religionsmeinung! Wer die öffentliche Glückseligkeit nicht stöhret, wer gegen die bürgerlichen Gesetze, gegen euch und seine Mitbürger rechtschaffen handelt, den lasset sprechen, wie er denkt, Gott anrufen nach seiner oder seiner Väter Weise, und sein ewiges Heil suchen, wo er es zu finden glaubet« (ebd., S. 133 f.).

Für die Frage nach der Funktion der Bildung bedeutet Mendelssohns Schrift, dass er eine Bildung, welche die Juden zur Teilhabe an der bürgerlichen Gesellschaft befähigen würde, nur als im Einklang mit dem Judentum stehend denken konnte.

Damit leistete er intellektuelle Vorarbeit für spätere Reformen des Judentums, die stets Wege suchten, Bildung in eine jüdische Identität zu integrieren. Aufklärung, wie sie von Mendelssohn verstanden wird, steht ob dessen Vernunftgemäßheit nicht im Widerspruch zum Judentum. Kurzweil hat die Bedeutung des »Jerusalem« dahingehend treffend zusammengefasst: »Diese Interpretation des Judentums als theologischer Rationalismus war für Mendelssohns Zeit von eminenter Bedeutung, denn sie gab seinen jüdischen Glaubensgenossen die langersehnte Gedankenfreiheit und ermöglichte ihnen Teilnahme an dem geistigen Leben und Schaffen der Umweltvölker, ohne dadurch die Gläubigen in ihrer Mitte in Gewissenskonflikte zu bringen« (Kurzweil 1987, S. 6).

Die bürgerliche Kultur können sich die Juden nur aneignen, wenn sie bereits gleichberechtigter Teil des Gemeinwesens sind (vgl. Berghahn 2000, S. 156). Während Mendelssohns Hoffnung, dass sich Juden deutscher Bildung zuwenden würden, in Erfüllung ging, ließen sich die Mächtigen seiner Zeit noch nicht von der Notwendigkeit der Emanzipation überzeugen. Da die Verbürgerlichung der Juden auch ohne Gleichberechtigung voranschreiten konnte, die Emanzipation aber auf sich warten ließ, sah Friedländer sich später gezwungen, vom Grundsatz der unbedingten Bewahrung der jüdischen Besonderheit abzuweichen.

3.3.2 Exkurs: Die protestantische Aufklärung zwischen Vernunft und Glaube

Im Protestantismus, der sich wohl auch dank seiner humanistischen Wurzeln dem aufklärerischen Geist verwandter zeigte als der Katholizismus, gediehen ähnliche Überlegungen wie in der jüdischen Aufklärung. Während freilich die protestantischen Denker sich um die rechtliche Stellung ihrer Religion keine Gedanken machen mussten, hatten die Juden es hier schwerer, was sie überhaupt erst von den übrigen Aufklärungen abhebt. Der protestantische Geist musste sich seine Kompatibilität mit dem bürgerlich-industriellen Zeitalter weder so hart erarbeiten wie das Judentum, noch stand er überhaupt so sehr wie jenes unter dem Druck der Moderne. Schon eher läge es nähe, nach Indizien dafür zu suchen, dass er am Aufbau dieses Drucks maßgeblich beteiligt war. Der Protestantismus wurde auch von Aufklärungsphilosophen seit Beginn der Epoche genährt und unterschied sich nicht zuletzt dadurch vom vor allem in Frankreich angefeindeten Katholizismus. Gewiss geriet Immanuel Kant dennoch mit der protestantisch-orthodoxen Zensur in Preußen aneinander, als er auch die Religion im Licht seiner Kritik untersuchte.

Im Folgenden sollen in der gebotenen Kürze einige Wesenszüge der aufklärerischen Reflexion des christlichen Glaubens skizziert werden. Dabei werden durchaus Ähnlichkeiten zwischen den Argumentationen christlicher und jüdischer Aufklärer sichtbar, wobei diese Einteilung keine Dichotomie der Aufklärung implizieren soll, sondern lediglich aus pragmatischen Gründen erfolgt. Auch können jedwede Überschneidungen hier nicht ausführlich diskutiert werden, vielmehr soll ihre Andeutung potenziell zum Verständnis der Teilproblematik der Kompatibilität von Religion und Vernunft resp. Bildung beitragen.

In seiner 1793 erschienen Schrift über die »Religion innerhalb der Grenzen der bloßen Vernunft« unterzieht Kant die Religion einer kritischen Betrachtung, welche ähnlich derjenigen Mendelssohns ihre Vernunftgemäßheit zum Gegenstand hat und, das ist paradigmatisch für das Religionsverständnis der Aufklärung, der Religion vor allem ethischen Inhalt abgewinnt. »Religion ist …«, schreibt Kant, »das Erkenntnis aller unserer Pflichten als göttlicher Gebote. Diejenige, in welcher ich vorher wissen muß, daß etwas ein göttliches Gebot sei, um es als meine Pflicht anzuerkennen, ist die geoffenbarte … Religion; dagegen diejenige, in der ich es als ein göttliches Gebot anerkennen kann, ist die natürliche Religion« (Kant 1993, S. 385). Mit dieser Feststellung geht Kant noch über Mendelssohn hinaus, da letzterer davon ausgeht, dass die für das Judentum essentiellen Zeremonialgesetze sich der Prüfung durch die Vernunft nicht aussetzen müssen, gleichwohl das Judentum eine natürliche Religion sei. Mendelssohns Argumentation ist, das muss hier allerdings auch angemerkt werden, teilweise lückenhaft und widersprüchlich, zumindest steht sie an Geradlinigkeit, nicht an intellektueller Versiertheit, der Kantischen Argumentation gewiss nach.

Kansts Ablehnung einer sich nicht gänzlich vor der Vernunft behaupten könnenden Religion wird aber erst offensichtlich, indem er verlangt, dass Glaubenslehren zwar zeitlich den Vernunfterkenntnissen vorausgehen können, aber doch durch diese späterhin nachvollziehbar sein müssen:

> »Es kann demnach eine Religion die natürliche, gleichwohl aber auch geoffenbart sein, wenn sie so beschaffen ist, daß die Menschen durch den bloßen Gebrauch ihrer Vernunft auf sie von selbst hätten kommen können und sollen, ob sie zwar nicht so früh oder in so weiter Ausbreitung, als verlangt wird, auf dieselbe gekommen sein würden, mithin eine Offenbarung derselben zu einer gewissen Zeit und an einem gewissen Ort weise und für das menschliche Geschlecht sehr ersprießlich sein konnte, so doch, daß, wenn die dadurch eingeführte Religion einmal da ist und dieser ihrer Wahrheit durch sich selbst und seine eigene Vernunft überzeugen kann« (ebd., S. 386 f.).

Eine ähnliche Sichtweise findet sich auch bei Wessely, der aber nun nicht voraus gegriffen werden soll. Auch Friedländer erkennt nur die religiösen Inhalte an, deren ethische Dimensionen dem kritischen Verstand zugänglich sind.

Mit der Herausarbeitung des Aspekts der sittlichen Erziehung durch die Religion hat schon früh John Locke begonnen, einer der geistigen Lehrer Mendelssohns wie auch Kants. Die Essenz seiner Überlegungen soll hier in der Darstellung Emanuel Hirschs nachvollzogen werden. Nach Locke, so Hirsch, seien »die meisten der religiösen und sittlichen Einsichten, die wir heute rein vernünftig begründen können, ursprünglich durch die christliche Offenbarung unter uns zum Durchbruch gebracht und entwickelt worden« (E. Hirsch 1949, S. 290). Die Parallele zu Kant ist offensichtlich, wenn auch letzterer die Offenbarung nicht mehr so deutlich als historisches Faktum hinstellt. Hirsch unterstreicht diesen Aspekt bei Locke, dem die historisch-kritische Analyse noch nicht bekannt ist, durch den er aber zum geistigen Ziehvater der späteren Aufklärungstheologie geworden ist. Lockes rationalistische Auslegung der Religion findet ihren konzentrierten Ausdruck in der Feststellung,

> »daß die Offenbarung die Vernunft erst mit den Wahrheiten bekannt macht, die zu erkennen ihr möglich und bestimmt ist. Die Offenbarung gehört als das übernatürliche Einführungsmittel vernünftiger Wahrheit wesentlich in die Geschichte auch der natürlichen Religion und Sittlichkeit hinein. Beide Sätze Lockes sind dann im achtzehnten Jahrhundert unendlich oft wiederholt worden« (E. Hirsch 1949, S. 290).

Dieser Kommentar Hirschs findet gewiss auch in den jüdischen Variationen der

Vernunftreligion eine Bestätigung. So wie bei Mendelssohn nur das Zeremonialgesetz als Glaubensinhalt übrig bleibt, von dessen Richtigkeit sich der Jude nicht überzeugen, sie nur handelnd erleben kann, bleibt auch bei Locke nur ein genuin christlicher Glaubensinhalt, dessen Wahrheit zu erkennen der Vernunft nicht vergönnt ist. Locke reduziert, so Hirsch, den Glaubensbegriff schließlich nur noch auf die Gottessohnschaft Jesu. Ihre Bejahung sei nach Locke »der einzig wesentliche Gehalt alles Glaubens, der somit mehr auf die Wahrheit der christlichen Religion als auf ihre persönliche Aneignung geht« (ebd., S. 291).

Bei Locke findet sich also die Reduktion der Religion auf die Ethik bereits angedeutet. In aller Radikalität vollzogen wurde sie jedoch von den englischen Deisten, deren Schriften auch Mendelssohn bekannt waren. Ihre Grundgedanken seien im Folgenden, erneut anhand der überaus umfangreichen Darstellung Hirschs, referiert. Die freidenkerischen Gedanken John Tolands und anderer Deisten im 17. und 18. Jahrhundert finden sich modifiziert auch bei Friedländer wieder.

Toland propagiert einen theologischen Rückbezug auf die ur-christliche Religion, welche mehr auf Vernunft und Ethik konzentriert sei als das spätere kirchliche Christentum (vgl. ebd., S. 296). Diese Rückbesinnung erinnert stark an Wesselys Versuch, das Bildungsideal seiner Zeit im Ur-Judentum wieder zu entdecken.

Nun, dieses ursprünglich vernünftige Christentum soll aus dem überkommenen Christentum heraus gefiltert werden. Toland identifiziert das vor-kirchliche Christentum mit der vernünftigen, reinen Religion, die in späterer Zeit durch menschliche Dogmen und Aberglauben verunstaltet worden sei, denn »das kirchliche Dogma beruht auf einer Verschmelzung der Lehren des Evangeliums mit den Spekulationen der christlich getauften heidnischen Philosophie« (ebd.). Die christliche Wahrheit bedarf keiner Dogmen, um zu überzeugen, sondern nun sind es die Dogmen, welche ihre Überzeugungskraft in Frage stellen. Ja, einzig der ethische Gehalt des Christentums kann und muss seine Anhänger überzeugen. Bei Toland ist denn schließlich »auf jede formelle Autorität der christlichen Offenbarung verzichtet. Die christliche Religion ist die die menschliche Vernunft rein durch ihren Gehalt frei

von sich überzeugende Religion geworden« (ebd., S. 303).
Die Deisten in der Nachfolge Tolands treiben die Autorität der menschlichen Vernunft mithin so weit, dass ihr christliches Bekenntnis bald fraglich werden muss. An ihren Überlegungen wird auch deutlich, inwiefern Mendelssohns Gedanke, Gottes Gebote erlangten ihre Gültigkeit durch dessen vollkommene Vernunft, problematisch werden muss, sobald der Mensch doch die religiös gesetzten Grenzen der eigenen Urteilskraft überschreitet. So kennen die Deisten zuletzt »nur einen Nachweis der Göttlichkeit der Offenbarung: die Vernunftgemäßheit ihres Inhalts, die frei von aller formal begründeten Autorität den Menschen von sich zu überzeugen vermag, und so fällt auch bei ihnen natürliche und geoffenbarte Religion und Sittlichkeit grundsätzlich in eins« (ebd., S. 331)
Die Religion wird mehr und mehr zur bloßen sittlichen Erziehung. Während die Offenbarung bei Locke noch eine gewisse Berechtigung hatte, der Gehalt des Christentums aber schon deutlich reduziert war, so ist es bei den Deisten ein rein ethischer Gehalt geworden: »Die Vernunft, an die sie sich wenden, ist die sittliche Vernunft, die nach einer vor Gott und Menschen verantwortbaren Norm der Lebensführung fragt« (ebd.). Sie stellen sodann alles in Frage, was nicht mit der Vernunft korrespondiert und machen dabei auch vor der alttestamentlichen Offenbarung (der Grundlage des Judentums) nicht halt (vgl. ebd., S. 336 f.). Jesus ist hier in erster Linie Lehrer der Vernunft und Moral. Wenn schließlich, wie Kant nach den Deisten bemerkt hat, die geoffenbarten Regeln sittlicher Bildung auch mittels der Vernunft von den Menschen selbst herausgefunden werde können – wozu es dann noch einer Religion, eines Lehrers bedarf, kann der Deismus nicht mehr befriedigend klären. Bis zur Anzweifelung Jesu Gottessohnschaft ist es von hier nur noch ein kurzer Schritt. David Hume kam diesem zuvor, indem er Wissenschaft und Glauben streng trennte und damit Religion zu einem Glauben machte, zu dem man sich aus Vernunftgründen zwar entschließen kann, dem man aber mit einer wissenschaftlichen Beweisführung nicht bei kommen kann. Ähnlich argumentierte im Anschluss an Hume später auch Kant.

Ein Blick auf die Reaktion der deutschen Theologie auf die Herausforderungen durch die Vernunft soll diesen Exkurs abschließen.

Die ethische Akzentuierung des Christentums durch die evangelische Aufklärungstheologie nimmt einige Grundzüge des Deismus, teils direkt, teils vermittelt über die deutsche Aufklärungsphilosophie in sich auf. Bedeutsam geworden ist in der evangelischen Aufklärungstheologie, der so genannten Neologie, der hallische Theologie Johann Salomo Semler (1725-1791). Dieser ähnlich Mendelssohn langsame, behutsame Reformen über radikale Brüche bevorzugende Theologe hat, so Hirsch, »die geschichtliche Wende von der altprotestantischen zur neuprotestantischen Theologie heraufgeführt« (E. Hirsch 1952, S. 49). Semler vollzog für die evangelische Theologie das, was Mendelssohn für das Judentum versuchte: »Er will dem Christentum die geistige Führung im Leben der Nation dadurch sichern, daß er es zu einer mit aller gesunden Vernunft in Einklang stehenden Macht lebendig fortschreitender Bewegung erhebt. Damit wird er Gegner aller radikalen Kritiker des Christentums und zugleich aller auf Weitergelten des Alten gerichteten Orthodoxie« (ebd.). Semler stellte die kirchlichen Dogmen – die er als von Menschen ersonnen betrachtete – vorsichtig in Frage und bemühte sich darum, die Essenz des Christentums aus der überkommenen Theologie herauszuschälen. Ähnlich den jüdischen Denkern gelangte Semler zu einer Theologie, welche das Moment sittlicher Bildung als ihr ureigenes Wesen erkennt und als letztlich auch vor der Vernunft bestehende Lehre von der göttlichen Wahrheit zur Vervollkommnung des Menschen beiträgt. Die Gläubigen müssen sich »selbst davon überzeugen, daß in einer Rede, einer Niederschrift göttlich geoffenbarte Wahrheit« enthalten ist und zu bestimmten Handlungen verpflichtet. Diese moralische Wahrheit ist dann geeignet, »uns innerlich zu bessern, uns innerlich vollkommener, Gott ähnlicher, tugendhafter zu machen« (ebd., S. 57). Das erinnert sehr an Mendelssohns Idee, dass das Judentum die Menschen zu sittlicher Vollkommenheit zu bilden geeignet sei. Andererseits wird ein Unterschied darin deutlich, dass Mendelssohn die Möglichkeit einer mittels der Vernunft zu entdeckender Wahrheit des Zeremonialgesetzes bestreitet. Variationen der rationalen Deutung von Religion finden sich auch bei Wessely und Friedländer, ja eben der Vervollkommnungsgedanke findet sich schließlich bei Samson Raphael Hirsch wieder. Semler hat den Bildungsgedanken mit der ihm eigenen problematischen Vermischung von Vernunft und christlicher Religion schließlich in das theologische Denken integriert, indem er dem endlosen Vervollkommnungsprozess des Menschen die unendliche christliche Wahrheit zur Seite gestellt hat, ja die Vervollkommnung als Mensch und als Christ verschmolzen hat. Emanuel Hirsch formuliert: »mit seiner Lehre von der Unerschöpflichkeit oder innern Unendlichkeit der christlichen Religion« habe Semler dem erneuerten Protestantismus ein »neues, besonderes Licht aufgesetzt« (ebd., S. 86). Die christliche Religion »ist dann unter dem vergröbernden Stichwort der unbegrenzten Vervollkommnungsfähigkeit oder Perfektibilität des Christentums der Lieblingssatz der theologischen Generation nach ihm geworden« (ebd.).

In der Rezeption durch Schleiermacher lebten Semlers Ansichten fort und fanden hier, so Hirsch, »endlich die entschlossene Durchführung des Satzes, daß alle lebendige Religion individuell bestimmt ist« (ebd., S. 89). Der dadurch entstehende Konflikt zwischen individueller Auslegung und der Bestimmung durch Tradition und Gemeinschaft prägte auch die innerjüdische Diskussion noch des folgenden Jahrhunderts. Die christliche Theologie hatte in der Bearbeitung dieses Konflikts wohl schon durch ihre akademische Fundierung einen gewissen Vorsprung gegenüber dem Judentum. Eine Wissenschaft des Judentums wurde erst im frühen 19. Jahrhundert begründet und ging freilich von liberalen Kräften aus, die einer historisch-kritischen Analyse ihrer Religion offen gegenüber standen. Die Orthodoxen bestreiten zum Teil bis heute die Legitimität solcher Forschung.

Nach diesem Ausflug in die christliche Aufklärung, welcher einige Parallelen aufzuzeigen suchte, soll im Folgenden das Augenmerk wieder auf Mendelssohn, speziell auf den schwelenden Konflikt zwischen Bildung und Religion, zwischen Bildung und Rechtslage gerichtet werden.

3.3.3 Schattenseiten der Bildung

Der Titel dieses kurzen Abschnitts wäre missverstanden, wenn hier eine bildungskritische Lesart Mendelssohns erwartet würde. Kritik an der Bildungsidee ist von Mendelssohn nicht zu erwarten und wäre mit dem Optimismus der Aufklärung auch unvereinbar. Dennoch hat Mendelssohn die Aufklärung und damit verbunden die Idee der Bildung nicht unreflektiert bejubelt. Vielmehr hat er mögliche Gefährdungen der Bildung gedanklich antizipiert. Die selbstkritische Auseinandersetzung mit den eigenen Ideen ist ebenso Kennzeichen der Aufklärung wie die Überzeugung durch eben diese der Vollkommenheit näher zu kommen.

Mendelssohn hat sich in theoretischer und praktischer Hinsicht mit den Schattenseiten der Bildung auseinander gesetzt. In dem bereits oben diskutierten Aufsatz Mendelssohns über die Aufklärung klingt die Sorge um eine negative Wendung des Bildungsgedankens an. In einem Briefwechsel mit Basedow äußert er sich skeptisch über die Einbeziehung jüdischer Schüler in dessen philanthropistisches Schulprojekt. Zunächst zum ersten Punkt: Mendelssohns Zweiteilung des Bildungsbegriffs in Kultur und Aufklärung gibt ihm zugleich Anlass zu der Sorge, einer der beiden Teile könnte dominant, der andere missachtet werden. Eine Gefährdung der Bildung wäre die Folge. Aufklärung und Kultur könnten in ihr Gegenteil verkehrt werden: »*Je edler ein Ding in seiner Vollkommenheit*, sagt ein hebräischer Schriftsteller, *desto gräßlicher in seiner Verwesung.* (...) So auch mit Kultur und Aufklärung. Je edler in ihrer Blüte: desto abscheulicher in ihrer Verwesung und Verderbtheit« (Mendelssohn 1784, S. 341). Was sind die Schattenseiten verkehrter Aufklärung, verkehrter Kultur? Mendelssohn fährt erklärend fort: »Mißbrauch der Aufklärung schwächt das moralische Gefühl, führt zu *Hartsinn*, *Egoismus*, *Irreligion* und *Anarchie*. Mißbrauch der Kultur erzeuget *Üppigkeit*, *Gleisnerei*, *Weichlichkeit*, *Aberglauben* und *Sklaverei*« (ebd.). Mit Hinske ist die erste Möglichkeit einer von der Kultur abgetrennten Aufklärung so zu interpretieren, dass die damit verbundene Ablösung des Denkens von seinen menschlichen und moralischen Bindungen zum Verlust der Offenheit für Überzeugungen, Hoffnungen und Nöte der Anderen und zu einer kurzsichtigen

Versteifung auf die eigenen Interessen führt (vgl. Hinske 1981, S. 113). Damit einher ginge dann auch der Verlust der Religion. Mendelssohn antizipiert tatsächlich die Argumentation späterer radikaler Aufklärer, die in der kritischen Wendung gegen alle gedanklichen Bande hinter der von Kant geforderten Mündigkeit das Ideal der völligen Bindungslosigkeit erblicken. Die Loslösung von Gott ist dann ein notwendiger Vollzug des wahrhaft Aufgeklärten. Friedländer, der sich als Exponent der Bildungsidee versteht, ist so gesehen ein Gefährdeter. Indem er das Judentum preis zu geben bereit ist, bringt er potenziell die Bildung aus dem Gleichgewicht, leistet einer einseitig wissenschaftlichen Ausbildung und dem Verlust kultureller Identität Vorschub. Anders nun ist die Situation, wenn die Kultur zum alleinigen Bestandteil der Bildung wird. Die Gefahr, die Mendelssohn hier sehe, so Hinske, bestehe in »den nicht weniger verhängnisvollen Folgen, die umgekehrt auch eine Ablösung des Handelns vom Denken, eine Trennung der Kultur von der Aufklärung nach sich zieht« (ebd.). Dieser Aspekt ist mit Blick auf die Bildungskonzeption Hirschs bedeutsam. Hirsch, der das Judentum gleichsam an die Stelle der Aufklärung setzt, ist wenigstens der dauernden Gefahr ausgesetzt, dass seine Religiosität sich in bloßen Ritualen verliert. Hinske formuliert hierzu passend: »Ebenso aber ist jede Form von Religiosität, die nicht mehr nach dem Wesentlichen ihrer Überlieferung fragt und sich der Rechtfertigung vor dem eigenen Nachdenken entzieht, auf dem sicheren Weg in die Perversion« (ebd.). Hinske zufolge ist Mendelssohn deshalb stets um eine Balance von Aufklärung und Kultur bemüht. Man mag hier daran erinnern, was dies bedeutet: Wissenschaft und theoretische Bildung hier und Geselligkeit im Sinne mitmenschlichen Umgangs sowie praktischer Rückversicherung des Wertes von Bildung dort, beide sind aufeinander angewiesen wie Kopf und Herz (vgl. ebd., S. 116). Hinske stellt Mendelssohns Befürchtung in einen aktuellen Bezugsrahmen, der hier nicht vorenthalten werden soll. »Die Entwicklung der nachfolgenden zwei Jahrhunderte«, so Hinske, habe die Sorgen Mendelssohns wohl zur genüge bestätigt, denn Kultur und Aufklärung seien »so weit auseinandergetreten, daß uns heute selbst der Ansatz Mendelssohns kaum noch verständlich ist« (ebd., S. 117).

Nun zur zweiten, ganz anders gelagerten Sorge Mendelssohns hinsichtlich der tatsächlichen Verbreitung von Bildung unter jüdischen Kindern: Im Jahr 1768 wandte sich der Philanthropist Johann Bernhard Basedow, der an einem aufklärungspädagogischen Projekt in Dessau arbeitete, an Mendelssohn mit der Bitte, unter den Berliner Juden für sein geplantes *Elementarbuch* zur Verbesserung des Schulwesens zu werben (vgl. Simon 2002, S. 25). Basedow argumentierte unter Hinweis auf die Überkonfessionalität seines Werkes und erhoffte sich auch jüdische Schüler in das projektierte Philanthropin aufnehmen zu können. Mendelssohn bemühte sich tatsächlich um Subskribenten und Spender, allerdings offenbar zunächst ohne großen Erfolg. Schließlich fanden sich doch einige wohlhabende Juden in Berlin, die Basedow unterstützten (vgl. Behm 2002, S. 180). Mendelssohns Bemühen um Basedows Projekt rührt eher von seiner prinzipiell positiven Meinung über dessen Pädagogik her. In dem Antwortbrief an Basedow schlägt er nämlich eher kritische denn lobende Worte an. Mendelssohn verweist hier auf den problematischen Zusammenhang von Basedows Aufklärungspädagogik, die eine Erziehung der Kinder zu nützlichen Gliedern der Gesellschaft im Sinn habe und der Möglichkeit tatsächlicher Entfaltung und Vervollkommnung jüdischer Schüler. Die Juden könnten, so Mendelssohn, einer solchen Erziehung keinen echten Nutzen abgewinnen, solange sie ihrer rechtlichen Gleichstellung harrten.

»So viel muß ich indeß zu erinnern mir die Freiheit nehmen, daß Sie von der Verfassung meiner Nation unmöglich richtige Begriffe haben können, wenn Sie glauben, Ihr Elementarbuch oder überhaupt Ihr Erziehungsplan könnte bei uns mit Nutzen eingeführt werden. Je edler Ihre Absichten, je weiser Ihre Grundsätze, und je richtiger Ihre Anwendungen sind, desto weniger können wir Gebrauch davon machen. Denn, sagen Sie mir doch um des Himmelswillen, wenn Sie Ihre Absichten auf das Vollkommenste erreicht haben, was haben Sie ausgerichtet? Sie haben vernünftige Menschen erzogen, welche die Rechte der Menschheit wahren, Wahrheit und vernünftige Freiheit lieben, und dem Staate, in welchem sie leben, zu dienen, Willen und Fähigkeit haben. Nun eben dieses soll der Jude nicht, kann er nicht, wenn seine Denkungsart mit seiner Verfassung übereinstimmen soll. Er soll die Rechte der Menschheit wahren lernen? Wenn er in dem Stande der bürgerlichen Unterdrückung nicht ganz elend sein will, so muß er diese Rechte gar nicht kennen. Er soll Wahrheit und vernünftige Freiheit lieben, um vielleicht zu verzweifeln, daß alle bürgerlichen Einrichtungen an vielen Orten dahin abzielen, ihn von beiden abzuhalten? Soll er geschickt werden, dem Staate zu dienen? Der einzige Dienst, den der Staat von ihm annimmt, ist Geld. Bei eingeschränkten Mitteln des Erwerbes große Abgaben zu entrichten, dieses ist die einzige Bestimmung, zu welcher sich meine Brüder geschickt machen müssen. Wenn Ihr Elementarbuch diese Wissenschaft lehrt, so wird es meiner Nation willkommen sein, die keine andere brauchen kann« (Mendelssohn, zitiert in: Kayserling 1862, S. 330 f.)

Was heute zynisch klingt, war von Mendelssohn durchaus sehr ernst gemeint. Wie Simon bemerkt, war seine Argumentation eine im 18. Jahrhundert keineswegs unübliche. Man war der Meinung, »es sei besser für den Unglücklichen, gar nichts von dem Vorhandensein einer Reform zu wissen, wenn es nicht in der Macht dieser Reform liege, ihn aus seiner erniedrigenden Lage zu befreien« (Simon 2002, S. 25). Mendelssohns Kritik an einer unreflektierten Einbeziehung jüdischer Zöglinge in das Philanthropin macht deutlich, dass er eine Erziehung zum Bürger erst dann für sinnvoll hält, wenn die bürgerliche Gleichstellung erreicht ist. Hieran wird auch der Doppelcharakter von Mendelssohns Engagement für die Bildung der preußischen Juden erkennbar. Einerseits, wie auch schon im »Jerusalem« macht er sich stark für eine bedingungslose Gleichberechtigung, welche die Aneignung weltlicher Bildung erst sinnvoll und nützlich mache, andererseits setzt er sich innerhalb jüdischer Kreise für Reformen ein, wie noch zu zeigen sein wird. In den folgenden Jahren bemühte sich neben Mendelssohn auch Aaron Wessely, ein Bruder Hartwig Wesselys, um jüdische Unterstützer des Philanthropins. Doch Mendelssohns Einschätzung wurde offenbar von vielen Berliner Juden geteilt. Zwar spendeten einige, doch die von Basedow erhofften umfangreichen Zuwendungen blieben aus. Am neugegründeten Philanthropin lehrte schließlich ein jüdischer Lehrer und nur ein jüdischer Schüler besuchte für kurze Zeit die Dessauer Einrichtung, der aber bald an die jüdische Freischule nach Berlin wechselte (vgl. Behm 2002, S. 186 f.).

Die theoretisch begründete Sorge um eine Wendung der Bildung ins Negative erscheint mit Blick auf spätere Entwicklungen im Bildungsdenken so verschiedener Persönlichkeiten wie Friedländer oder Hirsch geradezu wie eine hellsichtige Vorahnung.

Mendelssohns Skepsis gegenüber dem aufklärerischen Erziehungsprojekt der Philanthropisten verdeutlicht einmal mehr, dass er Bildung nicht als bloße Betätigung des Geistes, sondern als Entwicklung *aller* Fähigkeiten betrachtete und zwar stets im

Spannungsverhältnis von individuellen Voraussetzungen und sozialen Bedingungen. Mendelssohn war, im offensichtlichen Gegensatz zu manchen nichtjüdischen Zeitgenossen, wohl bewusst, »dass die pädagogische Frage nicht von der gesellschaftlichen Situation der Juden zu trennen war« (ebd., S. 186). Behm, die auf die trotz intellektuellem Austausch zwischen jüdischen Aufklärern und Dessauer Philanthropisten relativ geringe jüdische Resonanz auf die philanthropinischen Erziehungsprojekte hinweist, vertritt in diesem Zusammenhang die Auffassung, dass die Berliner Juden ihre Interessen eher in der etwa zeitgleich mit dem Dessauer Philanthropin gegründeten Freischule aufgenommen sahen (vgl. ebd.). Dazu bemerkt sie, »dass die diskriminierte gesellschaftliche Situation der Juden sie dazu bewegte, pädagogische Ansätze auch in der Dimension der Gesellschaftskritik zu denken« (ebd., S. 188). Ihre soziale Randstellung habe aufgeklärte Juden in Gegensatz zu manchen Philanthropisten wie etwa Basedow gebracht. Die deren Ansätzen »unterliegende Tendenz zur Stabilisierung der damaligen Ständegesellschaft« (ebd., S. 189) musste die Juden befremden, da ihre Hoffnung auf Emanzipation von den Auflösungserscheinungen dieser gesellschaftlichen Formation lebte.

Bildung ohne gesellschaftliche Teilhabe, eine Bildung der Unfreien, musste in einer Zeit, in der die Bestimmung des Menschen in der Glückseligkeit gesehen wurde, tatsächlich Unglück bringend erscheinen. Ein Wissender, der sein Wissen nicht unter Beweis stellen, nicht nutzbar machen darf, sieht erst die Schranken, auf die sein Unwissen ihm einst den Blick versperrte. Dass die Juden dennoch nach Bildung strebten und sich nicht entmutigen ließen, ist ein wiederkehrendes Motiv der jüdischen Bildungsgeschichte in Deutschland.

3.4   Mendelssohn und die jüdische Erziehung

Britta Behm hat Mendelssohns Einfluss auf die jüdische Erziehung in Berlin, aber auch darüber hinaus, eine eingehende Analyse gewidmet. Dabei geht sie sowohl auf die bildungshistorisch relevante Korrespondenz Mendelssohns mit anderen Aufklärern ein, als auch auf seine eigene Erziehungspraxis und Erziehungsprojekte in seinem Umfeld. Im vorliegenden Kontext genügt der recht allgemeine Blick auf Mendelssohns Beitrag zur Modernisierung der jüdischen Erziehung. Dabei geht es auch um die Frage wie Mendelssohn an der Verbreitung des neuen Bildungsverständnisses unter den (Berliner) Juden konkret mitgewirkt hat. Nachdem seine theoretische Konzeption der Vereinbarkeit von Bildung und Judentum aufgezeigt wurde, wird damit ein Gebiet angesprochen, dass die praktische Umsetzung von ihm mit angestoßener Reformen umfasst. Die folgenden Darstellungen orientieren sich weitgehend an denen von Behm.

In einer älteren Biografie findet sich ein Passus, der Mendelssohns Haltung zu einer Reform der Erziehung beschreibt: »Unterricht und Erziehung waren die Zaubermittel, von denen er sich eine Umwandlung und Verjüngung seiner Brüder versprach; er drängte daher auf die Verbesserung des Unterrichts mit einer Zähigkeit und Hartnäckigkeit, wie sie ihm sonst nicht zu eigen waren« (Bergmann/Bernfeld/Elbogen 1929, S. 9). Zu einer ähnlichen Auffassung gelangt auch Behm, indem sie die Gesprächskultur im Hause Mendelssohn untersucht. In Mendelssohns Haus verkehrten seit Beginn der 1760er Jahre christliche und jüdische Aufklärer. Besonders jüdische Hauslehrer suchten Mendelssohn auf, um bei den dort stattfindenden Gesprächen Anregungen für ihren Unterricht zu erhalten und mögliche Neuerungen zu diskutieren. Mendelssohns Meinung wurde im Diskussionsverlauf wohl stets besondere Aufmerksamkeit beigebracht (Behm 2002, S. 146 f.). Ingrid Lohmann kennzeichnet die Bedeutung solcher Gespräche wie folgt: »Gesprächskultur ist so etwas wie die materielle Basis von Aufklärungsprozessen« (Lohmann 2008, S. 1). In diesem Sinne sind die Gesprächsrunden im Hause Mendelssohn, deren Verlauf und Inhalt zwar nicht rekonstruierbar, jedoch durch Andeutungen seiner Zeitgenossen zu erahnen sind, in ihrer Bedeutung für die Verbreitung und Transformation des neuen Bildungsideals hoch einzuschätzen.

Wie Behm ausführt, steht die häusliche Erziehung der Kinder der Mendelssohns exemplarisch für die Erziehungspraxis aufgeklärter Juden. Wie in christlichen, bürgerlichen Familien auch üblich, übernahm Mendelssohn selbst einige

Unterrichtseinheiten seiner Kinder, überließ den Unterricht aber sonst jüdischen Privatlehrern aus dem Umfeld der Haskala. Der Unterricht umfasste sowohl eine fundierte Lehre des Hebräischen und der Grundlagen der jüdischen Religion, als auch säkulare Fächer in großem Umfang (vgl. Behm 2002, S. 167). Behm bemerkt, dass von einer umfassenden Bildung der Kinder Mendelssohns, der Jungen wie der Mädchen, ausgegangen werden kann. Keines seiner Kinder besuchte – wie noch Mendelssohn selbst – eine traditionelle jüdische Schule (Heder) oder eine Talmudschule (Jeschiva) (vgl. ebd., S. 169). Mendelssohn machte seine Kinder auch mit den eigenen religionsphilosophischen Überzeugungen vertraut. Insgesamt betrachtet ist seine Erziehungspraxis ein Bruch mit den überkommenen jüdischen Erziehungsvorstellungen, die säkulares Wissen nur als Ergänzung zum Tora- und Talmudstudium berücksichtigten. Mendelssohn trennte aber die säkularen Fächer klar von den religiösen Unterweisungen und stellte beide mindestens gleichberechtigt nebeneinander. Selbstverständlich wurden die Kinder der Mendelssohns im Einklang mit den jüdischen Traditionen erzogen und zur Einhaltung der Gebote angehalten. Dennoch wurde die eigene Religion stets im Kontext eines vernünftigen Lebens und Strebens nach Vollkommenheit gedeutet, so wie Mendelssohn es im »Jerusalem« dargelegt hatte (vgl. ebd., S. 170). Wenn er aber seinen Kindern eine so breite Bildung, die mehrere europäische Sprachen, Mathematik, Geografie und mehr umfasste, angedeihen ließ, wie vertrug sich das mit seiner zuvor dargelegten Skepsis? Mendelssohn ließ zwar seine Kinder sich ein breites Wissen aneignen, jedoch betrachtete er dies offensichtlich auch als Grundlage für ein späteres Leben in der bürgerlichen Gesellschaft. In einem Brief an Johann Gottfried Herder (1744-1803) bemerkte er schon 1780: »Auch ich habe Kinder, die ich erziehen soll. Zu welcher Bestimmung? (...) Meine Pflicht ist, sie so zu erziehen, daß sie in jeder Situation sich von ihrer Seite keine Schande zuziehen, und die ihnen ihre Nebenmenschen unverdient zuwerfen, mit Resignation ertragen« (Mendelssohn, zitiert in: Düntzer/Herder 1857, S. 219). Mendelssohns Ironie lässt sich eine pragmatische Einsicht abgewinnen: um ihnen die Fähigkeit zu geselligem Umgang in der

Bürgerlichkeit zu ermöglichen, ist eine gewisse Bildung nützlich und nötig. Der möglichen Diskriminierung durch die christliche Mehrheitskultur sind die Juden aber dennoch ausgesetzt. Da Mendelssohn aber auch bewusst war, so Behm, »dass es für die Mehrheit der (männlichen) Juden vor jedem Bildungsansinnen auf die Eröffnung konkreter ökonomischer und politischer Handlungsfelder ankam« (Behm 2002, S. 173), verlagerte er den Schwerpunkt der Bildung seines Sohnes bald auf ihren praktischen Nutzen hin. Er ließ ihn vornehmlich jene Kenntnisse aneignen, die für den Beruf eines Kaufmanns von Nöten waren, denn viel Auswahl hatte er nicht wie Mendelssohn gegenüber seiner Freundin Elise Reimarus (1735-1805) anmerkte: »Herzlich bedaure ich es, daß ich ihn den Wissenschaften entziehen muß, um einen Knecht des Mammons aus ihm zu machen. Zur Arznei hat er nicht Lust; und als Jude muß er Arzt, Kaufmann oder Bettler werden« (Mendelssohn, zitiert in: Elvers/Klein 1983, S. 20).

Es wird deutlich, dass Mendelssohn sowohl als Multiplikator modernisierter Erziehungsvorstellungen diente, als auch sich im eigenen familiären Umfeld an deren praktischer Ausgestaltung versuchte. Mangels etwaiger genaueres erschließender Dokumente über die Gesprächsinhalte im Hause Mendelssohn kann nur angenommen werden, dass hier reformerische Vorstellungen von jüdischer Erziehung – und die ist hier mit schulischer (Aus-)bildung gleichzusetzen – transportiert wurden. Dafür spricht allemal, dass die Thematik Mendelssohn und seinen Mitstreitern eine Herzensangelegenheit war. In der Erziehung seiner Kinder maß der jüdische Aufklärer der allgemeinen Bildung einen hohen Stellenwert bei, was angesichts seiner philosophischen Positionen kaum verwundern dürfte. Gleichzeitig zeigt sich, dass er die Bildung nicht nur stets in ihrer Beziehung zur sozialen Situation der Juden betrachtete, sondern dies auch in die eigene Erziehungspraxis einfließen ließ. Bildung war nicht nur Vehikel der persönlichen Vervollkommnung, sondern ihr kam auch bei Mendelssohn schon die Funktion zu, auf den jeweiligen Platz in der Gesellschaft vorzubereiten. Auch die religiöse Erziehung, die nunmehr in den Rahmen eines in deutscher Sprache unterrichteten Schulfachs gestellt wurde, »transportierte generell ein modernisiertes Verständnis des Judentums, das mit der Mehrheitskultur kompatibel sein sollte« (Behm, S. 175). Damit steht Mendelssohns Erziehung im Sinnzusammenhang der jüdischen Verbürgerlichung, da der Besitz von Bildung später das vornehmliche Kriterium der Zugehörigkeit zum Bildungsbürgertum wurde.

3.5 Die Freischule zwischen Mehrheitskultur und Judentum

Die Gründung der jüdischen Freischule in Berlin ist freilich nicht Moses Mendelssohn zuzuschreiben. Ihre Gründung im Jahr 1778 bzw. ihre Eröffnung im Jahr 1781 erfolgte durch David Friedländer und dessen Schwager Daniel Itzig (vgl. Eliav 1960, S. 91).[14] Dennoch hat Mendelssohn, wie Eliav berichtet, die Entwicklung der Schule mit großem Interesse verfolgt. An der Zusammenstellung des von Friedländer für die Schule konzipierten Lesebuchs wirkte er aktiv mit (vgl. ebd., S. 91 f.). Im Folgenden soll die konzeptuelle Fundierung der Freischule umrissen werden, um die Problematik einer Institutionalisierung der von Mendelssohn angestoßenen Erneuerung der jüdischen Erziehung aufzuzeigen. Dabei werden einige Gedanken Wesselys und Friedländers bereits vorweggenommen. Sie sind die eigentlich um praktische Veränderungen bemühten Denker, die sich schriftstellerisch aber erst in der Zeit nach der Schulgründung hervor taten. Im Anschluss an die oben skizzierte Bedeutung der Pentateuch-Übersetzung Mendelssohns sei darauf hingewiesen, dass sie erst durch diese Schule eine so weitreichende Wirkung entfalten konnte (vgl. Behm 2002, S. 189).

Die Freischule erhielt ihren Namen dadurch, dass sie in erster Linie für Kinder aus ärmeren Familien gedacht war, denen das sonst übliche Schulgeld erlassen wurde. Damit trug sie potenziell zur Verbreitung allgemeiner Bildung unter nicht zur Berliner Elite zählenden Juden bei und kann als Wegbereiterin des jüdischen Aufstiegs ins Bildungsbürgertum im Laufe des 19. Jahrhunderts gesehen werden, an dessen Ende weit mehr Juden als noch am Ende des 18. Jahrhunderts zum Bürgertum

---

14 Die Erforschung der Freischule ist längst nicht abgeschlossen wie ein Blick in die jüngst kompiliert zugänglich gemachte und bislang erst ansatzweise untersuchte Fülle an Quellenmaterial erahnen lässt (siehe die Quellensammlung von Lohmann/Lohmann 2001).

gehörten.

Behm, die einen Teil der verfügbaren Quellen zur Gründungsphase der Schule ausgewertet hat, beschreibt die inhaltliche Ausgestaltung des Lehrplanes und das Verhältnis der Schule zu den traditionellen Einrichtungen der Berliner Judengemeinde. Die Schule hatte von Beginn an unter finanziellen Schwierigkeiten zu leiden. Sie wurde hauptsächlich von Spenden, durch Schulgeldeinnahmen und bald auch von Einnahmen aus einer ihr angegliederten Druckerei getragen (vgl. ebd., S. 196). Die Druckerei diente auch der Veröffentlichung von Schulprogrammschriften, mit deren Auswertung erst begonnen worden ist (siehe dazu Lohmann/Lohmann 2002).

In den ersten Jahren konzentrierte sich die Schule auf die Vermittlung allgemeinen, profanen Wissens und hinsichtlich späterer bürgerlicher Berufe als nützlich erachteter Kenntnisse. Behm sieht die Schule als eine frühe Form der im Rahmen der beginnenden Debatte um eine preußische Schulreform diskutierten Bürgerschule (vgl. Behm 2002, S. 193 f.). Eine Bürgerschule richtete sich für gewöhnlich insbesondere an eine handwerklich orientierte Klientel, im Fall der Freischule erwies sich eine Ausrichtung auf kaufmännische Berufe aber als sinnvoller, da das Handwerk Juden noch immer nicht zugänglich war (vgl. Eliav 1960, S. 97). Primäres Ziel war jedenfalls die Ausbildung von Armenkindern zu nützlichen, das heißt bürgerlichen Berufen. Indem die Schule anfangs den Schwerpunkt auf Deutsch, Französisch, Schönschreiben, Rechnen, Geografie, Geschichte und Naturlehre legte, vermied sie eine Konfrontation mit den traditionellen jüdischen Erziehungseinrichtungen. Die religiöse Unterweisung blieb ganz der Synagoge und dem Elternhaus überlassen. Ferner öffnete die Schule erst nachmittags, wodurch sie die Möglichkeit des morgendlichen Besuchs der Talmud-Tora-Schule offen ließ. Behm bemerkt, dass vor allem die Unterrichtung des Deutschen die teilweise Aufnahme des von Mendelssohn postulierten Ideals des »frommen Bürgers« widerspiegele (Behm 2002, S. 197). Dieses leitet sich ab aus der Verbindung von deutscher Bildung und sittlicher Lebensführung auf dem Boden des Judentums. Indem die traditionelle Erziehung zunächst in den Händen der Eltern belassen wurde, konnte die Schule wohl größeren

Widerstand der traditionellen Rabbiner vermeiden (vgl. ebd.). Eliav begründet den anfänglichen Verzicht der Schulgründer auf jeden Religionsunterricht auch mit der Skepsis mancher Eltern, welche »ihre Ansichten nicht teilten und es nicht zulassen würden, daß ihre Kinder die Schule, außer zu ausschließlich profanem Unterricht, besuchten« (Eliav 1960, S. 94).

Dennoch deckte die Schule nach wenigen Jahren auch eine sittlich-religiöse Unterweisung ab, nachdem sie diese unter Aufsicht eines Rabbiners gestellt hatte (vgl. ebd., S. 95). Sittlichkeit ist hier ganz im Sinne der von Mendelssohn im »Jerusalem« vorgeführten Einheit von jüdischer Religion, Vernunfterkenntnissen und sozialer Umgänglichkeit zu verstehen ist. Es wird daran erinnert, dass nach Mendelssohn die jüdische Religion wie jede natürliche Religion dem Staat zur Hilfe kommt, indem sie gewissermaßen die psychische Disposition, das Gewissen, für die Einhaltung der gesellschaftlichen Normen und staatlichen Gesetze schafft. Daran wollte auch die Freischule teilhaben. Die religiöse Unterweisung wurde hier auch als eine Einfügung in Kultur und Moral der bürgerlichen Gesellschaft interpretiert. Die religiöse Unterrichtung umfasste vor allem die systematische Vermittlung der hebräischen Sprache, die von der traditionellen Erziehung zugunsten der Gebete und hebräischer Lehrformeln vernachlässigt wurde (vgl. Behm 2002, S. 198). In der Aufnahme des Hebräischunterrichts wurde offenbar auch einer Forderung Hartwig Wesselys nachgekommen, die auf die Erneuerung der Grundelemente des Judentums, der hebräischen Sprache und der Tora, abzielte (siehe dazu: Kap. 4.2).

Über Erfolg und Verbleib der Schüler in den ersten Jahren ist nicht viel bekannt. Ein Brief Wesselys an Gegner der von ihm angestoßenen Unterrichtsreformen gibt einige Hinweise, kann aber nur tendenziell Aufschluss über tatsächliche Erfolge geben, da er recht früh nach der Schulgründung verfasst wurde und weil sein Autor hier wohl auch für die Schule werben wollte:

> »Den Ertrag ihrer Bemühungen sehen wir darin, daß bereits Schüler von dieser Schule gegangen sind, die dies alles gelernt und sich würdig erwiesen haben, indem sie ihren Familienangehörigen Hilfe und Stütze sind. Einige von ihnen wurden Lehrer und unterrichten ihre Brüder, die zu lernen beginnen; andere schreiben die Rechnungsbücher von Kaufleuten (Buchhalter). Unter ihnen befinden sich auch Studierende der Mischna

und des Talmud« (Wessely 1782, S. 191).

Es sollte gezeigt werden, dass die Freischule als erste jüdische Institution überhaupt sich der von Mendelssohn – freilich nicht allein – angestoßenen Erneuerung der jüdischen Erziehung verschrieb. Dadurch »trug sie zum Eintritt des Judentums in die Moderne grundlegend bei« (Lohmann/Lohmann 2002, S. 66) und diente als Vorbild für weitere Schulgründungen in den deutschen Ländern.

Noch mussten die Aufklärer zwar auf die Empfindlichkeiten traditionell gesinnter Gemeindemitglieder Rücksicht nehmen, aber die an der Schule ausgebildeten Schüler trugen zweifelsohne zur Verbreitung des Bildungsideals bei, von dessen Übernahme sie selbst profitierten. Die Freischule leistete somit einen Beitrag zur Akkulturation und machte wohl viele ihrer Schüler während ihres Bestehens bis 1825 zu Parteigängern der Aufklärung (vgl. Eliav 1960, S. 102 f.).

4. Hartwig Wesselys Versuch einer Vereinigung von Bildung und Judentum

4.1 Wessely zwischen Tradition und Aufklärung

Hartwig (oder: Naphtali Herz) Wessely (1725-1805) wird zwar gemeinhin zu den Maskilim, zumindest zu ihren Vordenkern gerechnet, doch wird dabei nicht selten übersehen, dass er in der Tradition jüdischer Gelehrsamkeit tief verwurzelt war. Bedauerlicherweise liegen über sein Leben und Wirken bislang nur bruchstückhafte Studien vor, es fehlt sowohl eine aktuelle Biografie als auch eine systematische Analyse seines schriftstellerischen Werkes. Sein Bildungsweg kann daher nur unvollständig dargestellt werden. Aus den verfügbaren Literaturstücken soll ein Bild von Wessely skizziert werden, welches ihn zwischen den Fronten zeigt, mal als den Bewahrer und Erneuerer des überlieferten Judentums, mal als Vordenker einer jüdischen Erziehung im Geiste eines modernen Bildungsverständnisses. Schließlich kann in einem weiteren Abschnitt diese Skizze anhand einer Erörterung von Ausschnitten aus seinem bedeutendsten Vermächtnis, den »Worte[n] des Friedens und der Wahrheit« (Wessely 1782), sozusagen mit Farbe gefüllt werden. In der heftigen Diskussion, welche unter Traditionalisten und Maskilim ausgelöst durch dieses Schriftstück entbrannte, sah sich Wessely schließlich zwischen den Fronten.

Wessely ist als Mendelssohns Freund und Weggefährte durch seinen Einsatz für eine erneuerte jüdische Tradition und Erziehung bekannt geworden. Wie jener, der »ihm in Gesinnung und Streben so ähnlich war« (Kayserling 1862, S. 302), war Wessely Autodidakt, der allerdings schon in seiner Jugend mit neueren Sprachen und säkularem Wissen in Kontakt gekommen war (vgl. Kurzweil 1987, S. 13). Behm zählt im Anschluss an frühe Biografen sieben Sprachen sowie Mathematik, Geografie und Geschichte zu seinen Kenntnissen (vgl. Behm 2002, S. 221), wobei bedacht werden muss, dass gerade frühe Biografien noch unter dem Einfluss überschwänglicher Lobpreisung durch seine Zeitgenossen stehen dürften (vgl. Kümper 2004, S. 443). Ursprünglich aus Hamburg stammend, aufgewachsen in

Kopenhagen, siedelte er nach kaufmännischen Stationen in Amsterdam[15] und Kopenhagen im Jahr 1774 wohl auch aus finanziellen Gründen nach Berlin über und schloss sich der Haskala an. Mit Mendelssohn war er wohl schon weit früher bekannt wie ein Brief von 1861 offenbart (vgl. Kayserling 1862, S. 302 f.). In Berlin verdiente er seinen Lebensunterhalt bald nicht mehr als Bankkaufmann, sondern als Hauslehrer. Doch zunächst ein paar Worte zu seinem intellektuellen Werdegang.

Wessely wurde in eine reiche Familie von Kaufleuten geboren, welche ob ihrer ausgedehnten Kontakte zur Umweltkultur eine gewisse Weltgewandtheit und Offenheit für die Umweltkultur zeigte. Neben der traditionellen Erziehung in Heder und Jeschiva erhielt er auch Unterricht in den bereits genannten säkularen Fächern. Er lernte, was für die Juden seiner Zeit nicht mehr gewöhnlich war, ein reines Hebräisch und die Auseinandersetzung mit Tora und Talmud bei zwei der bedeutendsten jüdischen Gelehrten seiner Zeit: Jonathan Eibeschütz und Salomon Hanau (vgl. Kümper 2004, S. 443). Seine Liebe zur jüdischen Tradition und insbesondere zur hebräischen Sprache wurde wohl durch diese Lehrer geweckt. Wessely, wie Mendelssohn, war in beiden Welten zu Hause und kann vielleicht mehr noch als der Philosoph Mendelssohn als jüdischer Gelehrter gelten, der seine Gelehrsamkeit allezeit mit neuzeitlicher Bildung zu vereinen verstand. Kayserling spricht dementsprechend von seiner »glühende[n] Liebe zu den Wissenschaften« (Kayserling 1862, S. 302). Kurzweil sieht in Wessely einen »hervorragenden hebräischen Philologen und Bibelforscher« (Kurzweil 1987, S. 13).

Mit Mendelssohn teilte Wessely die Überzeugung, dass eine Reform der jüdischen Erziehung überfällig war (vgl. ebd.), wobei anzunehmen ist, dass er mehr noch als ersterer die Notwendigkeit zur Erneuerung der jüdischen Elementarien, des Hebräischen und des Tora-Studiums, erblickte. Kayserling hat für den Unterschied zwischen Wessely und Mendelssohn recht prägnante Worte gefunden: »Während

---

15 Behm bemerkt, dass Wessely in Amsterdam wohl auch Gelegenheit gehabt hatte, die Erziehungspraxis der sephardischen (aus Spanien und Portugal stammenden) Juden kennen zu lernen. Diese integrierten schon weit früher als die aschkenasischen (mitteleuropäischen) Juden den Unterricht in der Sprache der Umgebung in ihre Erziehung und waren um die Beibehaltung eines reinen Hebräisch weit mehr Bemüht als die Letzteren (vgl. Behm 2002, S. 221).

Mendelssohn sich bemühte, sie durch deutsche Schriften für die deutsche Sprache und deutsche Nationalität zu gewinnen, unternahm es Wessely, die Reinheit und Erhabenheit des Hebräischen durch seine in classischem Stile verfaßten Werke wieder herzustellen« (Kayserling 1862, S. 302). Es handelt sich hier freilich mehr um eine Akzentuierung als um eine trennende Differenz der beiden. Auch Wessely, wie sich zeigen wird, bemühte sich um die Akkulturation der Juden, indem er z.B. Deutschunterricht forderte. Dass Mendelssohn dem Hebräischen gegenüber ebenso aufgeschlossen war, sollte sein Bemühen um die Bewahrung des Judentums deutlich gemacht haben. Wessely beteiligte sich an späteren Teilen der Pentateuch-Übersetzung und lieferte auch einen gelehrten Kommentar zu derselben (vgl. ebd., S. 304 f.). Behm geht im Anschluss an Kurzweil davon aus, dass Wessely und Mendelssohn ihre schriftstellerische Tätigkeit auch über die Übersetzung hinaus koordinierten und jeweils für eine andere Zielgruppe schrieben (vgl. Behm 2002, S. 221). Für diese Annahme spricht unter anderem, dass Wessely sich in hebräischer Sprache an ein jüdisches Publikum wandte, um seine reformerischen Ideen zu verbreiten, gleichsam Basisarbeit leistete, während Mendelssohns Schriften Deutschkenntnisse schon voraussetzten oder im Falle des Pentateuch vermittelten. Mendelssohn lieferte den bereits Gebildeten und Bildungswilligen unter den Juden, gerade aber auch den Nichtjuden – wie er meinte – überzeugende Argumente für ein gleichberechtigtes Judentum und für ein Ende der Diskriminierung. In der Zielrichtung aber, das Judentum mit modernen Bildungsvorstellungen zu versöhnen, waren sich beide einig.

Es bleibt festzuhalten, dass Wessely in beiden Kulturkreisen wohl gleichermaßen beheimatet, in weltlichen und religiösen Dingen bewandert war. In heutiger Sprache ausgedrückt, sind ihm große interkulturelle Kompetenzen zuzusprechen. Jedoch: in seiner Zeit waren diese nicht von allen Seiten gefragt. Wessely genoss bei den traditionellen Rabbinern zunächst ein hohes Ansehen, insbesondere wegen seiner Bemühungen um das Hebräische. In einem frühen Werk, »Gan na'ul«, welches er Mitte der 1760er Jahre in Amsterdam veröffentlicht hatte, beschäftigte sich Wessely mit der hebräischen Sprache und der Auslegung einiger Bibelstellen. Er verdeutlichte so seinen Standpunkt, dass die Beschäftigung mit dem Hebräischen als Teil der rabbinischen Tradition eine neue Wertigkeit erhalten müsse. Die meisten traditionellen Rabbiner seiner Zeit waren so fixiert auf den Talmud, dessen Tradierung und weitere Kommentierung, oft in jiddischer Sprache, dass sie eine Auseinandersetzung mit der Sprache als eigentlicher Kulturträgerin vernachlässigten. Edward Breuer stellt diesen Sachverhalt so dar: »Surrounded by a traditional culture that upheld the primacy of rabbinic learning and largely eschewed serious language study, Wessely was indicating that an appreciation of biblical language and text had value beyond its own intrinsic importance, for it offered a perhaps unexpected insight into rabbinic literature as well« (Breuer 2001, S. 31). In Berlin intensivierte Wessely in den 1770er Jahren seinen Einsatz für den Erhalt der jüdischen Traditionen. In weiteren Büchern setzte er sich mit der rabbinischen Literatur des Mittelalters und mit Tora-Exegese auseinander. Für Wessely war das Hebräische die gottgegebene, heilige Sprache, deren Kenntnis essentiell für ein persönliches Bibelstudium war. Er sah mit Sorge, dass die zeitgenössische jüdische Erziehung im Heder und der Jeschiva vor allem rabbinische Interpretationen der Bibel lehrte anstatt zur eigenen Lektüre und Interpretation zu befähigen. Letzteres hätte freilich dem jüdischen Ideal des Lernens und der andauernden Beschäftigung mit dem Urtext weit mehr entsprochen als die bloße Übernahme fremder Auslegungen und Paraphrasierungen (vgl. ebd., S. 33). Wie Breuer hervorhebt, positionierte sich Wessely mit seinen Schriften vor 1780 »as a retriever and protector of lost Jewish traditions« (ebd., S. 32). Was machte ihn dann zu einem frühen Maskilim? Es ist im Grunde eine ähnliche Haltung wie die von Mendelssohn in seinem »Jerusalem«, allerdings mit anderem Schwerpunkt. Mendelssohn brachte Judentum und Vernunft in Einklang und betonte so deren Gleichwertigkeit. Damit beabsichtigte er die bleibende Wertschätzung des Jüdischen neben der Bildung als Teil der Selbstvervollkommnung zu bewirken. Wessely nun ging es um Rehabilitierung rabbinischer, jüdischer Weisheit und Literatur. Mit seinen sprachwissenschaftlichen Versuchen wollte zeigen, dass eine

Beschäftigung mit der jüdischen Tradition nicht weniger anspruchsvoll, nicht weniger bildend sei als das Studium der nichtjüdischen Philosophie. Breuer verweist auf das aufklärerische Potenzial dieses Anliegens: »As in other early writings of the maskilim, there is a determined if unstated attempt to demonstrate that Jewish texts and traditions are no less sophisticated or profound than those of non-jewish European provenance« (ebd.). Gleichwohl sein hochgelehrter Umgang mit den hebräischen Urtexten ihm die Anerkennung anderer Rabbiner einbrachte, solange diese sich nicht durch seine Thesen herausgefordert fühlten, scheinen Wesselys Forderungen zunächst nicht viel Beachtung gefunden zu haben. Breuer zufolge war er sich darüber durchaus im Klaren (vgl. ebd., S. 34), doch bald sollte sich dies ändern. Während die Rabbiner seine Aufforderungen zu einer stärkeren Verankerung des Hebräischen in der traditionellen Erziehung ignorierten, lenkte Wessely seine Aufmerksamkeit auf eine Erneuerung der Tradition außerhalb der überkommenen Strukturen. Es ist anzunehmen, dass Wessely, der in stetem Kontakt zu Mendelssohn und anderen jüdischen Aufklärern stand – so muss er im Hause Mendelssohn auch auf Friedländer gestoßen sein –, die Herausforderungen durch Bildung und Aufklärung klarer vor Augen hatte als die Traditionalisten. Gleichzeitig erkannte er so die Unausweichlichkeit von Veränderungen früher als jene, die sich der deutschen Sprache und Kultur noch lange verweigern sollten. Das rabbinische Echo auf die Schrift, welche Wesselys Namen in aller Munde brachte, zeugt von Wesselys Einsicht in die Notwendigkeiten der Moderne sowie in die Chancen der Bildung im Kontext der jüdischen Emanzipationshoffnungen. Dass sich Wesselys Kernforderungen später implizit bei Hirsch wiederfinden, vermittelt eine Vorstellung davon wie lange die Verfechter des traditionellen Judentums sich Neuerungen verweigern konnten.

4.2 »Worte des Friedens und der Wahrheit«

Wesselys Schrift gilt gemeinhin als das erste und grundlegende erziehungstheoretische Werk der jüdischen Aufklärung und erlangte Vorbildcharakter für zahlreiche spätere Erörterungen. Bevor der pädagogische Gehalt des auch als »Erstes

Sendschreiben« bekannten Pamphlets Wesselys erörtert wird, ist es notwendig, einige Worte über dessen Vorgeschichte zu verlieren.

Im Jahr 1782 erließ der österreichische Kaiser Joseph II. im Rahmen seines Reformprogramms für die habsburgischen Länder Toleranzpatente, welche neben rechtlichen Aufwertungen vor allem die Anweisung zur Gründung deutschsprachiger Schulen für jüdische Kinder enthielt (vgl. Eliav 1960, S. 49). Am grundsätzlichen Status der Juden änderte sich allerdings nichts. Wie Grab betont, erließ Josoph II. die »Toleranzbestimmungen weniger wegen seiner humanitären und menschenfreundlichen Gesinnung als aus seinem Interesse an Stärkung und Effizienz des absolutistischen Staates« (Grab 1991, S. 15). In der zeitgenössischen Wahrnehmung wurden die Verordnungen allerdings vielfach als Ausdruck der Aufgeklärtheit des Kaisers gesehen. Ein Rabbiner aus Regensburg, über dessen Begeisterung Kayserling berichtet, schrieb lobend über Joseph II. und verglich ihn gar mit dem wegen seiner Weisheit verehrten König Salomon (vgl. Kayserling 1867, S. 163). Mendelssohn hingegen misstraute als beinahe einziger Aufklärer den Absichten des Kaisers, denn er vermutete, dass mit dem Patent die Assimilation der Juden und letztlich die Aufgabe des Judentums vorangetrieben werden sollte. An seinen Freund, den jüdischen Aufklärer Herz Homberg schrieb er 1783 nicht ohne Ironie: »Großen Dank für alle Toleranz, wenn man dabei noch immer an Glaubensvereinigung arbeitet« (Mendelssohn 1976, S. 671).[16]

Ganz unberechtigt war Mendelssohns Sorge nicht, denn insgesamt war das Patent auf die Erziehung der Juden zu nützlichen Bürgern gerichtet. Behm spricht von einer »staatlich induzierten Assimilationsmaßnahme« (Behm 2002, S. 217). Bei Gelingen dieses Vorhabens sollten ihnen weitere Rechte eingeräumt werden. Die Emanzipation wurde also an die Bedingung tatsächlicher *Verbesserung* geknüpft, wobei natürlich die staatlichen Behörden und der Kaiser die Deutungshoheit darüber beanspruchten,

---

16 Herz Homberg (1749-1841) gehörte zum Kreis der Berliner Haskala, ging aber 1783 zurück in seine Heimat Galizien, um als Oberschulaufseher die Durchsetzung der Toleranzpatente in den dortigen Judengemeinden voranzutreiben. Dabei ging der überzeugte Freidenker recht taktlos, ja radikal gegen die traditionellen Rabbiner vor und schadete so dem eigenen Erfolg (vgl. Meisl 1919, S. 27 ff.).

wann die Juden reif für die Gleichberechtigung seien. In ihrer Tendenz, die Emanzipation an Bedingungen zu knüpfen und auch nur so weit zu gewähren wie es den eigenen finanziellen Bedürfnissen zuträglich war, wurden die Toleranzbestimmungen zum Vorbild späterer konservativer Emanzipationsgesetze in Mitteleuropa.[17] Grab spricht in Bezug auf das preußische Judenedikt von 1812 von einer »ideologischen Patenschaft« Josephs II. (Grab 1991, S. 15).[18]

Bei aller Skepsis Mendelssohns muss doch erwähnt werden, dass er seinen Freund Wessely zunächst bei der Verbreitung des Sendschreibens unterstützte, etwa mit beigefügten Empfehlungsschreiben, ihn später gegen Angriffe traditioneller Rabbiner in Schutz nahm und auch für die Verbreitung der nachfolgenden Schriften Sorge trug (vgl. Behm 2002, S. 233 f.).

Hartwig Wessely gehörte zweifelsohne nicht zu den Skeptikern und begrüßte vielmehr das kaiserliche Verlangen nach deutsch-jüdischen Schulen. Seine Schrift war ein Aufruf an die zögernden Wiener Juden, welche zwar die Erleichterungen im wirtschaftlichen Bereich begrüßten, aber vor staatlich beaufsichtigten Schulgründungen zurückschreckten.[19] Sie befürchteten, dass die Gründung von Schulen sowie der dort vorgesehene Unterricht in profanen Fächern, insbesondere die Unterrichtung der Landessprache, zu einer Destabilisierung der jüdischen Tradition führen könnte (vgl. ebd., S. 227).

Wesselys erstes Sendschreiben liegt leider bislang nur in einer Übersetzung durch David Friedländer vor, die später folgenden Sendschreiben bzw. Briefe bis auf kurze

---

17 Zum Zusammenhang von finanziellem Nutzen und Toleranzpolitik schreibt Stefi Jersch-Wenzel: »Da es die erklärte Absicht der Judenpolitik aller deutschen Staaten des 18. Jahrhunderts war, aus einer möglichst kleinen Anzahl von Juden durch hohe direkte und indirekte Abgaben und durch zahlreiche Sondergebühren einen möglichst großen finanziellen Nutzen herauszuholen, fand die absolutistische Toleranz jenseits ihres eigenen materiellen Vorteils ein rasches Ende« (Jersch-Wenzel 1974, S. 368).

18 Die tatsächliche Emanzipation der Juden in Österreich-Ungarn erfolgte erst 1867. Das erste europäische Land, welches seiner jüdischen Bevölkerung den Status gleichberechtigter Staatsbürger verlieh war Frankreich 1891 (vgl. Greyerz 2000, S. 218).

19 Behm erklärt die Motivation Wesselys, die ablehnende Haltung der österreichischen Juden abzumildern, auch mit der unter Berliner Maskilim verbreiteten Befürchtung, Joseph II. könnte die Patente zurücknehmen, wenn sie von den Juden nicht befolgt würden. Damit hätten sie den erhofften Vorbildcharakter nicht entfalten können (vgl. Behm, S. 227).

Ausschnitte nur auf Hebräisch.[20] Der Text steht – wie unschwer zu erkennen ist – unter dem Einfluss der Bildungsvorstellungen Mendelssohns[21], welche ihrerseits dem philanthropistischen Gedankengut eng verwandt sind. Auch Wessely war wohl mit dem Erziehungsideal der Philanthropen vertraut.[22] Seine aufklärerischen, menschenfreundlichen Forderungen untermauert Wessely aber immer wieder mit Zitaten und Argumenten aus rabbinischer Literatur und der Tora, »um die Traditionalisten für sein Vorhaben zu gewinnen« (Kümper 2004, S. 444 f.). Kümper hebt die versöhnende Absicht von Wesselys Schrift hervor, an der man »die verschiedenen Bezugspunkte Wesselys« sehe, »die er in der nichtjüdischen aufgeklärten Sphäre in sich aufgenommen hat und sie dann in die jüdisch-religiöse Sphäre transferiert und sie so in einen neuen Kontext stellt« (ebd., S. 445). Wesselys Schrift ist nur vor diesem komplexen Hintergrund zu verstehen, der hier nur ansatzweise umrissen werden kann. Dieser gestaltet sich aus den politischen Veränderungen in den Ländern der Donaumonarchie ebenso wie aus den zeitgenössischen Debatten der Berliner Aufklärer. Die Idee, das Wesen des Judentums wie es Mendelssohn im »Jerusalem« entfaltete mit den Anforderungen der angestrebten Bürgerlichkeit zu vereinen, stellt den Ausgangspunkt von Wesselys Ausführungen dar. Wesentlich geht es ihm um die Neugestaltung des Hebräisch-Unterrichts und die Unterstreichung der Notwendigkeit der Bildung. Sittlichkeit im Sinne gesellschaftskonformer Verhaltensnormen und Bildung als Bewegung auf Vollkommenheit hin sind die Motive seines pädagogischen Plans.

Im Einklang mit Mendelssohns Unterscheidung der Bestimmung des Menschen als

---

20 Friedländers Übersetzung trug wesentlich zur Verbreitung der Schrift in aufgeklärten, europäischen Kreisen bei, ist aber wohl bisweilen nicht frei von dessen Deutungen (vgl. Kümper 2004, S. 448; Feiner 2002, S. 82). Eine vollständige Übersetzung wird gegenwärtig im Rahmen eines dfg-Projekts des Instituts für Erziehungswissenschaft der Universität Hamburg erarbeitet und voraussichtlich 2009 fertiggestellt sein.

21 Gemeint ist insbesondere Mendelssohns Postulat, die Entwicklung des Menschen sei auf Vollkommenheit und Glückseligkeit gerichtet. Es sei auch daran erinnert, dass der Begriff der Glückseligkeit auf »moralische Selbstbeherrschung« (Kurzweil 1987, S. 11) abzielte und damit im Kontext von Bildung und Sittlichkeit stand.

22 Es ist davon auszugehen, dass der einzige jüdische Schüler des Dessauer Philanthropins ein Sohn des Bruders Hartwig Wesselys war (vgl. Schmitt 1998, S. 61)

Mensch und als Bürger trennt Wessely den Unterricht in zwei Bereiche: einen weltlichen und einen religiösen: »Der Unterricht ... zerfällt in zwey Haupttheile. Unterricht, der ihn zum Menschen; Unterricht, der ihn zum Israeliten bildet. Mit andern Worten, in Wissenschaften des Menschen, die ihn des Namens Mensch würdig machen; und in göttlichen Wissenschaften, die, erhaben über die menschliche Vernunft, unserm Gesetzgeber Mose auf eine übernatürliche Weise offenbart worden sind« (Wessely 1782, S. 175). Die Aufspaltung der Wissensgebiete, welche die ursprüngliche rabbinische Position überwindet, dass alles Lernen, auch der profanen Inhalte, letztlich nur dem Tora-Studium diene, also allgemeines Wissen nur Hilfsmittel zum Tora-Lernen sei, stellt nach Kurzweil eine »noch radikalere Neuerung« (Kurzweil 1987, S. 14) dar als die Übertragung des Pentateuch ins Hochdeutsche. Die »Wissenschaften des Menschen« bezeichnen also die allgemeine Bildung, die auf der Vernunft aufbaut, während mit »göttlichen Wissenschaften« die Religionslehre gemeint ist (vgl. ebd.).

Es fällt ferner auf, dass Wessely ganz im Geiste der deutschen Aufklärung ein Anhänger der Verunftreligion ist. Von Mendelssohn unterscheidet ihn offensichtlich nur die Annahme, dass das Zeremonialgesetz übernatürlich sei. Für letzteren sind die Gebote auf Vernunftwahrheiten gestützt, die durch die vollkommene Vernunft (Gott) offenbart wurden, aber: »Wunder und außerordentliche Zeichen sind nach dem Judentume, keine Beweismittel für oder wider *ewige* Vernunftwahrheiten« (Mendelssohn 1783, S.95), sondern an der Vernunft müssen sie und – nach Mendelssohn – können sie sich bewähren. Da der Mensch aber nicht die höchste Vernunft sei, könne er folgerichtig auch nicht jede Wahrheit entdecken und durchschauen, denn »schwach und kurzsichtig ist des Menschen Auge« (ebd., S. 128). Wessely argumentiert ähnlich, indem er schreibt, die ewigen Wahrheiten seien »keine Resultate menschlicher Vernunftschlüsse, und können nach diesen nicht beurtheilt werden« (Wessely 1782, S. 175). Gemeinsamkeit und Unterschiedlichkeit Wesselys und Mendelssohns sollen hier lediglich kurz angedeutet werden, um sich zu vergegenwärtigen, dass beide in der Tendenz dasselbe zu erreichen suchen: Judentum und Bildung sollen gleichberechtigt vor der Vernunft bestehen können. Dennoch geht Wessely einen leicht verschiedenen Weg. Überraschenderweise geht er, der Bibelgelehrte, einen Schritt weiter als Mendelssohn. Er versucht nämlich zu zeigen, dass die Vollkommenheit, das ist die menschliche Bestimmung, auch, wenn nicht nur durch profane Bildung erreicht werden kann.

Doch zunächst einen Schritt zurück: es zeigt sich, dass Wessely, der ja den traditionellen Juden die frühe Schulbildung schmackhaft machen möchte, eine geschickte Rechtfertigung dafür hat, warum die Bildung der Bibelkunde sogar voraus gehen sollte. In der Manier der Aufklärungspädagogik stellt Wessely fest: »Zu einer Zeit, wo Kopf und Herz rein von verderblichen Grundsätzen, und von Leidenschaften unbestürmet sind, sind sie der Eindrücke der Wahrheit und Tugend am allerfähigsten. Fasse sie aber auch nach des Knaben eigenthümlicher Weise ab, seinen Seelen und Körperlichen Fähigkeiten gemäß« (ebd., S. 174 f.). Wessely will darauf hinaus, dass die profanen Wissensinhalte dem Kind besser im Alter höchster Lernfähigkeit vermittelt werden sollten, als dass es sich diese später mühsam aneignen muss. Die göttlichen Wissenschaften, da sie der menschlichen Vernunft nicht zugänglich sind, mögen zurücktreten und den weltlichen Wissenschaften den ihnen gebührenden Platz einräumen. Was zeichnet diese aus? »Was sie enthalten, und lehren, ist auf Erfahrung, auf Vernunftsätze, auf einstimmige Anerkenntniß der Weisen aller Zeiten gegründet, sie sind der Gefahr einer gänzlichen Vergessenheit minder unterworfen, und sind von unsern Vorfahren mit weniger Sorgfalt aufgezeichnet worden« (ebd., S. 175). Wessely stellt so die menschlichen Wissenschaften, d.h. die allgemeine Bildung dem religiösen Wissen gegenüber. Letzteres musste in Tora und Talmud festgehalten werden, weil es sonst flüchtig gewesen wäre: der Mensch kann es selbst nicht ersinnen.[23] Das weltliche Wissen aber kann »durch neues Anstrengen und Beobachten, wieder erfunden oder entdeckt werden« (ebd.). Wessely zählt diese

---

23 Kant argumentiert später (1793) ähnlich, unterscheidet aber zwischen natürlicher und (ausschließlich) geoffenbarter Religion. Erstere kann auch durch die Vernunft ersonnen werden und an ihr muss sich die Wahrheit der Offenbarung messen lassen. Von zweiter gilt, was auch Wessely meint: »Wenn sie nicht in einer ganz sicheren Tradition oder in heiligen Büchern als Urkunden aufbehalten würde, so würde sie aus der Welt verschwinden ...« (Kant 1993, S. 387).

Wissensgebiete auf: Beredsamkeit, Geschmack und alle Schul- und Universitätsfächer von der Geschichtskunde bis zur Heilkunst. Sie alle zeichnet eines besonders aus: »In allen diesen Wissenschaften und Künsten kann es der Mensch zum höchsten Grad der Vollkommenheit, der ihm hienieden möglich ist, durch den bloßen Gebrauch seiner Seelenkräfte bringen« (ebd.). Die Religion allein, das muss bemerkt werden, kann diesen Zweck nicht erfüllen. Wessely rechtfertigt die Notwendigkeit früher Elementarbildung ferner durch den spitzfindigen Hinweis darauf, dass diese Kenntnisse den religiösen Wahrheiten auch zeitlich vorausgingen, denn in der Zeit vor Mose und den Geboten der Tora war das jüdische Volk allein auf die Ausbildung der kultivierenden Fertigkeiten angewiesen, um sich zu vervollkommnen. In Wesselys Augen spiegelt das weltgeschichtliche Vorangehen einer Zeit vor der Tora den optimalen Verlauf eines individuellen Bildungsprozesses. Zunächst müsse der Mensch durch weltliches Wissen Geselligkeit und sittliches Gefühl ausbilden, um die Fähigkeit zu erlangen, »die erhabnen Lehren zu fassen und zu befolgen, die über die Gränzen des menschlichen Verstandes gehen, und den Israeliten bilden« (ebd., S. 176). Die »Wissenschaften des Menschen« gehen den göttlichen so voraus, »wie die Kindheit und die Jugend den männlichen Jahren und dem Alter vorgeht« (ebd., S. 177).[24] Für Wessely kommt der Bildung im Zusammenhang mit der jüdischen Lehre eine wichtige Funktion zu, »denn diese [die Wissenschaften des Menschen, Anm. d. Verf.] bilden die erziehungsmäßige Grundlage, auf der nach Wesselys Ansicht das jüdisch-religiöse Schrifttum gelehrt werden müsse« (Kurzweil 1987, S. 14). Das Vorangehen, ja der Vorteil sittlicher Erkenntnis vor der religiösen findet sich auch bei Kant: »Wie unendlich wichtig ist es aber nicht, die Kinder von Jugend auf das Laster verabscheuen zu lehren, nicht gerade allein aus dem Grunde, weil Gott es verboten

---

24 Kurzweil zufolge bemüht Wessely in der hebräischen Fassung des Sendschreibens den Begriff des »Derech Erez« für die natürlichen Gesetze und Vernunfterkenntnisse. Dem Gesetz Mose sei also die Weltweisheit des »Derech Erez« notwendig vorausgegangen. Der Begriff schließe weiterhin auch Bedeutungen wie Tugenden, Sitten, Manieren und Umgangsformen ein (vgl. Kurzweil 1987, S. 14 f.) und lässt sich damit als hebräisches Äquivalent der aufklärerischen Postulate instrumentalisieren. Samson Raphael Hirsch verwendet den Begriff, offenbar in Anlehnung an Wessely, ähnlich, um seine Konzeption jüdischer Bildung in die Tradition des Judentums zu stellen.

hat, sondern weil es in sich selbst verabscheuungswürdig!« (Kant 1993, S. 457). Bei Wessely wird die unabdingbare Notwendigkeit von Bildung geradezu religiös überhöht. Kurzweil bemerkt, dass die Teilung in »göttliche Wissenschaft« und »Wissenschaft des Menschen« noch eine Verbindung zur etablierten jüdischen Religionsphilosophie aufweise, dass ganz und gar Neue sei aber, dass nun letztere »der Thora nicht nur zeitlich voraus« ging, sondern »das sine qua non wahrer Religiosität und Menschlichkeit« (Kurzweil 1987, S. 17) darstellen sollte. Das »Ideal wahren Menschentums« (ebd.) ist nach Wessely ohne Allgemeinbildung nicht erreichbar.

Konkret liegt der Zweck der Bildung Wessely zufolge darin, die Menschen gesittet und glückseligkeitsfähiger zu machen. In ihr gründen die Voraussetzungen für die Teilhabe an der Gesellschaft und ihren Errungenschaften in Wissenschaft und Kunst. Sittlichkeit und Bildung müssen dem religiösen Wissen vorausgehen. Es lohnt sich, hierzu Wessely ausführlich zu zitieren:

> »Es ergiebt sich von selbst, daß derjenige, der alle diese Kenntnisse vernachläßiget, roh und ungesittet bleiben muß. Entweder er überläßt sich den zügellosesten Leidenschaften, und wird der Gesellschaft schädlich, oder er ... wird ein unnützes Mitglied. Die göttlichen Gesetze, so erhaben sie über alle menschlichen seyn mögen, stehn dem ungeachtet mit diesen in Verbindung; man kann sogar ohne die ersten ein nützlicher Weltbürger seyn, und durch Wissenschaft und Einsichten Licht und Ordnung allgemein verbreiten; aber selbst mit der fleißigsten Erlernung des Gesetzes, und mit der genauesten Ausübung ihrer Vorschriften wird man es, ohne jene Kenntnisse, nie seyn. Derjenige, dem es an geselligen Tugenden fehlt, der sich in allem seinem Thun und Lassen von den übrigen Menschen unterscheidet, den nichts intereßirt, was diesen angeht, der nur immer bloß über spitzfündige Auslegungen der Gesetze brütet; der muß nothwendig selbst lästig und unnütz, und sein Wissen verächtlich werden« (Wessely 1782, S. 175).

Das ist die Grundlage der Kritik an der kulturellen und geistigen Verfassung der Juden seiner Zeit, zu der Wessely sodann ansetzt. Anhand der vorherigen Passage lässt sich bereits erahnen wie die Reaktion traditioneller Rabbiner auf Wesselys Schreiben ausfallen musste.

In einem weiteren Schritt beschreibt Wessely die Evolution der modernen, wenn auch idealisierten Gesellschaft, in der sich Wissenschaft und Kunst zur Wohlfahrt aller entwickeln können, in der Sittlichkeit und Geselligkeit dem Leben »einen vorzüglichen Werth« geben und in der »jedes Individuum fühlte, daß seine einzelne Ruhe und Glückseligkeit, von der Ruhe und Glückseligkeit des Ganzen abhänge« (ebd., S. 177). In biblischer Zeit, so Wessely, sei auch die jüdische Gesellschaft solcher Art gewesen, Wissenschaft und Religion hätten gleichberechtigt nebeneinander gestanden. Wessely malt ein Bild der biblischen Gesellschaft im heiligen Land, welches diese als ganz auf die Befähigung zur Vervollkommnung gerichtet erscheinen lässt. Dann schließt er an: »Jene Wissenschaften des Menschen sind hierzu die besten Vorbereitungs-Mittel. Sind diese Kenntnisse erhabner, so sind jene dennoch nicht minder göttlichen Ursprungs« (ebd.). Damit argumentiert Wessely, dass die Fähigkeit zur Bildung von Gott im Menschen in Form der Vernunft angelegt worden sei und allein dadurch schon ihre Berechtigung erhalte.

Wozu jedoch die Idealisierung der biblischen Gesellschaft? Mit ihr möchte Wessely den traditionellen Juden ein Vorbild vor Augen führen, das sie nicht zurückschrecken lassen, nicht befremden muss. Wenn es seinen Adressaten schwer fällt, sich dem Bildungsideal einer ihnen trotz aller wirtschaftlichen Kontakte fremd gebliebenen Kultur zuzuwenden, so erklärt Wessely dieses Bildungsideal kurzerhand zum vergessenen eigenen. Der Leser mag sich hier an Jouhys Argumentation erinnern, der auch in der antiken und mittelalterlichen Zeit ein jüdisches Bildungsideal erblickt, welches zwischen Umgebungskultur und eigener Kultur nach Ausgleich und gegenseitiger Befruchtung sucht. Jouhys Vorstellung muss aber angesichts der offensichtlichen (keineswegs einseitig verschuldeten) Abschottung der Juden in der Zeit vor der Aufklärung romantisiert erscheinen, wenn sie auch einen wahren Kern enthält, der die Anschlussfähigkeit der jüdischen Lernbegeisterung an das neuzeitliche Bildungsideal betrifft. Wesselys Argumentation ist hier auf eine Versöhnung gerichtet. Das zeitgenössische Judentum soll auf einem gedanklichen Umweg mit dem Bildungsgedanken versöhnt werden. Dieser führt über die Erneuerung eines idealisierten vorgeblich uralten Bildungsideals, das freilich so wie Wessely es suggeriert nie existiert haben kann, von dem er sich aber erhofft, dass es die Traditionalisten locken möge.[25]

Doch müssen sich diese auch harsche Kritik gefallen lassen: »Nur seit einer langen Reihe von Jahrhunderten scheint ein Volck diese Grundsätze vergessen, und mit einer großen Sorglosigkeit alles vernachlässiget zu haben, was zu Cultur des Menschen und dessen Verfeinerung beytragen kann. Dies sind leider meine Mitbrüder ...« (ebd.). Als Gebildeter, dem die Welt von Talmud und Tora fremd geworden ist, sieht Wessely die Welt der Aufklärung und der entstehenden Bürgerlichkeit als Ausdruck von Wissen und Fortschritt an. Der jiddische Dialekt ist ihm im Kontrast zur hochdeutschen Sprache und zum reinen Hebräisch ein Ausdruck des Unwissens und beleidigt »eines gesitteten Menschen auf das härteste« (ebd., S. 179). Wessely lehnt das praktizierte Judentum in der Form seiner Zeit ab, denn es behindere die Verbreitung weltlichen Wissens und habe sich von der wahren Religion, der göttlichen Wissenschaft, entfernt. Wesselys angestrebte Rekonstruktion des Judentums ist beeinflusst von der Idee der Vernunftreligion, ohne dass er dies klar zum Ausdruck bringen kann und muss. Seinem Publikum muss er vielmehr diese Essenz des Judentums als Fortführung der erneuerten Tradition, als Anknüpfen an die bewunderten Ursprünge des Judentums präsentieren. Die Erneuerung ist nach Wessely nur möglich durch eine systematische Aneignung von Bildung, mit ihren weltlichen und religiösen Inhalten. Die Sprachkompetenz ist für Wessely das Kernproblem. Das Jiddische, die dominierende Sprache in den Judengassen und Ghettos Mitteleuropas, befähigte tatsächlich vielerorts nur zur Lektüre und zum Erlernen von Bibel- und Talmud-Paraphrasen, in einer »kauderwelschen

---

25 Die Idealisierung vergangener Epochen ist ein wiederkehrendes Motiv in der Geistesgeschichte. Wessely benutzt die Darstellung der Vergangenheit, um ihr Ideal als mögliche Zukunft vorzustellen. Er führt auch die Offenheit der biblischen Israeliten gegenüber umgebenden Landeskulturen und -sprachen für seine Zwecke ins Feld. In diesem Zusammenhang, auch mit Blick auf Jouhy, kann als typisches Beispiel idealisierter Historie der Mythos des toleranten und multikulturellen maurischen Spanien im Mittelalter gelten. Dieser moderne Mythos wurde von jüdischen Schriftstellern im 19. Jahrhundert bemüht, um die schleppende Emanzipation in Mitteleuropa der angeblich toleranten Haltung der Araber und Türken gegenüber Juden gegenüber zu stellen. Die Verklärung des maurischen Spanien hält in intellektuellen Kreisen bis heute an. Mariano Delgado hat ihr jüngst eine interessante Untersuchung gewidmet und den Wahrheitsgehalt des Mythos relativiert (vgl. Delgado 2004, S. 69-91).

Dollmetschung« (ebd., S. 183). Genau darauf beschränkte sich laut Wessely der Unterricht in Heder und Jeschiva. Mit verheerenden Folgen für das Bildungsniveau der Juden: »Es ist leicht zu ermessen, daß, wenn die Erlernung seiner eignen und heiligen Sprache sogar vernachlässigt wird, ihm die Kenntnisse, und die Wissenschaften der Menschlichkeit ganz unbekannt bleiben werden« (ebd., S. 178). Es ist hier anzumerken, dass Eliav Wesselys Klage über das jüdische Schulwesen für stark übertrieben hält.[26]

Wesselys Hochschätzung des Deutschen wie des Hebräischen verweist auf die in Integrationsdebatten stets aktuelle Frage nach der Balance zwischen der Herkunftskultur, deren Trägerin und Bewahrerin die Sprache ist und der Mehrheitskultur, die letztlich ihrerseits nur über eine andere Sprache zugänglich ist. Wie viel Anpassung ist notwendig, um als gleichberechtigtes Mitglied in eine kulturell andere Gesellschaft aufgenommen zu werden; wie viel Bewahrung der eigenen Kultur ist sinnvoll, um nicht Befremden in der Umgebung auszulösen und Entfremdung von den eigenen kulturellen Wurzeln zu empfinden? Wessely plädiert eindeutig für Bilingualität und Ausgleich. Wie Breuer formuliert, versucht Wessely mit seiner ganzen Schrift »to articulate further his attitudes towards European culture and balance his concerns for the rabbinic Judaism« (Breuer 2001, S. 36 f.). Wie die allermeisten der jüdischen Aufklärer hat Wessely Heder und Jeschiva selbst noch besucht, wenn auch im sephardisch geprägten Hamburg. Mit seiner Leidenschaft für die hebräische Sprache und seiner bei aller Kritik durchschimmernden Sympathie für die rabbinische Tradition verbindet ihn allenfalls noch Mendelssohn, andere Maskilim (der zweiten Generation) wie Friedländer oder Homberg teilen sie schon

---

26 Angesichts der von Simon geschilderten Begeisterung des Pädagogen Johann Matthias Gesner über die Methode des Hebräisch-Unterrichts im Heder mag Eliavs Einwand berechtigt erscheinen, allerdings stellt auch Simon die Einmaligkeit dieses Vorkommnisses heraus (vgl. Simon 2002, S. 15). Sicher bedient sich Wessely einiger polemischer Übertreibung, jedoch ist die Dominanz (nicht das Erlernen!) des Jiddischen in jüdischen Erziehungseinrichtungen dieser Zeit wohl unbestritten. Vgl. zur mangelhaften Qualität des Unterrichts im Heder z.B. Katz 2002, S. 187-192. Katz kennzeichnet hier den Unterricht im Heder als unsystematisch, die Lehrer hält er für relativ ungebildet, ihre Methodik für verbesserungswürdig. Die Hebräisch-Kenntnisse seien nach dem Besuch des Heder allenfalls rudimentär vorhanden gewesen.

nicht mehr.

Bevor Wessely seine Vorschläge für eine Reform der jüdischen Erziehung unterbreitet, bemüht er sich um eine Erklärung der bis dahin von den Juden so vernachlässigten Bildung. Nur wenige Autodidakten – wie er selbst und die oben genannten Maskilim – hatten sich bislang auf den mühsamen Pfad der Bildung und Akkulturation begeben: »Ohne Aufmunterung, ohne Erziehung, ohne Lehrer, ohne andern Sporn, als den ewig regen Trieb nach Wahrheit, haben diese glückliche Köpfe Achtung und Ansehn in der großen Welt erlangt, und sind Wohlthäter des Menschengeschlechts geworden. (...) Der große Haufe ... ist höchst unwissend« (Wessely 1782, S. 178). Das erinnert erneut daran, dass die Haskala keineswegs eine breite Bewegung war. Die jüdische Aufklärung war zu jeder Zeit die Unternehmung einer kleinen Elite, die sich berufen sah, die große Masse der teilweise sogar verarmten Juden, die als Betteljuden ein klägliches Dasein fristeten, aus ihrer geistigen Isolation zu führen. War das weltliche Wissen für sie nicht zuletzt auch eine Zierde und der Schritt in das Bildungsbürgertum nicht mehr allzu groß, so war die Distanz zwischen jüdischer Land- und Ghettobevölkerung und dem städtischen Bürgertum weit größer. Dass die jüdischen Aufklärer sich von dieser Distanz nicht entmutigen ließen, verdeutlicht ihr Selbstverständnis als Fackelträger der Vernunft. Ein weiterer Grund für ihr Bemühen wird an der auch von Wessely vertretenen Auffassung deutlich, dass die Juden ihre Unwissenheit nicht selbst zu verantworten hätten, sondern – wie auch Dohm meint – angesichts ihre Unterdrückung gar nicht anders konnten, als abgesondert von der Mehrheit, von deren Wissenschaft und Kunst zu leben: »Sollten Menschen, denen man kaum erlaubte, ein elendes Leben zu führen, sich um den Lauf der Sterne bekümmern ...? Ihre ganze Sorge ging dahin, das Leben ihrer Kinder zu erhalten« (ebd., S. 179). In seiner weiteren Apologie des mangelhaften Bildungsstandes der Juden schafft Wessely zwar einen – auch angesichts der für das Judentum typischen Diesseits-Bezogenheit – nicht ganz nachvollziehbaren Zusammenhang: »Da sie auf diese Art auf die Glückseligkeit dieses Lebens Verzicht thun mußten, was war natürlicher, als daß sie bloß den heiligen Wissenschaften nachhingen, die ihnen

Glückseligkeit in einer andern Welt versprachen ...« (ebd.). Jedoch erscheint sein schließendes Argument ganz im Geist der von Mendelssohn bekannten (es sei nur an den Brief an Basedow erinnert) gemäßigten Aufklärung: »Es wäre Grausamkeit gewesen, sie aus dieser Unwissenheit durch Mittheilung der Kenntnisse aufwecken zu wollen« (ebd.). Die Begründung ähnelt hier derjenigen Mendelssohns, dass es besser sei von seinen Rechten nicht zu wissen, solange diese einem ohnehin vorenthalten würden.

Nun, jedenfalls für Wessely ist das Ende dieser Zeit endgültig gekommen, in der die Verbreitung des (nützlichen) Wissens, die Aufklärung, noch als Grausamkeit hätte gelten können. Er glaubt, wie im Folgenden deutlich wird, fest an die baldige Emanzipation. Diese Chance zu erkennen, so weiß Wessely, fällt vielen Juden noch schwer, denn:

> »Die lange Dauer unseres Elends hat uns endlich aller Hoffnung beraubt. Wir erkannten nicht mit Undank den Schutz und die Duldung, die uns in den neuern Zeiten die Fürsten Europens fast allgemein angedeihen ließen; aber die Hoffnung, jemals mit dem Staatskörper vereiniget zu werden, in die Rechte anderer Bürger einzutreten, und mit ihnen gemeinschaftlich an der Vollkommenheit des Ganzen arbeiten zu können, diese war, schrecklicher Gedanke! bis auf den Wunsch darnach, verschwunden« (ebd., S. 179 f.).

Hier wird denn auch erstmals in aller Deutlichkeit die Emanzipation als Ziel ausgegeben. Die verschwundene Hoffnung auf Besserung ihrer Lage, so Wessely, hat viele Juden – so freilich auch die angesprochenen österreichischen – nicht merken lassen, dass ihnen plötzlich von einem neuen Herrscher, der »zum Glück aller seiner Unterthanen beschäftigt« (ebd.) ist, eine große Chance gegeben wurde, die sie nicht ausschlagen sollten. Vielmehr sollten die österreichischen Juden dem Kaiser dankbar sein und zwar »durch den eifrigsten Gehorsam, durch Willfährigkeit in allen seinen Vorschriften, die alle zu eurem Wohl sind« (ebd., S. 181). Wessely hat die Idee einer an die Bedingung vorhergehender Verbesserung geknüpften Emanzipation offenbar verinnerlicht. Anders als Mendelssohn und auch als Dohm, die sich gegen eine konditionale Emanzipation ausgesprochen hatten, drängt er seine Glaubensgenossen: »Ihr sollt dem Staatskörper einverleibt werden; die Ausübung jeder Seelenkraft ist euch vergönnt; das ganze Feld der Künste und Wissenschaften ist euch eröffnet. Macht euch dieser Rechte würdig« (ebd.). Unwissenheit und mangelnde Bildung assoziiert Wessely mit Vergangenheit und Unterdrückung. Sittlichkeit und Bildung seien das, was von freien Menschen und nützlichen Bürgern zurecht erwartet würde (ebd.).

Im Folgenden empfiehlt Wessely nachdrücklich, die angeordneten Schulgründungen eifrig voranzutreiben und bei dieser Gelegenheit den Unterricht zu reformieren. Mendelssohns Pentateuch-Übersetzung solle die Grundlage des religiösen Unterrichts im Kindesalter werden und den Deutschunterricht mit religiöser Unterweisung kombinieren. Schließlich regt Wessely die Anfertigung zweier Lehrbücher mit religiös-philosophischem Inhalt an. Das eine soll die »Grundartikel des Judentums« (ebd., S. 182) lehren, das andere Sittlichkeit und Moral in den Vordergrund stellen. Seine aufklärerische Haltung kommt vor allem in der Aufforderung zum Ausdruck, den Fähigkeiten des Knaben angemessene Unterrichtsmethoden zu entwickeln und zu beherzigen (vgl. dazu auch: Kurzweil 1987, S. 16 f.).

Durch die konzentrierte Zusammenfassung der Tora, aber auch einiger Artikel aus dem Talmud, solle den Juden zwar ihre Tradition nahe gebracht werden, aber es solle ihnen daneben auch die zu umfassender Bildung notwendige Zeit bleiben. Wenn gefordert wird, dass jeder Jude über die grundlegenden Kenntnisse seiner Religion verfügt, um »sich auch in seinem Alter von seiner Religion Rechenschaft geben zu können« (Wessely 1782, S. 182), so deutet dies bereits auf die spätere Konfessionalisierung der Religionen, so auch der jüdischen hin. Diese bedeutete im 19. Jahrhundert eine Abnahme der dominanten Stellung der Religion im Leben des Einzelnen, ein Herabsinken der Religion von ihrer beanspruchten Allmacht über alle Lebensbereiche in die private Sphäre.

Die Schrift zur Moralerziehung soll die »mannigfaltigen Seelenfähigkeiten und Leidenschaften des Menschen« (ebd.) im Blick haben und zeigen wie sie zu kultivieren und zu kontrollieren seien, um zur Vervollkommnung des menschlichen Daseins beizutragen. Es ist zu beachten, dass auch hier der Prozess der

Vervollkommnung keineswegs ein individueller ist, sondern vor allem auf die Befähigung zum Leben in der bürgerlichen, modernen Gesellschaft gerichtet ist. Es geht um die Einführung in eine Gesellschaft, in welcher der Einzelne durch Beredsamkeit und Bildung auffallen, sich durch Beachtung der Sittenlehre, gesellschaftlicher Normen und Vorschriften gepasst verhalten soll. Wieder begründet Wessely die überragende Bedeutung des Spracherwerbs für die Eingliederung in die Mehrheitskultur: »Wenn wir auf der einen Seite durch Erlernung der Landessprache Geselligkeit, Menschenfreundschaft und Einsicht, unter uns verbreiten, und einander nützlicher werden können, so werden wir auf der andern nicht minder angenehme Früchte erhalten« (ebd., S. 184). Die deutsche Sprache dient Wessely als »Schlüsselqualifikation für Allgemeinbildung und den Gedankenaustausch mit den deutschen Aufklärern« (Eliav 1960, S. 53). Gleichwohl lag in dem Verlangen nach zweisprachigem Unterricht, so Eliav, ein grundlegendes Problem bei der Umsetzung der josephinischen Anordnungen: »die Suche nach geeigneten Lehrern, intelligenten und gottesfürchtigen Männern, die sowohl das Hebräische als auch das Deutsche in ihrer Grammatik gut beherrschten, um die Jugend von früh auf daran zu gewöhnen, zwei Sprachen perfekt zu lesen und zu verstehen« (ebd.). Um diese Frage musste Wessely sich nun freilich nicht bekümmern und so beließ er sich in der Hoffnung, dass dieses Problem sich alsbald lösen ließe (vgl. Wessely 1782, S. 185).

Wessely schließt sein Schreiben mit einigen grundsätzlichen Reformvorschlägen. Es sind die üblichen aufklärungspädagogischen Ideen, die er referiert: die Systematisierung des Unterrichts ab der ersten Klasse, das regelmäßige Abhalten von Prüfungen der Lernfortschritte, die Berücksichtigung individueller Begabungen und Vorlieben. Interessant ist hier vor allem die weitergehende Herabstufung des religiösen Studiums:

> »Hat er [der Knabe, Anm. d. Verf.] zum Studium der Mischna und des Talmuds kein Genie, so ist es besser, daß er sich mit diesem subtilen und scharfsinnigen Studio gar nicht befaßt. Man gebe ihm alsdenn in denjenigen Dingen weitern Unterricht, die sich auf seine Neigung und künftigen Stand beziehen, die ihn zum nützlichen Bürger bilden, und in ihm die Lehren der Tugend und der Gottesfurcht befestigen« (ebd., S. 186 f.).

Die Botschaft, dass ein bürgerliches Leben erstrebenswerter für die meisten Schüler sei, lässt aus solcher Aussage gewiss herauslesen und so taten die jüdischen Aufklärer dies auch. Sie sahen vor allem die Betonung der Wichtigkeit allgemeiner Kenntnisse und das Verdrängen übermäßiger religiöser Lerninhalte aus dem Unterricht, der nun gerade auch durch die deutsche Sprache dem Unterricht nichtjüdischer Lehranstalten angeglichen werden sollte. Viele Maskilim hoben Wessely auf das Podest einer unbedingten, bisweilen kompromisslosen Aufklärung und übersahen dabei sein Bemühen um Ausgleich und die Erneuerung alter Traditionen. Umgekehrt sahen die traditionellen Rabbiner vor allem einen Angriff auf die jüdische Lernkultur und den Vorrang des religiösen Wissens. Dass Wessely durch die jeweils einseitige Aufnahme seiner Schrift durch Aufklärer und Rabbiner letztlich mit seinen eigentlichen Ideen recht allein da stand, wird im folgenden Abschnitt von Interesse sein.

Angesichts eines der letzten Abschnitte seiner Schrift kann freilich die Ablehnung vieler traditioneller Rabbiner auch Wessely nicht überrascht haben. Seine Huldigung Kaiser Josephs II. erscheint rückblickend – und im Kontrast zu Mendelssohns Skepsis wohl auch damals schon – beinahe naiv.

> »Dieser Brief enthält nur Worte der Wahrheit und des Friedens, besonders an diejenigen unter unserm Volke, die etwa den großen Nutzen und die Wohltat nicht in dem ganzen Umfange einsehn, der aus dieser Kayserlichen Milde und Menschenfreundlichkeit für sie und ihre Nachkommen zur Erlangung irdischer und ewiger Glückseligkeit fließen; ... und blödsinnig genug seyn sollten, die erhabnen und großen Gesinnungen ihres Landesvaters durch Saumseligkeit und Trägheit zu verkennen und zu vernachlässigen« (ebd.).

Denen aber, die im Geiste der Aufklärung der Bildung zum Durchbruch verhelfen, versichert Wessely Ruhm und Andenken: »Euer Name wird unvergeßlich seyn in dem Volke« (ebd.).

Zusammenfassend muss Wessely Schrift einerseits als zeitgebundene Antwort auf die Skepsis der österreichischen Juden gegenüber den josephinischen Reformanstößen gelesen werden, andererseits als weit über diesen zeitlichen Horizont hinaus weisendes Dokument jüdischer Geistesgeschichte. Hier werden in kompakter Form die innerhalb einer aufklärerischen Geisteshaltung gezogenen Konsequenzen aus den Anforderungen und Verheißungen der Bürgerlichkeit durchexerziert. Das

Sendschreiben erscheint bisweilen arg erziehungstheoretisch geschrieben, argumentative Verkürzungen und insbesondere der Versuch, das neue Bildungsverständnis religiös zu begründen muten freilich zunächst recht stumpf an, zumal das theoretische Niveau Mendelssohns nie erreicht wird. Es muss aber die Verschiedenheit der Adressaten – jüdische Intellektuelle bei Mendelssohn und traditionelle, ungebildete Juden in Wien und anderswo – bedacht werden, um die ganze Brisanz dieses kurzen Schriftstücks zu erfassen. Die dem rabbinischen Judentum grundsätzlich widersprechende neue Verortung von Bildung, Wissenschaft und Religion außerhalb der Tradition aus einer jüdischen Perspektive, welche die Vernunft auf ihrer Seite wähnt, ist Wesselys Thema. An seiner insbesondere auf die Schulerziehung gerichteten Argumentation zeigt sich zudem die Untrennbarkeit von Erziehung und Bildung. Das neue, was von Kindesbeinen an vermittelt werden soll, ist die Bildung. Obgleich Wessely den Begriff, aus religionsphilosophischen Erwägungen, gewissermaßen umgeht, schwebt das sich konstituierende bürgerliche Bildungsverständnis über seinen Worten. Es mag zuweilen der Eindruck entstehen, Wessely wolle zuvorderst das weltliche, der Vernunft abgerungene Wissen bloß als unabdingbare Voraussetzung für ein aufbauendes Bibelstudium etablieren, indem er dem weltlichen Wissen den zeitlichen Vorrang einräumt. Wesselys Anliegen ist aber nicht ein Kompromiss mit der Tradition sozusagen auf unterster Ebene, sondern es weist über den religiösen Rahmen weit hinaus: die Aneignung von Bildung dient freilich auch einem besseren Verständnis der Tora, aber mehr noch führt sie die Juden aus der Isolation des Ghettos in die vielfältige Kultur der umgebenden christlichen Gesellschaft. In der Welt von Talmud und Tora mögen einige ihre Bestimmung finden und es zu glänzenden Gelehrten bringen, die allermeisten der noch Ungebildeten, das ist die Essenz von Wesselys Botschaft, werden ihr Heil, ihre Glückseligkeit in der – im Kontrast zum beengten Judenghetto weit erscheinenden – Welt der Bürgerlichkeit suchen. Um sich in dieser Welt einen Namen zu machen, bedarf es eines neuen Bildungsverständnisses. Indem Wessely dieses religiös fundiert und seine Notwendigkeit aus der Tradition der Gelehrsamkeit heraus begründet hat, hat er grundlegend zum Eintritt der Juden in die Moderne beigetragen. Gleich wie oft die Suche nach Denkern, welche den Verbürgerlichungsprozess mit angestoßen haben, begonnen wird, Wessely wird als einer der ersten gefunden werden.

Wessely und Mendelssohn ergänzen sich in einer nicht oft beachteten Weise. Mendelssohn suchte den Aufklärern selbst die Vereinbarkeit von Judentum und Vernunft, von Judentum und Bildung zu beweisen, um einerseits die christliche Obrigkeit wie die Pfaffen von der Eignung der Juden zur Bürgerlichkeit zu überzeugen und andererseits aufgeklärte Juden, die Gebildeten unter den Juden, für die bleibende Gültigkeit des jüdischen Religionsgesetzes zu erwärmen. Mendelssohn wirkte damit der Fliehkraft von Aufklärung und Bildung entgegen, welche – das konnte er in den regelmäßigen Zusammenkünften in seinem Hause beobachten – bereits auf einige jüdische Aufklärer wirkte und sie vom Judentum wegführte.

Wessely nun wandte sich in die andere Richtung. Er bemühte sich um bildungsferne Juden, welchen aufklärerische Gedanken noch fremd und bedrohlich schienen. Wessely versuchte, ihnen zu beweisen, dass ihre Sorgen unbegründet waren. Daher strebte er danach, die – wie sich bald zeigen sollte tatsächliche – Gefahr der Säkularisierung zu marginalisieren. Bei den meisten traditionellen Rabbinern stieß er mit seinem Ansinnen (wie Mendelssohn mit seiner Pentateuch-Übersetzung schon zuvor) dennoch auf vehemente Ablehnung.

4.3 Ein missverstandener Reformer

Wie bereits angedeutet sah sich Wessely schon bald nach dem Erscheinen seines Sendschreibens, das, wie erwähnt, durch Friedländers Übersetzung rasch auch in deutscher Sprache kursierte, heftigen Angriffen ausgesetzt. Gleichzeitig war ihm der Beifall vieler Maskilim sicher. Im Folgenden soll ein Bild der jüdischen Resonanz auf seine Vorschläge skizziert werden, das einen – durchaus unbeabsichtigt – zwischen die Fronten geratenen Wessely, die »Dislocations of an Eighteenth-Century Maskil« (Breuer 2001, S. 27) zeigt.

Die Sendschreiben erregten in Österreich-Ungarn ebenso Aufsehen wie in Preußen und Polen. Orthodoxe Rabbiner sahen ihre Autorität, freilich mehr noch die Vorrangstellung des Tora- und Talmudstudiums vor allen weltlichen Wissenschaften gefährdet und reagierten harsch. Wessely »wurde in Predigten der einflussreichen Prager und Lissaer Oberrabbiner geschmäht, seine Schrift in Wilna in den Bann getan, und in Berlin gab es sogar Gerüchte über die Anordnung von Bücherverbrennungen seitens polnischer Rabbiner« (Behm 2002, S. 233). Letztere sahen sich von Wessely gewiss in besonderem Maße diskreditiert, hatte er ihnen oder wenigstens ihren Zöglingen, die als Lehrer auch in preußischen Heder tätig waren, doch eine Mitschuld an dem schlechten Zustand der jüdischen Erziehung gegeben. Sein bisweilen polemischer Schreibstil mag seinen Teil zur Aufregung der Rabbiner beigetragen haben. Nicht weniger polemisch waren wohl manche Rabbiner in ihren Schmähungen. Rabbi Tevel aus Lissa und andere Rabbiner legten Wesselys Schrift, ob absichtlich übertreibend oder aus einem Missverständnis, dahingehend aus, dass sie die Juden zum Verlassen der Tradition und zur Abschaffung des religiösen Studiums aufforde. Er würde damit zum Untergang des Judentums beitragen (vgl. Kümper 2004, S. 453).

An Wessely nagten solche Beschuldigungen, standen sie doch in keinem Verhältnis zu seinen tatsächlichen Ambitionen, auf »die Frage, wie die Juden auf die Veränderungen in der sie umgebenden Gesellschaft reagieren sollten« (ebd., S. 455), eine angemessene Antwort zu geben. Er war »überrascht und sehr verletzt und schockiert« (ebd., S. 453). In drei weiteren Sendschreiben, die hauptsächlich Antworten auf die rabbinische Kritik waren, versuchte Wessely seine Forderungen zu relativieren und die Vorschläge für eine erneuerte Erziehung mehr noch auf die traditionellen Lerninhalte zu beziehen. Er stellte schließlich methodische Änderungsvorschläge über die inhaltliche Neuorientierung und distanzierte sich schließlich von jenen Maskilim, welche die Tradition gänzlich hinterfragten. Kümper zufolge erklärte Wessely, »dass er nicht bereit ist, die *Haskala* zu unterstützen, die er eigentlich gerne unter den Juden verbreitet sehen möchte, wenn sie sich zu weit von der Tradition entfernen und auf unguten Wegen wandeln sollte« (ebd., S. 455).

Viele jüdische Aufklärer nun lasen ihrerseits Wesselys Text ganz im Sinne der bürgerlichen *Verbesserung*, wie sie von Dohm angestoßen und auch von Mendelssohn befürwortet wurde. Sie ignorierten Wesselys Eintreten für eine Erneuerung des Judentums in Einklang mit Bildung *und* Tradition. Stattdessen betonten sie einseitig den Aspekt der Erziehungsreform und der Wichtigkeit allgemeiner Bildung. Breuer erklärt, dies hätte eine Distanz zwischen Wessely und seiner begeisterten Leserschaft geschafften (vgl. Breuer 2001, S. 29). Letztere machte zwar das Sendschreiben zu ihrem ideologischen Manifest, war aber von deren Autor ebenfalls zunehmend befremdet. Breuer schreibt hierzu:

> »Those who applauded his call for educational reform, to be sure, conferred a certain heroic status upon him. Still, Wessely continued to embrace a religious sensibility that most younger maskilim found neither compelling nor attractive, a reality that fostered no small degree of friction between them. Wessely, moreover, continued to write and teach in an idiom and literary context that fewer and fewer maskilim could understand, further contributing to a mutual alienation« (ebd.)

Die beiderseitige Entfremdung wird auch dadurch erklärbar, dass Wessely in seinen nachfolgenden Schriften das Erziehungsthema nicht mehr tangierte und sich wieder auf sein Kerninteresse, sein Faible für die hebräische Sprache konzentrierte. Von den traditionellen Rabbinern, die ihn früher wegen seiner Schriftgelehrsamkeit und seiner ausgezeichneten Kenntnis des Hebräischen geachtet hatten, wurde er nicht mehr beachtet. Das Misstrauen war zu groß. Die jüdischen Aufklärer hielten ihn in Ehren wie z.B. ein Brief Isaak Euchels, des Gründers der ersten hebräischen Aufklärungszeitschrift »ha-meassef«, bezeugt, in dem er um Wesselys Unterstützung für sein Projekt wirbt. Diejenigen Aufklärer, die wie Friedländer eine zunehmend radikale Haltung in ihrem Kampf gegen die verkrustete Tradition einnahmen, sahen Wesselys Schrift als ein Argument für ihr Drängen auf Reformen an, lehnten aber sein Hochhalten des Hebräischen ab, das sie schließlich wie auch den Talmud in den Bereich eines Spezialwissens weniger Gelehrter verschieben wollten. Wessely musste feststellen, dass er irrtümlich geglaubt hatte, dass andere Aufklärer so wie er und auch Mendelssohn ein Interesse am Hebräischen als wesentlichem Element des Jüdischen hatten. Der Keim der Säkularisierung, welcher der Aufklärung schon früh inne-

wohnte, begann Wurzeln zu schlagen (vgl. ebd., S. 38). Wessely hatte einen Anstoß zur Reform gegeben, deren Weg die Reformer bald ohne ihn beschritten.
Wie Breuer berichtet, musste Wessely darüber hinaus bald feststellen, dass trotz der anfänglichen heftigen Gegenwehr der Traditionalisten in den habsburgischen Ländern die geforderten so genannten Normalschulen gegründet wurden. Das konnte ihm jedoch kein Grund zur Freude sein, denn seine Vorschläge wurden wenig beachtet: der Deutschunterricht wurde nicht mit der Tora-Lektüre verbunden wie er gefordert hatte, vielmehr spielte der Bibelunterricht eine immer geringere Rolle (vgl. ebd., S. 39).
Wessely fühlte sich angesichts der geschilderten Entwicklungen für den Rest seines Lebens unverstanden. Breuer berichtet von einer autobiografischen Notiz des Hamburger Juden Moses ben Mendel Frankfurt (ein Onkel von Samson Raphael Hirsch), der als junger Mann Wessely in Berlin begegnet war. Wessely, so jener Frankfurt, habe seine letzten Jahre in Berlin unglücklich, in Armut lebend und entfremdet von seinen Glaubensgenossen verbracht. Ihm gegenüber habe Wessely sich wie folgt geäußert: »the traditionalists distrusted me for being a modernizer, and the modernizers distrusted me for being a traditionalist« (ebd., S. 28). Obgleich derartige, erinnerte Gesprächsfetzen mit Vorsicht betrachtet werden müssen und sicherlich eher eine zusammenfassende, pointierte Wiedergabe eines Gesprächsverlaufs darstellen, gibt die Aussage wohl einen recht treffenden Hinweis auf Wesselys Charakter wie Breuer meint (vgl. ebd.). In der Tat war Wessely ein missverstandener Reformer, ein »conservative *maskil*«, der von beiden Seiten, Kritikern wie begeisterten Anhängern so verstanden wurde wie es in ihr Weltbild passte. Die traditionellen Rabbiner ließen die Möglichkeit, dass auch ein Reformer tief im Judentum verwurzelt sein konnte, nicht zu. Die nachfolgenden Aufklärer verfolgten eine weitere Reduzierung des Judentums.
Wesselys Bemühungen um eine Balance zwischen einer Beibehaltung rabbinischer Tradition in der Welt des Glaubens und der Annahme eines Bildungsideals, das potenziell zu Akkulturation und Emanzipation geeignet war, fanden bei seinen

Zeitgenossen wenig Verständnis und kaum ernsthafte Erwägung. Dennoch sind seine Vorstellungen wirkungsvoll geworden im Hinblick auf Samson Raphael Hirschs orthodoxer Fundierung jüdischer Bildung und Erziehung. Bis zu Hirsch waren auch die Orthodoxen einsichtig geworden und leugneten nicht länger die Notwendigkeit einer Auseinandersetzung mit der nicht-jüdischen Welt, die über Handel und ökonomische Angelegenheiten hinausging. Dass Wesselys Schrift von ihnen plötzlich anders, weniger aufgeregt gelesen wurde, erscheint auch wahrscheinlich, insofern Breuer berichtet, dass Hirsch im Besitz auch unveröffentlichter Manuskripte Wesselys gewesen sei. Eine Geschichte der Rezeption Wesselys in neo-orthodoxen Kreisen steht noch aus und wäre schon deshalb von Interesse, weil zu vermuten ist, dass sie eine Verschiebung innerhalb seiner Leserschaft und Veränderungen der Verstehensvoraussetzungen seiner Leser im Fortgang des Emanzipationsprozesses offenbaren könnte. Wie Kümper zu berichten weiß, dauert die unterschiedliche Rezeption insbesondere der Sendschreiben bis heute an. In den 90er Jahren des 20. Jahrhunderts gab es noch einmal einen Beitrag von ultraorthodoxer Seite, der Wessely »als einen Ketzer und Verderber des Judentums abzustempeln versucht« (Kümper 2004, S. 459).

5. David Friedländer und die Säkularisierung des Judentums

5.1 Friedländers Erziehungs- und Bildungskonzeption im Licht der jüdischen Emanzipation

In diesem Kapitel sollen David Friedländers Ansichten zu Bildung und Erziehung dargestellt und im Zusammenhang mit dem jüdischen Emanzipationsprozess diskutiert werden. Dabei wird erkennbar werden, dass erst bei Friedländer die Zweckbindung der Bildung an das Ziel der Emanzipation deutlich hervortritt. Zunächst jedoch sollen Friedländers Vorhaben und ihre Wandlungen in Anbetracht der Enttäuschungen und Verheißungen preußischer Reformansätze Erwähnung finden.

Friedländer wird gemeinhin als Schüler Mendelssohns betrachtet, aber auch als dessen Nachfolger, als der er sich selbst sah. Dies darf jedoch nicht darüber hinwegtäuschen, dass er zwar Mendelssohns Erkenntnisse in seine Argumentation aufnahm, sie aber anders als dieser gegen die Tradition wendete und somit ihr aufklärerisches Potenzial radikalisierte. Friedländer »strebte eine völlige Abschaffung der traditionellen Erziehung an, eine Abtrennung von der Überlieferung und der Ritualgesetzgebung bzw. ihre Fundierung auf die deutsche Sprache und Kultur« (Eliav 1960, S. 77). Er wird deshalb häufig zu den Radikalaufklärern gerechnet (vgl. Lohmann 2002, S. 291). Sein Leben zeigt nicht wie die Biografien Mendelssohns und Wesselys die Konflikte eines Juden zwischen Tradition und Moderne, sondern eine beinahe vorbehaltlose Bejahung der Moderne mitsamt ihrer säkularisierenden Tendenzen.

Friedländer (1750-1834), der ursprünglich aus einer reichen Königsberger Familie stammte, fand als erfolgreicher Seidenfabrikant und Schwiegersohn des wohlhabenden jüdischen Hofbankiers Daniel Itzig schnell Einlass in die gehobene Gesellschaft Berlins. Im Jahr 1791 wurden Friedländer wie der gesamten Familie Itzig die preußischen Bürgerrechte verliehen.

Friedländer ist unzweifelhaft ein Beispiel für den gut situierten und weitgehend integrierten wohlhabenden Juden. Er ruhte sich aber nicht auf seiner angenehmen Position aus, sondern bemühte sich um die rechtliche Gleichstellung aller Juden. Die Zeit neben seiner beruflichen Tätigkeit widmete er der Erweiterung seines weltlichen Wissens und dem Engagement für die Bildung seiner Glaubensgenossen, so etwa durch die gemeinsam mit seinem Schwiegervater gegründete Freischule. Mehr als noch Mendelssohn und Wessely setzte Friedländer sich auch politisch ein, indem er der Forderung nach Emanzipation schreibend und handelnd Nachdruck verlieh. Dazu glaubte er sich umso mehr legitimiert seit Mendelssohn im Januar 1786 gestorben war und er als einziger in Frage zu kommen schien, »who would carry on his work of enlightenment among the jews« (Meyer 1967, S. 58). Er hatte über viele Jahre mit Mendelssohn in ständigem engen Kontakt gestanden und dessen Pentateuch-Übersetzung maßgeblich mit unterstützt (vgl. ebd.). Zudem war er zu Lebzeiten Mendelssohns noch wie dieser an einem Ausgleich zwischen Tradition und Modernisierung interessiert und grenzte sich damit von anderen aus dem Kreis der Berliner Maskilim ab, die bereits »at loggerheads with traditional judaism« (ebd., S. 57) waren. Zu diesen gehörten z.B. der Kant-Anhänger und Arzt Marcus Herz oder der Philosoph Salomon Maimon, der sich als Kritiker Kants hervor tat und sich vom Judentum bereits getrennt hatte.

Schon bald nach Mendelssohns Tod gab aber auch Friedländer weitere Teile des Judentums auf und ersann radikalere Reformen. Für ihn war das Zeremonialgesetz nicht mehr verbindlich, da er es nun nicht mehr für vereinbar mit der eigenen Ratio hielt (vgl. ebd., S. 63). Er war zunehmend von der mangelnden Reformbereitschaft der traditionellen Rabbiner befremdet. Ihr unbedingtes Festhalten an der Tradition und ihre Ablehnung der Bildung schienen ihm im Widerspruch zu ihrer Aufgabe zu stehen, das jüdische Volk geistig voranzubringen (vgl. ebd.).

Friedländer verband die Frage nach der Reform des Judentums im Lichte einer aufgeklärten Geisteshaltung mit der Forderung nach Emanzipation: »The promotion of secular culture among Jews turned into agitation for religious reform; the plea for toleration from gentiles became an active struggle for equal rights. These religious and political objetives were intimately connected« (ebd., S. 62). In der Tat machte sich Friedländer gemein mit Forderungen christlicher Aufklärer, die von einem Zusammenhang zwischen dem Grad der Aufgeklärtheit und dem Festhalten an den Geboten ausgingen. Sie forderten die Verbreitung von Bildung unter den Juden auch in der Hoffnung, dass die Hinwendung zu weltlichen Lerninhalten eine Säkularisierung nach sich ziehen würde, die letztlich eine Abwendung vom Judentum bewirken könnte. Friedländer beobachtete die bereits eintretenden Verfallstendenzen der traditionellen jüdischen Kultur, die sich in der Schließung von Talmudschulen oder in dem schwindenden Einfluss der Rabbiner äußerte, mit Genugtuung (vgl. Eliav 1960, S. 80).

Friedländer strebte eine Konfessionalisierung des Judentums an. Damit war gemeint, dass das Jüdische ganz in den privaten Bereich gedrängt werden und nur noch als rationalisierter Glaube im Sinne der Vernunftreligion betrachtet werden sollte. Am Ende dieses Prozesses sollte der »Prussian citizen of Jewish origins and enlightened rational faith« (Meyer 1967, S. 63) stehen. Er selbst gab die Befolgung der Gebote auf und stand somit beispielhaft für einen säkularen Lebensstil.

Wie versuchte er nun die Emanzipation voranzutreiben, gleichsam zu ermöglichen? Wie Mendelssohn befürwortete er zwar die bedingungslose Emanzipation, welche durchschlagende Reformen erst ermöglichen sollte. Dennoch verlangte Friedländer von den Juden unabhängig vom tatsächlichen Voranschreiten des Emanzipationsprozesses, die Initiative zu ergreifen und sich als der Emanzipation würdig zu erweisen (vgl. ebd.). Mit der Thronbesteigung Friedrich Wilhelms II. im Jahr 1786 verknüpften viele Juden die Hoffnung auf eine Besserung ihrer Lage. Der König stimmte denn auch der Berufung einer Kommission zu, welche die rechtliche Lage der Juden überdenken sollte und welcher auch Juden angehören sollten. Friedländer nahm neben anderen als Repräsentant der preußischen Juden an den Beratungen teil. Die jüdischen Vertreter forderten in einer Erklärung nicht einmal die völlige Gleichstellung, sondern beschränkten sich zunächst auf die Forderung nach Aufhebung wirtschaftlicher Restriktionen und nach Zusicherung weiterer Rechte (vgl. ebd., S. 66).

Es kann an dieser Stelle nicht der Fortgang der Verhandlungen rekonstruiert werden, jedoch muss darauf hingewiesen werden, dass die Hoffnungen der Juden jäh enttäuscht wurden. Im Januar 1790 verkündete die Regierung Preußens einen Reformplan, der kaum Besserungen brachte und dessen Umsetzung schließlich hinter dem Krieg mit dem revolutionären Frankreich zurückstehen musste.

Friedländer hatte während der Verhandlungen eine Abhandlung »Über den besten Gebrauch der heiligen Schrift« (Friedländer 1788) herausgegeben, in welcher er seine Vorstellungen von einer Erziehungsreform darlegte. In dieser Schrift wird seine Bildungskonzeption »im Spannungsfeld zwischen innerjüdischen Modernisierungsbestrebungen, preußischer Judenpolitik und jüdischen Emanzipationsbemühungen« (Lohmann 2002, S. 291) erkennbar.

Friedländer geht von der Idee der Maximierung der Nützlichkeit der Staatsbürger als Ziel aufklärerischer Politik aus: »Mit der milden Behandlung, die wir überall genießen, ist der Wunsch rege geworden, unserm Regenten und dem Vaterlande tugendhafte Menschen und nützliche Bürger zu erziehen, um von Stufe zu Stufe eines höhern Wirkungskreises und größrer Rechte gewürdigt zu werden« (Friedländer 1788, S. 65). Weitere Voraussetzungen von Friedländers Denken sind der Glaube an die Vervollkommnungsfähigkeit des Menschen, die Verbesserung des »geselligen Zustandes der Menschen« (ebd., S. 62) und die Bildung im Sinne eines Verlangens »den Vorrath seiner Kenntnisse zu vermehren, zu ordnen und zu berichtigen« (ebd., S. 63). Friedländers Bildungsverständnis ist merklich von Mendelssohn geprägt, die aufklärerische Attitüde erhält aber bei ihm eine politische Akzentuierung hinsichtlich des Bedürfnisses, die Verbreitung der Bildung unter den Mitmenschen aktiv voranzutreiben. Für den Aufgeklärten, den bereits Gebildeten sei es gleichsam ein natürliches Anliegen, an den durch vernünftiges Nachdenken gewonnenen Wahrheiten alle Menschen teilhaben zu lassen (vgl. ebd., S. 63). Damit weicht Friedländer von Mendelssohn ab, da jener noch skeptisch gegenüber einer voreiligen Verbreitung der Bildung unter den Juden war, solange keine Besserung ihrer Lage in Aussicht stand. Da nun Friedländer von einer baldigen Aufwertung des rechtlichen

Status' der Juden überzeugt war, mag er auch deshalb zu der Überzeugung gelangt sein, dass sich ein verstärkter Einsatz für eine Bildungsoffensive lohnte.

> »Mit dem Wachstum der Bildung und der Aufklärung unter den Menschen steigt die Überzeugung bey ihnen, daß Wissenschaften und Kenntnisse nicht das Erbtheil oder Vorrecht einiger wenigen Günstlinge, nicht bloß Zierde oder Würze des Lebens, sondern daß sie gemeinschaftliches Eigenthum sind, welches zum Genuß Aller bestimmt und unentbehrlich ist. Daher nimmt das Bestreben, sie gemeinnütziger zu machen, und unter allen, auch unter den niedrigsten Classen, zu verbreiten, immer zu, und ist nie größer als in unsern Tagen geworden« (ebd., S. 61).

Das hier anklingende demokratische Moment von Aufklärung und Bildung muss gerade Friedländer mehr als manchem christlichen Aufklärer am Herzen gelegen haben, da es durchaus eine Parallele zur jüdischen Tradition des Lernens aufweist. So wie es im Judentum die Pflicht eines jeden Gläubigen ist, sich dem Tora-Talmud-Studium zu widmen, soll nun das Ideal der Gelehrsamkeit gegen das Ideal allgemeiner Bildung eingetauscht und diese ebenso jedem zuteil werden.

Friedländer liegt ferner daran, dass die »Glückseligkeit der Einzelnen mit der Wohlfahrt des Ganzen in keinen Widerspruch gerathe« (ebd.). Dies sei die Verheißung der Aufklärung, für ein harmonisches Verhältnis der zweifachen Bestimmung des Menschen zum Menschen und zum Bürger zu sorgen, indem beiden der zur freien und notwendigen Entfaltung und Steigerung der Nützlichkeit unabdingbare Raum gegeben würde (vgl. ebd.). Dass dies nur möglich ist, wenn die Juden gleichberechtigt sind, ist für Friedländer eine Selbstverständlichkeit. Er wiederholt damit ein Argument, welches sich spätestens seit Dohms Schrift insbesondere unter jüdischen Aufklärern großer Beliebtheit erfreute. Friedländer rechtfertigt das geringe Bildungsniveau der meisten Juden, die gar keine Möglichkeit hatten, sich zu verbessern:

> »... wir haben bis auf den heutigen Tag gar keine Erziehung genossen, noch genießen können. Vorausgesetzt, daß man unter Erziehung die Kunst verstehet, den Wachsthum beides, der körperlichen Kräfte und der Geistesfähigkeit jedes Menschen nach Maaßgabe seiner Fähigkeit zu befördern, seinen Geist und seine Sitten und sein Herz zu bilden, o, so liegt es schon in den Verhältnissen, in welchen wir von je her gewesen, daß wir roh und ungebildet haben bleiben müssen!« (ebd., S. 65).

Von einer zügigen Emanzipation würden nach Friedländer beide Seiten profitieren. Dem Staat würden gebildete Staatsbürger mehr nutzen als in ihren Fähigkeiten und

Möglichkeiten beschränkte Untertanen: »Glücklich ist das Land, wo der Ausbildung aller Kräfte der größte Vorschub geleistet wird, wo der Staat jedes Talent schätzt, das zur Nationalglückseligkeit beiträgt« (ebd., S. 64). Tatsächlich war der preußische Staat zu jener Zeit interessiert daran, die Juden in die Wehrpflicht einzubeziehen und gerade in Krisenzeiten war das wirtschaftliche Potenzial jüdischer Kaufleute durchaus verlockend. Gleichzeitig käme es den Juden zugute, wenn sich die Aneignung von Bildung letztlich auch finanziell auszahlen würde.

Friedländer hält weitergehende Reformen des jüdischen Erziehungswesens und der jüdischen Religion für notwendig als bislang unternommen wurden, um die Emanzipation zu ermöglichen. Zwar hatte er selbst das erste Schulprojekt der jüdischen Aufklärung initiiert, zwar entwickelte sich die jüdische Schulerziehung in den habsburgischen Ländern bald in eine Richtung, die nach der anfänglichen Gegenwehr nicht überraschen musste. In Preußen aber stagnierte der Emanzipationsprozess, ja er nahm kaum scharfe Konturen an und die Verhandlungen innerhalb der Kommission dauerten bei Drucklegung bereits zwei Jahre an.

Von der Absicht getragen, das Judentum so weit an die Moderne und die deutsche Kultur anzupassen, dass es keinerlei Anstoß mehr bei der preußischen, bürgerlichen Verwaltung mehr findet, drängt Friedländer auf eine Neugestaltung des Unterrichts an jüdischen Schulen. Die Schüler sollen schon früh auf ein Leben in der deutschen, christlichen Mehrheitskultur vorbereitet werden. Wie Eliav bemerkt, suchte Friedländer nicht wie Wessely den Kompromiss zwischen der traditionellen und der modernen Erziehung, »sondern strebte eine eindeutig deutsche Erziehung – frei von jeglichem Traditionsgut – an« (Eliav 1960, S. 80). Das Zeremonialgesetz, das Mendelssohn noch als sittliche Erziehung betrachtet und gerechtfertigt hatte, ist für Friedländer nicht länger tragbar. Tatsächlich stieß die strikte Befolgung der Gebote und Verbote der Tora durch die Juden in der Mehrheitskultur auf stete große Ablehnung. Sie wirkten sich gewiss so aus, dass sie Begegnungen zwischen Christen und Juden erschwerten, da schon eine Einladung in einen christlichen Haushalt die Juden potenziell vor das Problem stellte, nicht koschere Speisen zu essen. Friedländer bereitet mit seinen Erziehungsvorschlägen den Boden für die Aufgabe des Gesetzes. Im Anschluss an Mendelssohns Feststellung, dass das Judentum keine Dogmen kenne, fordert Friedländer den Einzug freidenkerischer Tendenzen in den jüdischen Religionsunterricht. Während Mendelssohn die Befolgung der Gebote und Verbote noch als notwendige Pflicht eines jeden Juden ansah und diese von den durch Vernunft auffindbaren Wahrheiten trennte, erkennt Friedländer nur noch als verbindlich an, was durch die Vernunft gedeckt ist. Interessant ist insofern vor allem der letzte Zusatz zu folgender Aussage: »Der das Judenthum auszeichnende Grundsatz ist nemlich der, daß wir keine Dogmen, keine Glaubenslehren, keine Lehren des Heils haben, die zur Seligkeit unentbehrlich und nothwendig wären« (ebd., S. 67).

Da es für Friedländer nichts mehr gibt, was »man glauben muß, um der ewigen Glückseligkeit theilhaft zu werden« (ebd., S. 68), erhält der undogmatische Charakter des Judentums ein noch anderes Gesicht als bei Mendelssohn, der mit der Ablehnung (christlicher) Dogmatik auch die Vernunftgemäßheit des Judentums betonen wollte. Für Friedländer bedeutet die Abwesenheit dogmatischer Glaubensgrundsätze die Möglichkeit individueller Auslegung. Letztlich führt dieser Standpunkt freilich zur Beliebigkeit in religiösen Belangen. Jeder Jude soll für sich entscheiden, was Judentum für ihn heißt. Auf diese Weise scheint Friedländer den Versuch zu unternehmen die völlige Indifferenz der Juden zu verhindern: nicht der Übertritt zum Christentum, sondern das Aufgehen des Judentums in einer mosaischen Konfession ist sein Ziel. Innerhalb des seinerzeit dann auch so genannten Mosaismus sollte jeder Gläubige sich nur mehr den Lehrsätzen verpflichtet fühlen, die vor der Vernunft Bestand haben. Für die Schule zieht Friedländer in seiner Abhandlung daraus die Konsequenz, dass keine rabbinischen Texte, Auslegungen und Kommentare, mehr gelesen werden sollen, dass der Lehrer ganz auf Paraphrasierungen, die eine Meinung transportieren könnten, verzichtet. Es soll keinen Weg geben, durch welchen sich die vernünftigen Lehrsätze der Tora »dem Gemüth einprägen können, als den Weg der Ueberzeugung« (ebd., S. 70).

Damit aber die Bibel eine Quelle der Erkenntnis für die Schüler werden kann, muss sie in deutscher Übersetzung gelesen und ihre »Grundsätze der Moral« im Unterricht »herausgehoben, systematisch verbunden, und zum praktischen Gebrauch angewendet werden, und zwar so, wie sie sich für die gegenwärtige Zeit, für unsre gegenwärtige Lage, und für die Stufe der Cultur, auf welcher die Nation im Ganzen sich befindet, anwenden lassen« (ebd., S. 72). Es bedarf also eines Lehrbuchs, welches gleichsam einen jüdischen Katechismus zur Diskussion stellt.

Die hebräische Sprache könne vernachlässigt werden, da ihr Studium »in doppelter Hinsicht tadelhaft« sei: »einmahl, weil es die ganze Muße des Jünglings einnimmt, und ihn an der Erlangung mehrerer und besserer Kenntnisse hindert; zweytens, weil es dem Geschmack eine einseitige Richtung giebt, und gemeiniglich in Pedanterie und Wortklauberey ausartet« (ebd.). Letztere Bemerkung zielt vor allem auf die traditionellen Rabbiner ab, welche von jüdischen Aufklärern häufig dafür gescholten wurden, sich lieber mit Fragen jüdischer Rituale, mit der abermaligen Diskussion einer Stelle im Talmud zu befassen, als mit den drängenden Problemen ihrer Glaubensgenossen.

Friedländers freidenkerische Gesinnung wird überaus deutlich in der Forderung, das Bibelstudium dürfe nicht ohne die gleichzeitige Ausbildung des kritischen Denkens erfolgen, so dass jeder lerne, das Gelesene für sich an der Vernunft zu prüfen (vgl. ebd.). Damit knüpft Friedländer zwar einerseits an die Tradition des Lernens an, eröffnet aber andererseits dem Einzelnen die Möglichkeit, völlig unabhängig von gleich welcher Autorität sich sein eigenes Verständnis vom Judentum zu schaffen.

Auch Friedländer legt großen Wert, größeren noch als seine Vorgänger, auf das Erlernen des Hochdeutschen. Er lehnt das Hebräische ebenso ab wie das Jiddische, welches in seinen Augen zur Verfälschung der Unterrichtsinhalte, hier der Tora, beiträgt: »Es ist also von der äussersten Wichtigkeit, daß er die Wahrheiten, die er aus dieser Quelle schöpft, rein und unvermischt erhalte« (ebd.). Die Tora soll deshalb in deutscher Sprache gelesen werden. Ziel des deutschsprachigen Religionsunterrichts ist nicht nur wie bei Wessely und Mendelssohn das Erlernen des Deutschen anhand der heiligen Schrift, sondern mehr noch das Aufgehen der jüdischen Religion in der deutschen Kultur.

Alles Trennende, alles was Juden und Deutsche unterscheidet, soll weitestgehend beseitigt werden. Für Friedländer stellt das Jiddische auch deshalb ein Hindernis für das gesellschaftliche Leben der Juden dar. Die Verbürgerlichung sei nur möglich, wenn die Sprache des deutschen Bürgertums beherrscht würde. »Der aufgeklärte Theil unsrer Nation« habe dies bereits verstanden, dass das Jiddische und die jiddischen Bibelparaphrasen »auf sein ganzes, auch bürgerliches Leben einen schädlichen Einfluß haben müssen« (ebd.).

Er verwendet nun viele Zeilen darauf, den Deutschunterricht und die Übersetzung Mendelssohns zu loben, um sodann auf die Essenz des Judentums zu sprechen zu kommen, auf welche der Religionsunterricht zu beschränken sei:

> »Nach einer der Fassungskraft der Jugend angemessenen Darstellung von der Wichtigkeit der Religion, und ihres großen Einflusses auf die Glückseligkeit jedes Staats überhaupt, würde ich den Charakter der jüdischen, in ihrer ersten Reinheit, nach den von *Mendelssohn* in seinem Jerusalem entworfenen Grundzügen, entwickeln: (...) die Pflichten des Menschen gegen sich selbst, gegen seine Verwandte, Freunde und Feinde usw. auseinander zu setzen« (ebd., S. 77),

kurz: von höchster Wichtigkeit ist die »Befolgung moralischer Gesetze« (ebd.) und nicht mehr des als hinderlich für Verbürgerlichung und Emanzipation angesehenen Zeremonialgesetzes. Unter den moralischen Gesetzen versteht Friedländer vor allem die zum bürgerlichen und gesellschaftlichen Zusammenleben notwendigen sittlichen Gebote wie die Achtung fremden Eigentums, der Gesetze überhaupt und die Befolgung des bürgerlichen Verhaltenskodex jener Zeit. Die Religion wird also noch weiter als bei Mendelssohn auf ihre Erziehungsfunktion zurückgeführt. Sie soll die Juden zu unauffälligen und staatstreuen Bürgern erziehen und alles, was nicht mit der Vernunft oder dem modernen bürgerlichen Leben vereinbar scheint, ablegen. Übrig bleibt vom Judentum einzig das, was dem Verstand einleuchtend gemacht werden und somit geglaubt werden kann (vgl. ebd., S. 79). Da das Judentum keine Dogmen kenne, so Friedländer, kann und muss es sich einzig auf die »Überzeugung durch Vernunftgründe« (ebd.) verlassen. Die Religion in ihrer Reinheit umfasst nur noch praktische und der Vernunft zugängliche Moral sowie die Begehung der überlieferten Feste und des Sabbat, deren Endzweck darin besteht, die Juden »immerwährend daran zu erinnern, daß sie unter ihrem Oberhaupt, Erretter und König ein unsichtbares, allgütiges und allmächtiges Wesen verehren und anbethen« (ebd., S. 80).

Es wird deutlich, dass bei Friedländer das anfänglich betonte Ideal der Vervollkommnung – und das ist der Grundstein des bürgerlichen Bildungsideals – mehr und mehr aus dem Blick gerät, unscharf wird. Die religiöse Erziehung wird bald völlig dem einen Ziel verschrieben: die Emanzipation unumgänglich zu machen. Dass Friedländers Vorstellungen zunächst mehr die säkularisierenden Tendenzen der Verbürgerlichung widerspiegeln und theoretisch rechtfertigen, konnte ihm noch nicht klar sein. Für die tatsächliche Emanzipation blieb seine Vision von einer durch die Aufklärung geläuterten Erziehung beinahe bedeutungslos. Die Vorschläge mögen auf den Unterricht in der Freischule einigen Einfluss gehabt haben, da er in deren Leiter Lazarus Bendavid, dem »Rationalist[en] par excellence« (Eliav 1960, S. 86) und vielleicht radikalsten unter den jüdischen Aufklärern, einen Verbündeten hatte. Für die jüdische Emanzipation wurden Friedländers Ideen gleichwohl mittelbar bedeutsam, da sie das Fundament bildeten für die liberalen Reformen des 19. Jahrhunderts. Repräsentativ stehen Friedländers Ansichten für jene gebildeten und weitgehend säkularisierten Juden im 19. Jahrhundert, um deren Rückkehr in das fromme Judentum sich Samson Raphael Hirsch später bemühte.

Wie bereits erwähnt, wurde trotz Friedländers politischer und pädagogischer Bemühungen die Lage der Juden in Preußen nicht zum Besseren gewendet. Die Enttäuschung brachte Friedländer schließlich zu dem Schluss, dass wenn nicht einmal eine grundlegende Wandlung des jüdischen Selbstverständnisses und der jüdischen Religion eine Veränderung des Status' der Juden herbeiführen würde, der Weg zur Emanzipation nur über eine konfessionelle Vereinigung mit dem Christentum führen könnte.

5.2 Emanzipation um den Preis des Judentums?

Nachdem nun der Versuch, über die Zusicherung noch größerer Bildungsanstrengungen und weitgehender Aufgabe einer jüdischen Identität die Emanzipation zu bewirken, gescheitert war, war Friedländer schließlich 1799 bereit, den letzten sich ihm bietenden Schritt zu gehen, um die Gleichberechtigung zu erreichen. Er bot in einem anonym verfassten Sendschreiben an den Berliner Probst Wilhelm Abraham Teller den Übertritt der Juden zum Protestantismus an, wenn auch mit bestimmten Einschränkungen.[27] Der Übertritt zum Christentum brachte, daran sei hier erinnert, die sofortige Verleihung aller Bürgerrechte. Zum Ende des 18. Jahrhunderts ließen sich deshalb immer mehr verbürgerlichte, aufgeklärte Juden in Berlin und anderen Orten Preußens taufen. Sie gaben ihr Judentum auf und gewannen die Staatsbürgerschaft. Friedländer lehnte diese Praxis ab und appellierte mit diesem Sendschreiben an die Christen, den Juden lieber die Bürgerrechte auf einem jüdisch-christlichen Sonderweg zuzugestehen, als ihnen durch die Taufe ein geheucheltes Bekenntnis abzuringen.

In dem Schreiben wiederholte Friedländer in bisweilen arg auf den christlichen Leser zugeschnittener Weise seine Sichtweise des Judentums. Er polemisierte gegen die jüdische Tradition und ließ einzig den vernünftigen Kern des Judentums gelten. Der Talmud und das Zeremonialgesetz hätten nur zu Aberglaube, mystischen Gesinnungen, zur Scheu im Umgang mit den Mitmenschen und zur Unwissenheit gegenüber der Umwelt geführt. Kurz: »Diese verfremdeten uns in dem Zirkel des gewöhnlichen Lebens« (Friedländer 1799, S. 4). Friedländer erklärt erneut den bisherigen Religionsunterricht der Juden für größtenteils unnötig, sofern er bloß die überkommenen und mit dem geselligen Leben nicht mehr vereinbaren Verhaltensregeln lehrt und keine Vernunftwahrheiten. Gegenüber der jüdischen Hoffnung auf die Ankunft des Messias hegt Friedländer geradezu eine Verachtung, welche er auf

---

[27] Die Frage, warum sich Friedländer gerade an Teller wandte, lässt sich dahingehend beantworten, dass jener zuvor durch die Betonung der »gemeinsame[n] Basis des Judentums und des Christentums« (Lohmann 2002, S. 299) aufgefallen war und gar eine Religionsvereinigung in einer Vernunftreligion befürwortet hatte.

die gesamte rabbinische Tradition ausdehnt. Er macht die Erwartung des Messias verantwortlich für die mangelnde Bildung der Juden. Die Gelehrten hätten die Zeremonialgesetze in ihrer Erwartung noch verunstaltet und erschwert und damit das Lernvermögen der Jugend wie der älteren Männer an den Talmud gebunden (vgl. ebd., S. 38 f.).

Nun schlägt Friedländer, der seine Autorschaft erst 20 Jahre später eingestehen sollte, dem Berliner Probst den Übertritt zum Christentum als Lösung der Judenfrage vor. Jedoch möchte Friedländer nur insofern zum Christentum übertreten, als dessen Grundsätze mit dem Judentum vereinbar seien. Das treffe bis auf die Dogmen und den Glauben an die Gottessohnschaft Jesu auch zu. Der Glaube an den einen Gott, an die Bestimmung des Menschen zur Vervollkommnung und Glückseligkeit, kurz: die Grundsätze einer vernünftigen bzw. natürlichen Religion seien Juden und Christen gemein. Da nun auch die jüdischen Eigenarten abnehmen würden, so Friedländer weiter und da der Einfluss der Rabbiner wie der Tradition überhaupt stetig schwinde (vgl. ebd., S. 82), gäbe es keinen vernünftigen Grund, der die Juden von einem Aufgehen in der christlichen Konfession abhalten könnte. Es geht Friedländer im Grunde um die Vereinigung der Religion in einer Vernunftreligion, innerhalb derer dann nur noch marginale Unterschiede existieren wie dies ohnehin innerhalb des Protestantismus der Fall war und ist. Es war dies ein keineswegs neuartiger Traum gerade auch vom Deismus geprägter Aufklärer.

Die Vorteile eines Übertritts sieht Friedländer freilich vor allem im Gewinn der staatsbürgerlichen Rechte. Obgleich er in dem Schreiben im Wesentlichen die Forderungen für eine Erziehungs- und Religionsreform aus der oben bereits dargestellten Schrift wiederholt, kommt er damit auch auf etwas Neues zu sprechen. Er betont, dass es nur gerecht sei, wenn die Juden rechtlich den Christen gleichgestellt würden, erst recht wenn sich erstere nur noch durch einen Aspekt des Christentums unterschieden, welcher für Friedländer zu vernachlässigen ist. Für Christen ist es freilich der eigentliche Glaubenssatz, dass Jesus der Messias ist und auch deshalb wird der Probst Friedländers Ersuchen abgelehnt haben. Für Friedländer stellte eine Religionsvereinigung auch den komplementären Schritt zur sozialen Annäherung dar. Er schreibt:

> »Dazu kommt noch der Umgang mit den Christen, und die geselligen Verbindungen, in welche sie immer häufiger mit ihnen treten; dieses zusammen genommen mit der Bereitwilligkeit der Christen, sie als Glaubensbrüder aufzunehmen, muß nothwendigerweise den belasteten, vernachlässigten, mit unter auch verachteten, Juden bewegen, zur christlichen Religion ohne weitere Bedenklichkeit überzugehn. Er kann auf diese Weise, durch ein paar ausgesprochene Worte, alle die Vortheile des Lebens, alle die bürgerlichen Freiheiten sich verschaffen, die der redlichste Jude durch einen langen tadelfreien Lebenswandel sich nicht erwerben kann« (ebd., S. 80)

Offen spricht Friedländer aus, dass es ihm keinesfalls um die Anerkennung der christlichen Dogmen und des Glaubensbekenntnisses geht, sondern um die Behebung einer Ungerechtigkeit. Seine Enttäuschung über das langsame Voranschreiten der Emanzipation kommt besonders im letzten Satz zum Ausdruck. Die Hoffnung, durch Aneignung allgemeiner Bildung und weitgehender Aufgabe der jüdischen Sonderstellung, in die Mehrheitskultur auch rechtlich aufgenommen zu werden, ist enttäuscht worden. Die Juden begannen bereits, sich im Bildungsbürgertum einzurichten. Ihre wachsende Bildung kam ihnen dabei zugute. Zahlreiche neu gegründete Judenschulen waren dem Beispiel der Berliner Freischule gefolgt und hatten allgemeine Bildungsinhalte in ihr Curriculum aufgenommen. Der Mehrheitskultur konnten sich aufgeklärte Juden zwar durch Bildung, ja indem sie das spezifisch Jüdische in der von Friedländer geforderten Weise ablegten, annähern. Doch erfüllte die Bildung damit auch ihre Funktion, zur Verbürgerlichung beizutragen und »gesellige Verbindungen« zu ermöglichen, die Emanzipation war ihr Lohn nicht.

Friedländer widerstrebt es nun, »auf dem langsamen Wege fortzuschreiten« (ebd., S. 83) und weiter auf die Emanzipation als Lohn stetiger *Verbesserung* – die nun einen durchaus zynischen Beigeschmack erhält – zu hoffen. Friedländer mahnt bei der christlichen Obrigkeit an, dass durch eine weitere Verzögerung der Drang zu Bildung und Nützlichkeit unter den Juden wieder abnehmen könnte. Es sei aber sein »sehnlicher Wunsch«, durch den Übertritt »bei unsern Nachkommen die intellektuellen und körperlichen Kräfte entwickelt zu sehen« (ebd., S. 84). Der Fortgang der Ausbreitung allgemeiner Bildung unter den Juden liegt Friedländer also am Herzen. Er sieht Bildung und Akkulturation tatsächlich als Medien der Emanzipation, umgekehrt aber ist ihm die rechtliche Gleichstellung auch Ansporn zu weitergehender Annäherung. Deshalb wird er auch häufig als Wegbereiter der Assimilation dargestellt. Es muss aber gesehen werden, dass ein Stufenmodell der Assimilation, wie es z.B. Richarz vertritt, die den Fortgang der Assimilation von Mendelssohn über Friedländer bis ins 19. Jahrhundert verfolgt, eine einseitige Perspektive mit sich bringt (vgl. Richarz 1974, S. 9). Tatsächlich ist es zu einer Assimilation, wie noch argumentiert werden soll, nicht gekommen, sofern unter diesem Begriff ein völliges Aufgehen, genauer: Verschwinden der jüdischen Minderheit in der Mehrheitskultur verstanden wird.

Da sich Bildung zunächst nicht als geeignetes Argument im Kampf um die Emanzipation bewährt hat, griff Friedländer zu dem beschriebenen Mittelweg zwischen Taufe aus bloßem Opportunismus und der Beibehaltung des status quo. Nicht der christlichen Heilslehre wollte er sich unterwerfen, sondern den ewigen Wahrheiten und den aus ihnen »fließenden Pflichten als Mensch und als Staatsbürger« (ebd., S. 86). Sein Ziel hat Friedländer abermals nicht erreicht. Die durch das Sendschreiben ausgelöste Diskussion, an der sich neben Teller auch Schleiermacher beteiligte, kam im Ergebnis zu einer Ablehnung gegenüber einer Aufweichung konfessioneller Grenzen (vgl. dazu auch die historische Einführung zu: Schleiermacher 1984, S. LXXX f.). Teller ließ aber die Möglichkeit der Emanzipation bestehen, sofern die Juden die als vernunftwidrig erachteten Zeremonialgesetze aufgeben würden (vgl. Lohmann 2002, S. 300). Diese Ansicht widersprach derjenigen Friedländers nicht, schob aber die tatsächliche Möglichkeit der Emanzipation weiter hinaus. Nicht, wie noch von Mendelssohn erhofft, die Aneignung von Bildung und die Vereinigung von Judentum und Vernunft sollten die Emanzipation bringen, sondern erst die Aufgabe beinahe alles Jüdischen.

Friedländers Schreiben trug wohl auch zur Rechtfertigung religiöser Indifferenz bei, die von ihm zwar nicht beabsichtigt war. Sein Schreiben kann als ideelle Begleitung des Fortgangs der Akkulturation und Verbürgerlichung betrachtet werden. Der Gebrauch des Begriffs Akkulturation ist deshalb angebrachter als die Rede von der Assimilation, weil Friedländer tatsächlich nicht die gänzliche Aufgabe der jüdischen Lehre forderte und sich vom Atheismus distanzierte (vgl. Friedländer 1799, S. 85), sondern sich um ihre »Bewahrung ... und ihre Integration in die bürgerliche Gesellschaft« (Lohmann 2002, S. 299) bemühte. Indem er die sittlich bildenden Aspekte des Judentums, also die Vernunftwahrheiten, betonte, versuchte er die Bedenken christlicher Meinungsführer wie Immanuel Kant, die den ethischen Gehalt des Judentums weiterhin hinterfragten, zu zerstreuen (vgl. ebd., S. 298 f.). Lohmann verweist darauf, dass in der Aufklärungsphilosophie grundsätzlich die »moralische Bildung zur Bedingung für die Einbindung des Einzelnen in das Gesellschaftsganze« (ebd., S. 299) gemacht wurde. Friedländer stellte die Fähigkeit der Juden zu solcher Bildung in seinem Sendschreiben erneut heraus. Damit nahm er einen Topos Mendelssohns auf, wenngleich er die Vervollkommnungs- und Bildungsfähigkeit der Juden stärker in den Rahmen der Akkulturation stellte.

Um die in der Überschrift angedeutete Frage zu beantworten, muss bemerkt werden, dass Friedländer augenscheinlich bereit war, das Judentum aufzugeben und sich damit die Emanzipation zu erkaufen. Jedoch handelt es sich dabei nicht eigentlich um die Essenz des Judentums (die Abwesenheit von Dogmen, die sittlich bildenden Vernunftwahrheiten), welche aufgegeben werden soll, sondern gewissermaßen um die Etikettierung. Indem Friedländer in seiner Argumentation das Wort *Judentum* versucht zu vermeiden und vielmehr vom *mosaischen System* oder schlicht vom *Mosaismus* spricht, geht es ihm wesentlich um die Aufhebung der offensichtlichen Unterschiede zwischen Christen und Juden.

In aller Deutlichkeit tritt dieser Aspekt in dem dritten bedeutsamen Schreiben Friedländers zur Erziehung und Bildung der Juden zutage. Dieses soll im Folgenden im Hinblick auf die Akkulturation der Juden erläutert werden, ohne zu sehr auf die sich in allen Schriften Friedländers wiederholenden Argumentationsstränge einzugehen, welche ausführlicher bereits im vorangegangenen Punkt besprochen wurden.

Zum Verständnis von Friedländers Schrift »Über die neue Organisation der Judenschaften ...« (Friedländer 1812) ist es unablässig, auf die vor ihrem Erscheinen endlich erfolgte rechtliche Gleichstellung der preußischen Juden durch das Edikt vom 11. März 1812 hinzuweisen.[28] Obgleich das Edikt den Juden die allgemeinen Staatsbürgerrechte erteilte, kann es nicht als Endpunkt des Emanzipationsprozesses angesehen werden, da die in ihm eingeräumten Rechte bald wieder beschränkt wurden (vgl. Eliav 1960, S. 240 ff.). Zunächst aber erregte das Gesetz, welches das jüdische Schulwesen unter staatliche Kontrolle stellen sollte, Friedländers Beifall. In der Tat hatte er als erster jüdischer Stadtrat wohl einen gewissen Einfluss auf die Gestaltung des Edikts genommen (vgl. Lohmann 2002, S. 300). Da dieses aber das Schulwesen wie auch den rechtlichen Status der jüdischen Religion noch unberücksichtigt ließ, sah sich Friedländer aufgefordert, einen Beitrag zur Neugestaltung des Gottesdienstes wie des Schulwesens zu leisten. Friedländer ging nun davon aus, dass eine Umbildung des Gottesdienstes der anstehenden Reform des Unterrichts- und Erziehungswesens und damit einer sinnvollen Einwirkung auf die Jugend vorausgehen müsse: »Ohne eine solche Umformung würde weder diese, noch die Nachkommenschaft ... die Wohltaten genießen können, die ihnen die Einbürgerung und Gleichstellung mit anderen Unterthanen zusichert« (Friedländer 1812, S. 3). Zur Fortdauer des Judentums und zum Fortgang der Bildung unter den Juden sei eine Reform unabdingbar. Damit greift er ein Motiv auf, welches später durch Hirsch in die Orthodoxie, durch Geiger in das liberale Judentum auf je sehr unterschiedliche Weise eingeführt werden sollte. Sowohl wesentliche Teile des jüdischen Ritus als auch einige Gebete seien nun gänzlich überflüssig, da etwa nicht um die Rückkehr ins gelobte Land gebeten werden müsse. Erneut betonte Friedländer den Vorrang der deutschen Sprache vor dem Hebräischen, nun nicht mehr nur in der Schule, sondern auch in der Synagoge, wo die Gebete künftig auf Deutsch abgehalten werden sollten (vgl. ebd., S. 12). Er nahm damit bereits spätere Reformen des

---

28 Ein Abdruck des Edikts findet sich in: Freund 1912, S. 455-459.

liberalen Judentums argumentativ vorweg. In Anlehnung an Schleiermachers Betonung der individuellen Beziehung zu Gott und gewiss auch unter dem Einfluss der romantischen Innerlichkeit, sollten auch im Judentum die Gebete vor allem der geistigen und seelischen Erbauung dienen, was freilich in deutscher Sprache, der lebendigen Sprache des Alltags, besser hätte gelingen können als in der seinerzeit sonst nicht gesprochenen hebräischen Sprache.

Erneut geht Friedländer auf die Zunahme von Kontakten zwischen Juden und Christen ein, welche die Notwendigkeit mit sich bringe, die Unterschiede zwischen beiden Konfessionen weiter zu verwischen. Das zu erreichen, sei der Schulunterricht vornehmlich geeignet. Veränderungen in Erziehung und Bildung(sinhalten) seien unvermeidlich:

> »Hausväter ... müssen bei der Bildung ihrer Kinder immer mehr Rücksicht darauf nehmen, alle Schwierigkeiten aus dem Wege zu räumen, die sich ihnen entgegenstellen dürften. Der Unterricht der Jugend muß die Richtung nehmen, allen Unterschied im äußern Ansehn, in Sprache, Dialect, Kleidung und so weiter aufzuheben, welche den israelitischen Knaben bisher zu seinem Nachteil auszeichnete« (ebd., S. 10).

Auffällig ist an dieser Forderung, dass sie eine einseitige Anpassung der Juden an die Mehrheitskultur impliziert. Insofern kann natürlich von Interkulturalität keine Rede sein. Die Christen dazu zu bewegen, das Judentum als gleichwertige Vernunftreligion anzuerkennen, war nicht mehr Anliegen Friedländers. Er bezweckte »vor allem die Integration der Juden in die bürgerliche Gesellschaft, die Befähigung des gesellschaftlichen Umgangs miteinander« (Lohmann 2002, S. 301).

Friedländer, der zu diesem Zeitpunkt noch von der dauerhaften Geltung des Edikts überzeugt sein musste, glaubte, dass die »Wohltat der Einbürgerung die Gleichstellung an Rechten und Pflichten mit anderen Unterthanen auf ewig bestimmt« (Friedländer 1812, S. 10) und letztlich allen Juden die Notwendigkeit allgemeiner Bildung und einer Erziehung nach weltlichen Maßstäben aufzeigen würde. Sinn und Zweck der religiösen Gelehrsamkeit werden von Friedländer grundsätzlich angezweifelt (vgl. ebd., S. 11).

Friedländer plädiert für die gemeinsame Unterrichtung christlicher und jüdischer

Schüler. Die jüdischen Schulen mit ihrem Hebräisch-Unterricht seien nun gänzlich überflüssig, da sie dem jüdischen Staatsbürger nicht mehr von Nutzen seien (vgl. ebd., S. 14). Dennoch behält die vernünftige Religion ihre Berechtigung. In diesem Text erwähnt Friedländer in aller Klarheit den eigentlichen Zweck der Religion, so auch des Judentums. Dieses dürfe nicht aufgehoben werden, weil: »Mangel an ernsthaften Betrachtungen, an Ehrfurcht vor Gott, mindert allmählich die Liebe und Achtung zu Eltern und Nebenmenschen, ertödtet die heiligsten Empfindungen und führt endlich zu der Eigensucht, welche die moralische Krankheit des Jahrhunderts ist« (ebd., S. 13). Dieses Motiv findet sich später bei Hirsch wieder und deutet auf durchaus ähnliche Grundvoraussetzungen im Denken von Liberalen und Orthodoxen hin.

Die religiöse Erziehung soll aber nach Friedländer auch von der staatlichen Schule übernommen werden und zwar in einem dafür einzurichtenden separaten Religionsunterricht. Die ansonsten gemeinsame Unterrichtung von jüdischen und christlichen Schülern, so Friedländers Hoffnung, vermehrt die Toleranz zwischen den Konfessionen. Der Schulunterricht ist ihm insofern auch ein Mittel der Akkulturation, der kulturellen Angleichung an die christliche Mehrheitskultur: »Mit der Erwerbung der allen Ständen gleich nothwendigen Kenntnisse in den allgemeinen Schulen ist auch der nicht zu berechnende Vorteil verknüpft, daß die Kinder aller Confessionen in früher Jugend sich kennen, ertragen und lieben lernen« (ebd., S. 14).

Friedländers Vorstellungen von einer gemeinsamen Unterrichtung, speziell vom staatlich organisierten Religionsunterricht und von der grundlegenden Reform des jüdischen, synagogalen Ritus, stießen auf Ablehnung sowohl der traditionellen Kräfte innerhalb der jüdischen Gemeinden als auch der preußischen Obrigkeit. Letztere war in der Restaurationszeit prinzipiell am Erhalt religiöser Differenz interessiert. Ein Beschluss des Königs verhinderte 1823 jegliche Reformen des Ritus. Die Spannungen innerhalb des Judentums zwischen liberalen Reformern und Orthodoxen begannen sich bald in Spaltungen der jüdischen Gemeinden niederzuschlagen, die schließlich auch die Obrigkeit nicht mehr ignorieren konnte.

Uta Lohmann fasst Friedländers Bildungskonzeption dahingehend zusammen, dass er die Aneignung von Bildung als eine von den Juden selbst aktiv zu befördernde Leistung ansah. Als Angehöriger der schmalen jüdischen Elite habe es Friedländer als seine Aufgabe angesehen, die »kulturell und sozial isolierte jüdische Bevölkerung Preußens« (Lohmann 2002, S. 302) zu erziehen. Damit habe er »das Bildungsproblem zum Politikum und Mittel zum Zweck der säkularen, außerhalb der religiösen Tradition liegenden Zielsetzung der bürgerlichen Gleichstellung und des sozialen Aufstiegs« (ebd.) gemacht. In der Tat hat Friedländers nach Mendelssohn und Wessely sicherlich weit konsequenteres, bisweilen radikales Eintreten für Reformen im jüdischen Erziehungswesen und für eine Umbildung der jüdischen Religion überhaupt, den Verbürgerlichungsprozess stark geprägt. Friedländer machte sich anders als jene den kantischen Gedanken der Spätaufklärung zu eigen, dass das Austreten aus der – im Falle der Juden zwar kaum selbstverschuldeten – Unmündigkeit Aufgabe der jüdischen Erziehung werden müsse.

Fanden seine Vorschläge auch keine unmittelbare Umsetzung, so entfalteten sie doch ihre Wirkung spätestens hinsichtlich der liberalen Religionsreformen des 19. Jahrhunderts und mittelbar mit Blick auf die Regeneration der Orthodoxie, die sich in einer Art Gegenbewegung das deutsche Bildungsideal auf andere Weise aneignete. Beide, Liberale in der Nachfolge der Radikalaufklärer und Orthodoxe rezipierten den Bildungsgedanken aber auf eine Weise, welche die Kompatibilität von Judentum und bürgerlicher Gesellschaft beförderte.

Lohmanns Feststellung, dass ein »'geselliger Umgang' zwischen Juden und Christen auf gleichberechtigter Basis ... faktisch nur nach Friedländers drittem Aspekt der *kulturellen* Angleichung möglich« (ebd., S. 304) war, soll hier das Schlusswort bilden. Die Juden mussten sich, wie es in der Folgezeit auch viele taten, ihrer *Fremdartigkeit* entledigen, um unter christlichen Bürgern volle Anerkennung zu finden: »Durch die Ausklammerung sprachlicher, ethnischer und kultureller Heterogenität wurde die jüdische Kultur von einer Minderheitenkultur zu einer Subkultur transformiert« (ebd.). Daran wirkte schließlich auch die Orthodoxie mit.

5.3 Die Gefahr der Säkularisierung

Im Folgenden soll eine Brücke geschlagen werden zwischen der Argumentation radikaler Aufklärer wie Friedländer mitsamt deren liberaler Nachfolger und der jüdischen Orthodoxie, die ihren eigenen Umgang mit den Herausforderungen der Moderne pflegte. Gleichzeitig dient dieser Unterpunkt einem Überblick über die intellektuelle, ideelle und rechtliche Situation der preußischen Judenheit zu Beginn des 19. Jahrhunderts.

Die Konfrontation der deutschen Juden mit der Moderne kann als ausgezeichnetes Beispiel dienen für die Probleme, welche mit der Transformation einer Religion verbunden sind: »... here, as if in a laboratory, we have an excellent example of the problems and dangers inherent in such a secularization and modernization of religion.« (Mosse 1980, S. 250)

Die Modernisierung der jüdischen Religion setzte laut Mosse mit der Emanzipation plötzlich und rasch ein (vgl. ebd., S. 249). Er kann hier nur auf die rechtliche Gleichstellung in Preußen im Jahr 1812 abzielen, jedoch verwendet er den Begriff zugleich für den langwierigen Prozess der Emanzipation, insbesondere während der ersten Jahrzehnte des 19. Jahrhunderts. Letzteres würde aber das behauptete plötzliche Einsetzen einer Modernisierung umso fragwürdiger erscheinen lassen. Es liegt auf der Hand, dass der Emanzipation eine teilweise Modernisierung bereits vorausging, dieser Erneuerungsprozess aber mit ihr einen zusätzlichen Schub erhielt. Battenberg weist auf die Reformbestrebungen der späten Aufklärungszeit hin (vgl. Battenberg 1990, Teil II, S. 155), welche etwa in Friedländers 1799 anonym an den Berliner Probst Teller gerichtetes »Sendschreiben von einigen jüdischen Hausvätern« deutlich hervortraten. Friedländer schreckte hier wie erwähnt sogar vor der Idee eines Aufgehens des Judentums im Christentum nicht zurück (vgl. Friedländer 1799). Es bleibt festzuhalten, dass zu Beginn des 19. Jahrhunderts auch eine »destabilisierende Wirkung des Emanzipationsangebots« (Battenberg 1990, Teil II, S. 155) feststellbar war.

Der 1812 schließlich scheinbar gewonnene rechtliche Status wollte gesichert werden, indem man die eigene Modernität unter Beweis stellte. In sozialer und ökonomischer Hinsicht standen (freilich nicht nur) die Juden ohnehin unter dem ständigen Zwang ihren Status zu behaupten. Gleichzeitig ließ die neue, wenn auch wackelige Rechtssicherheit eine andere Weise der Beschäftigung mit Religion, eben auch ein Anknüpfen an die Tradition zu. Es kam zu gegenläufigen Entwicklungen innerhalb des Judentums. Nicht von ungefähr bildeten bzw. verfestigten sich in den folgenden Jahrzehnten die drei wesentlichen Strömungen innerhalb des modernen Judentums (orthodoxes, liberales und konservatives Judentum).

Von Interesse ist aber nun, dass Mosse die Säkularisierung der jüdischen Theologie eher passiv motiviert sieht. Die Tatsache der Emanzipation habe die Juden vor die Wahl gestellt, entweder den Herausforderungen der Moderne durch Assimilation zu begegnen oder aber sich wieder ins Ghetto zurückzuziehen (vgl. ebd., S. 249 f.). Wie Mosse weiter darlegt, sei die natürliche Wahl die Anpassung an die (in Preußen vorherrschende) protestantische Mehrheitskultur gewesen, was für die jüdische Religion eine weitgehende Privatisierung zur Folge hatte (vgl. ebd., S. 250). Die Religion diente spätestens seit der Romantik, aber auch schon im Pietismus, vor allem der Erbauung. Insofern nun das verbürgerlichte Judentum sich einer eher privaten Religiosität zuwendete, welche mehr das Gefühl betonte und weniger eine geistige Auseinandersetzung beinhaltete, entfernte es sich jedenfalls auf dem Gebiet der Religion vom Denken der Maskilim. Diese hatten das religiöse Leben reformieren wollen, jedoch dabei die Vereinbarkeit von Vernunft, Bildung und Religion nicht aus den Augen verloren. Der Bildungsgedanke hatte sich an der Wirklichkeit bewähren müssen und hatte sich auch unter den bürgerlichen Juden bereits vom aufklärerischen und neuhumanistischen Ideal der Selbstvervollkommnung gelöst. Bildung war zur Funktion bürgerlichen Daseins geworden, zum statussichernden Besitz in beruflicher Perspektive einerseits, zur Voraussetzung einer Mitgliedschaft in der bürgerlichen Kultur andererseits. Das Jüdische war nunmehr zwar ein Teil der Identität, hin und wieder auch ein Makel oder Hindernis, jedoch nicht mehr wesentlicher Bestandteil des alltäglichen Lebens, des Bemühens um

Veredelung der eigenen Persönlichkeit. Das Judentum war für viele zur bloßen Religionszugehörigkeit geworden. Da erschien der vermeintlich letzte Schritt zur völligen Assimilation manchen längst opportun. In Preußen ließen sich knapp 6000 in der Mehrheitskultur angelangte Juden, denen die Mahnungen Mendelssohns und der ersten Maskilim vor religiöser Indifferenz mittlerweile ganz unbekannt waren oder zumindest unbegründet erschienen, im Laufe des 19. Jahrhunderts taufen (vgl. Richarz 1989, S. 31). Es ist jedoch zu bemerken, dass dies mehr der anders nicht erreichbaren Emanzipation geschuldet war als einem plötzlichen Gesinnungswechsel. Der Übertritt zum Christentum erfolgte wohl nur bei wenigen aus Glaubensgründen.[29] Der Nutzen der christlichen Konfession überstieg schlichtweg deutlich spürbar den der jüdischen (vgl. Rosenbüth 1977, S. 296). Heinrich Heines Bemerkung, die Taufe sei das »Entree-Billet zur europäischen Kultur« (Heine, zitiert in: Marcuse 1960, S. 60), ist in diesem Zusammenhang zum geflügelten Wort geworden.

Es sei hier noch einmal an Friedländers Vorschlag erinnert, das Judentum in das Christentum zu integrieren, ein Gedanke, welcher aus der Idee der Vernunftreligion ebenso resultierte wie aus pragmatischen Erwägungen. Die Ablehnung dieses Vorschlags nicht nur durch einen berlinischen Aufklärungstheologen ist paradigmatisch für die mangelnde Kompromissbereitschaft der Mehrheitskultur, welche die außerordentliche Opferbereitschaft der aufgeklärten Juden kaum anerkannte. Anders ausgedrückt: Die Erwartung der Mehrheitskultur ging eindeutig in Richtung einer völligen Assimilation, ohne aber die Leistungen und das Entgegenkommen der Juden, ihre außerordentliche Bereitschaft zur Akkomodation, genügend zu honorieren. Für die bürgerlichen Juden bedeutete das, dass sie die gewünschte vollständige Integration in die Mehrheitskultur vorerst (nämlich mindestens bis zur Reichsgründung 1871) nur auf dem Weg der Taufe erreichen konnten. Ludwig

---

29 Natürlich ließen sich aus den genannten Gründen, also nicht aus Angst vor Verfolgung, auch schon früher Juden taufen. Im 18. Jahrhundert konvertierten Juden »aus rein materiellen Gründen« (Schochat 1960, S. 340), wobei »die Getauften aus verschiedenen Kreisen und gesellschaftlichen Schichten kamen« (ebd., S. 341), unter denen sich also Gelehrte ebenso fanden wie Bettler. Schochat widmet der Konversion zur Zeit der Frühaufklärung ein recht detailreiches Kapitel (vgl. ebd., S. 309-348).

Marcuse hat diesen Sachverhalt etwas zugespitzt, aber treffend so formuliert: »Man trat nicht über aus Sympathie für die christliche Lehre; erst recht nicht aus Sympathie für den christlichen Staat. Nicht zum Christentum, zu Europa trat man über.« (Marcuse 1960, S. 60)

Was aber war mit jenen, welche diesen Weg nicht zu gehen bereit waren? Schien er tatsächlich ohne Alternative zu sein? Es gab freilich auch Juden, welche gebildet und talmudisch gelehrt zugleich waren. Diese legten weiterhin Wert auf die Gebote und ein von der Religion mitbestimmtes Leben, ohne jedoch auf das angenehme Leben in der Bürgerlichkeit verzichten zu wollen. Eine Rückkehr ins Ghetto war in Preußen sowie in den übrigen deutschen Ländern ohnehin beinahe ausgeschlossen. Es bestand aber, wie bereits angedeutet, die Gefahr, dass das bürgerliche Leben und die zunehmende Identifikation mit deutschen Bildungsgütern, das Studium der Tora und des Talmud in den Hintergrund rücken ließ. Dieser Prozess lässt sich durchaus als Konfessionalisierung bezeichnen, insofern das Judentum ähnlich dem Protestantismus auf die wöchentliche Teilnahme am Gottesdienst sowie im privaten Rahmen auf die Feier der Feste reduziert zu werden drohte (vgl. Richarz 1989, S. 33), während das religiöse Wissen nicht mehr wie ehedem (und im traditionellen Ost-Judentum weiterhin) üblich einen hohen Stellenwert für jeden hatte, sondern zum Expertenwissen weniger Rabbiner wurde. Was Friedländer sich gewünscht hatte, trat im Laufe des 19. Jahrhunderts sukzessive ein, jedoch nicht so sehr aus Gründen der Vernunft, sondern vielmehr aus sozio-ökonomischer Notwendigkeit. »Da nun das Überkommene sonderbar erschien und dem Aufstieg im Wege stand, schüttelte man es nur zu oft ab oder engte die Zugehörigkeit zum Judentum in eine bloße Glaubensgemeinschaft, wobei man in erster Linie sich meist von der Bindung zum Gesetz lossagte« (Rosenblüth 1977, S. 294). Diesem Prozess stellte sich die im Laufe des 19. Jahrhunderts entstehende bzw. sich regenerierende Orthodoxie entgegen. Diese Richtung entstand aus der Ablehnung der Abkehr vom traditionellen Judentum einerseits, aus der Einsicht in dessen Reformbedürftigkeit andererseits. Ein Protagonist, ja Mitbegründer, der orthodoxen Bewegung war Samson Raphael

Hirsch. Dieser talmudisch gelehrte, aber auch mit profanem Wissen ausgestattete Rabbiner war um das schwindende religiöse Wissen unter den Juden besorgt, aber ebenso von der Notwendigkeit allgemeiner Bildung überzeugt, ohne welche ein Leben inmitten der modernen Gesellschaft unmöglich geworden war.

6. Die jüdische Orthodoxie: Ein anderer Weg in die Moderne

6.1 Säkularisierung und Emanzipation aus Sicht der traditionellen Rabbiner

»Selten fand eine so radikale geistige und seelische Erschütterung im Bewußtsein einer Gemeinschaft statt, wie dies im Leben der deutschen Judenheit zu Beginn des neunzehnten Jahrhunderts der Fall war. Diese Gemeinschaft war im gesellschaftlichen und geistigen Bereiche fast völlig nach innen gerichtet, und nun in einer kurzen Zeit brach ihre traditionelle Glaubens- und Lebenswelt fast ohne Übergang zusammen, vor allem in den großen Städten.« (Rosenblüth 1977, S. 293)

Die Umstände der von Rosenblüth benannten Erschütterung sollten bislang hinreichend klar geworden sein. Der konkrete intellektuelle Vollzug der jüdischen Aufklärungsbewegung hat ebenso seine Darstellung gefunden wie deren praktische Auswirkungen auf bzw. Wechselwirkungen mit Schule, Erziehung und Gesellschaft. Es wurde gezeigt wie das jüdische Ziel der Emanzipation zurückgestellt werden musste zugunsten der eher erreichbaren Verbürgerlichung, wie überhaupt der Aufklärungsgedanke und die Idee der Zweckfreiheit von Bildung gegenüber Nützlichkeitserwägungen an Bedeutung verloren. Schließlich hat sich die gewissermaßen notgedrungene Abkehr vom Judentum, so nicht nur Friedländers Kalkül, als letztes Akkomodationsangebot zum Zwecke der Emanzipation als überflüssig herausgestellt. Die Assimilation durch die Mehrheitskultur erwies sich mehr und mehr als illusorisch. Nichts dergleichen lag nun freilich im Interesse der traditionellen Rabbiner. Ihnen lag nur die Bewahrung des Judentums am Herzen, sei es auch um den Preis der völligen sozialen und geistigen Isolation. Sie bemühten sich selbst nicht im Geringsten um deren Überwindung und waren somit, wie Rosenblüth es ausdrückt, »naturgemäß behindert« (ebd., S. 295). Ihre Autorität war geschwunden, der Einzelne verließ sich mehr auf sein eigenes Urteil und unterstellte alles, auch die Religion, dem Ziel des sozialen Aufstiegs. Ihre Unkenntnis profanen Wissens, ihre Skepsis gegenüber jedweder Neuerung, so etwa ihre Ablehnung der Tora-Übersetzung Mendelssohns, nahm den traditionellen Rabbinern zusehends jede Möglichkeit der Einflussnahme. Erst Samson Raphael Hirsch, ein traditioneller Rabbiner aus aufgeklärten Kreisen, vermochte es, der jüdischen Tradition wieder

Gehör, ja eine Zukunft zu verschaffen. Er bewegte sich nämlich mit einiger sicherer Gewandtheit in beiden Welten, der Welt der Bildung und der von Talmud und Tora. Diese lange unvereinbar erscheinenden Welten zusammenzuführen, war der Kern seines Strebens. Es ging also nicht um »eine bloße Addition der jüdischen und profanen Fächer«, wie Eliav hervorhebt, sondern um »ihre völlige Verschmelzung ..., da alle Lehrfächer von einem klar religiösen Geist durchzogen sein müßten und als Mittel zur Schaffung einer religiösen Weltanschauung dienen sollten« (Eliav 1960, S. 291). Eliavs Kennzeichnung solcher religiös fundierter Bildung ist womöglich missverständlich, wenn sie so gelesen wird, als könnte eine orthodoxe Erziehung allgemeine Bildung stets nur im Dienste der Tora berücksichtigen. Hirschs Konzeption war aber mehr als »eine traditionelle Erziehung im modernen Gewand« (ebd.), wesentlich ist nämlich das Moment der Verschmelzung: jüdische Bildung wird als die wahre Bildung konstruiert. Bekannt geworden ist das orthodoxe Bildungskonzept unter der Bezeichnung *Tora 'im derech erez*, was »Jüdische Gesetzeslehre verbunden mit allgemeiner Bildung« (ebd.) bedeutet.

Hirsch unterschied sich durch die konsequente Beibehaltung des Religionsgesetzes von den späteren Maskilim und Liberalen, die noch versucht hatten, das Judentum mit der neuen Zeit kompatibel zu machen, auch wenn das die Aufgabe jüdischer Eigenarten bedeutete. Von den traditionellen Rabbinern vor seiner Zeit unterschied er sich augenscheinlich durch seine Weltgewandtheit und Offenheit für deutsche Kultur. Bevor sein Ringen um eine neue Orthodoxie thematisiert werden kann, sind hier zunächst einige Worte zu seinen geistigen Vorgängern angebracht. Diese hatten sich, wie bereits erwähnt, der deutschen Kultur und dem Bildungsgedanken noch sehr verschlossen gezeigt. Zahlreiche orthodoxe Rabbiner hatten Mendelssohns Bibelübersetzung von 1783 mit dem Bann belegt und nicht selten wurden Gemeindemitglieder, deren Gesetzestreue zu wünschen übrig ließ, aus der Gemeinde ausgesondert. Das waren freilich vergebliche Versuche, das Denken der neuen Zeit vom Judentum fernzuhalten. In Preußen wurde 1792 auf Drängen Friedländers der rabbinische Bann aufgehoben (vgl. Seligmann 1922, S. 25). Die jüdischen

Gemeinden »hatten nicht mehr den Charakter einer autonomen Rechtsgemeinschaft und konnten somit keine Druckmittel mehr ausüben, vielmehr waren sie darauf angewiesen, die Mitglieder der Gemeinde zu überzeugen und dazu waren sie nicht bereit und nicht imstande« (Rosenblüth 1977, S. 296). So wurden die Bedenken der traditionellen Rabbiner meist ignoriert, wenn nicht verspottet. Dennoch beharrten sie auf der Unantastbarkeit der Tradition und erlaubten das Erlernen weltlichen Wissens wie seit alten Zeiten üblich nur, wenn es dem religiösen Studium diente oder sofern es für die Ausübung eines Berufes unbedingt von Nöten war. Die Sorge des Rabbiners Moses Sofer, der in den ersten Jahrzehnten des 19. Jahrhunderts in Preßburg wirkte, erscheint besonders interessant. Seine Skepsis gegenüber der Akkulturation war nicht nur theologisch begründet: er wandte sich gegen die Emanzipation, »weil sie die Tradition bedrohe und eine Annäherung zu den Nichtjuden herbeiführen würde, wodurch, wie er voraussah, nach göttlicher Fügung der Judenhaß gesteigert würde« (ebd., S. 295). Diese Vorahnung bezüglich des bürgerlichen Antisemitismus, hier in abergläubischem Gewand, erscheint rückblickend angesichts der Ende des 19. Jahrhunderts sich mehrenden judenfeindlichen Tendenzen im deutschen Bürgertum nicht ganz unberechtigt.

Die Erkenntnis, dass bloßes Verharren in alten Verhaltensmustern, dass rein negative Reaktionen auf die Moderne der Bewahrung des Judentums nicht dienlich sein würden, setzte sich offenbar auch bei den traditionell gesinnten Rabbinern allmählich durch (vgl. Richarz 1989, S. 32). Kaum verwunderlich erscheint es, dass dies spürbar erst mit dem Ende der Haskala um die Jahrhundertwende geschah. Dann taten sich besonders zwei traditionelle Rabbiner hervor, indem sie bereits erst Schritte in Richtung einer Reform des tora-treuen Judentums unternahmen: Isaak Bernays (1792-1849) und Jakob Ettlinger (1798-1871). Beide gehörten zu den ersten Vertretern der gesetzestreuen Judenheit, die sich auch weltliches Wissen angeeignet hatten (vgl. Rosenblüth 1977, S. 301). Mit ihrer Hilfe lernte der junge Samson Raphael Hirsch in Hamburg, später in Mannheim Talmud und Tora kennen. Speziell das Wirken Bernays' soll nun, in der Darstellung Rosenblüths, nachgezeichnet werden. Bernays leitete die fruchtbare Verbindung von Tradition und Moderne ein und leistete Hirsch dadurch wertvolle Vorarbeit. Die Reformbedürftigkeit des Judentums war Bernays wie auch seinem Schüler Hirsch gleichermaßen bewusst. Er bejahte im Gegensatz zu den liberalen Reformern die Gebote und Verbote in ihrer Gänze bei gleichzeitiger Einsicht in die Notwendigkeit, ihren Sinn der gegenwärtigen Generation nahe zu bringen. Zu Bernays' Lehrern zählte Schelling, bei dem er studiert hatte und über diesen auch Herder. Beide beeinflussten ihn durch ihre Betonung der universalen Bedeutung der Bibel.[30] Die Aufwertung der Tora, deren Bedeutung neben dem Talmudstudium auch schon von Wessely angemahnt worden war, erreichte so über den Umweg der Philosophie die Orthodoxie. Während Wessely noch den Unmut der traditionellen Rabbiner auf sich gezogen hatte, setzte sich der Bibelunterricht später in orthodoxen Schulen durch. Ebenfalls bei Wessely findet sich der Aufruf zum Erlernen des Hebräischen nicht nur als Schriftsprache, dem sich Bernays anschloss.

Der Vernunftreligion der Aufklärungsepoche begegnete Bernays mit der durchaus romantischen Erkenntnis, »daß die Vernunft allein nicht zur vollen Erfassung der Wirklichkeit führen und nicht den Quell des religiösen Lebens bilden könne« (ebd., S. 298). Ein Gedanke, den Hirsch später fortführen sollte, genauso wie die Idee, das Judentum »diene dem Menschengeschlecht als Vorbild, indem es gleichsam als erste Reformation die von Gott abgefallene Menschheit wieder zu ihm zurückführe« (ebd., S. 298 f.). Insgesamt bereitete Bernays einer romantischen Sichtweise des Judentums den Weg, die sich »mehr an die schöpferischen Kräfte der Phantasie« (ebd., S. 298) wandte und welche sich natürlich deutlich unterschied von der liberalen Reduktion des Judentums auf seine auch vernunftmäßig zu durchdringenden Inhalte.

Als Bernays 1821 als Rabbiner ins liberale Hamburg kam, stellte er mit seinem Festhalten an der jüdischen Tradition bei gleichzeitigem Besitz europäischer Bildung eine Ausnahmeerscheinung dar. Seine Predigten hielt Bernays, auch das war für einen

---

30 Vgl. hinsichtlich des zwiespältigen Verhältnisses Herders zum Judentum die Analyse von Kirn, der Herders Würdigung der jüdischen Tradition dessen Forderungen nach Assimilation und Kritik am rabbinischen Judentum gegenüberstellt: Kirn 2004, S. 131-146.

gesetzestreuen Rabbiner ein Novum, in deutscher Sprache. Er gestaltete den Unterricht an der dortigen jüdischen Tagesschule gemäß seinen Vorstellungen um und sorgte sowohl für ein gründliches Bibelstudium als auch für eine Ausdehnung des Unterrichts in den allgemeinen Fächern und in deutscher Literatur. »Seit jener Zeit«, so Seligmann, »gehört die deutsche Bildung und die deutsche Predigt zu dem unbestrittenen Inventar des deutschen orthodoxen Judentums« (Seligmann 1922, S. 87). Das machte sich aber wohl erst später so deutlich bemerkbar. Denn was eine Breitenwirkung Bernays' zunächst verhinderte, war mindestens zweierlei: er war nicht mit rhetorischen Fähigkeiten ausgestattet und hatte somit nur geringen Einfluss auf die Jugend. Des weiteren hinterließ er kein nennenswertes schriftstellerisches Werk (Rosenblüth 1977, S. 300 f.). Unter beiden Gesichtspunkten erwies sich ein besonders begabter Schüler seiner Hamburger Schule als der bessere Exponent der jüdischen Tradition. Samson Raphael Hirsch »wurde zum eigentlichen Begründer der modernen Orthodoxie« (ebd., S. 301).

In Mannheim traf Hirsch auf Jakob Ettlinger, welcher ähnlich Bernays der Erziehung besondere Aufmerksamkeit schenkte. Er reformierte die Rabbinerausbildung und verlangte neben jüdischen Studien auch das Studium an einer Universität. Damit trug er zu einer Entwicklung bei, an deren Ende der gleichermaßen talmudisch gelehrte und allgemein gebildete Rabbiner stehen sollte. Während nun die gesetzestreuen Rabbiner zur Zeit der Aufklärung noch mit Schmähungen, wie im Falle Wessely, und dem Beharren auf ihrer geistigen Isolation auf die Herausforderungen der Moderne reagiert hatten, waren Hirschs geistige Vorgänger schon wesentlich offener für Veränderungen. Sie bereiteten den Weg für Hirschs Versuch, durch eine überzeugende Argumentation die jüdische Tradition mit der Moderne in Einklang zu bringen, Judentum und Bildung zu vereinen.

6.2 Samsons Raphael Hirsch – Biographische Notizen und intellektueller Hintergrund

Samson Raphael Hirsch ist bekannt geworden als Begründer der jüdischen Neo-Orthodoxie. Im Folgenden wird auch verkürzend nur von Orthodoxie die Rede sein.[31] Hirsch gehörte jener Generation akademisch ausgebildeter Rabbiner an, die Anfang des 19. Jahrhunderts sowohl die Universität als auch die Talmudschule besuchte. 1808 wurde Hirsch in eine wohlhabende Hamburger Familie geboren, deren Selbstverständnis gleichermaßen aus Judentum und Aufklärung gespeist wurde (vgl. Sorkin 1987, S. 156). Sorkin spricht im Zusammenhang mit Hirschs Erziehung und familiärem Umfeld von seinem »maskilic background« (ebd., S. 157). In seiner Familie befanden sich bekannte Aufklärer. Hirsch besuchte zunächst eine Grundschule und dann das Gymnasium, also allgemeinbildende Einrichtungen, bevor er, wie bereits erwähnt, aus eigenem Antrieb ein intensives Studium bei dem orthodoxen Vordenker und Hamburger Rabbiner Isaac Bernays aufnahm, der ihn nachhaltig beeinflusste (vgl. Breuer 1987, S. *1*).

Mit 20 Jahren ging er nach Mannheim, um sich talmudischen Studien an der dortigen Jeschiva zu widmen (vgl. ebd.). Breuer bemerkt zu dieser ungewöhnlichen Wendung: »So etwas war damals ohne Beispiel: ein hochgebildeter und für alles Schöne der europäischen Kunst und Literatur aufgeschlossener Jude begeistert sich für Tora, Talmud und Schulchan Aruch!« (ebd., S. *4*). Während seine Eltern den Beruf eines Kaufmanns für ihn vorgesehen hatten, »Hirsch felt a personal calling to the rabbinate« (Sorkin 1987, S. 157). Zunächst folgte aber eine Zeit an der Universität in Bonn, wo er auf Abraham Geiger, den Mitbegründer des liberalen Reformjudentums, traf. Beide verband eine zeitweilige Freundschaft und gegenseitige Anerkennung.

---

[31] Diese Begriffsverwendung legitimiert sich dadurch, dass die Bezeichnung eines Teils des Judentums als Orthodoxie überhaupt erst nötig wurde durch die Spaltungen des Judentums im 18. und 19. Jahrhundert in orthodoxe, liberale und konservative Strömungen (vgl. hierzu auch: Battenberg 1990, Teil II, S. 155-174). Der Begriff Neo-Orthodoxie suggeriert aber die Existenz einer vorhergehenden Orthodoxie, welche hier schlicht als traditionelles Judentum bezeichnet wird. Zwar gab es auch zuvor schon verschiedene Richtungen im Judentum, so etwa den Chassidismus, sie unterschieden sich aber weniger in ihrer Gesetzestreue.

Wenig überraschend ist es jedoch, dass sie später den Kontakt verloren. Als Hirsch 1830 mit 22 Jahren zum Rabbiner von Oldenburg berufen wurde, hatte er weder einen Universitätsabschluss erlangt noch war er ein ordinierter Rabbiner. Was ihn für die Gemeinde wohl attraktiv machte, war dass er sich bis dahin weder auf Seiten der Reformer positioniert hatte, noch ein kompromissloser Traditionalist war. Kontroversen und Streit innerhalb der Gemeinde waren somit unwahrscheinlich und darauf kam es der Regierung, die den Rabbiner benennen durfte, an (vgl. ebd.). Während der elf Jahre in Oldenburg entwickelte Hirsch seine Gegnerschaft zu religiöser Reform und einer zu großen Anpassung an die Mehrheitskultur: »These were the years in which Hirsch formulated the foundations of his program« of neo-Orthodoxy, to whose realization he devoted the remainder of his career« (ebd.). Dieses Programm beinhaltet neben explizit religiösen Belangen des Kultus, des Gottesdienstes oder der Rolle des Hebräischen auch pädagogische Schriften, welche von Anweisungen für die häusliche Erziehung bis hin zu grundlegenden Erörterungen der Einbindung allgemeiner Bildung in das jüdische Schulwesen reichen.

Hirsch ging es um eine Erneuerung der Tradition unter veränderten Bedingungen. Es erscheint angebracht, sich kurz das grundsätzliche Ansinnen jüdischer liberaler Reformer im 19. Jahrhundert zu vergegenwärtigen, um sich im Gegensatz zu diesem Hirschs Position gewahr zu werden. Der praktische Zweck der liberalen Reformbewegung war die Suche »nach einer legitimen Methode, dem modernen Juden die Last religiöser Gesetze zu erleichtern, so daß er seinem Beruf nachgehen, seine wirtschaftlichen Ziele verfolgen und gleichzeitig den Zugang zur nichtjüdischen Gesellschaft finden konnte« (Katz 1986, S. 229). Während die Liberalen jedoch bereit waren, für ihr Ziel wesentliche Teile der Tradition aufzugeben, wollte Hirsch, der jene Last keineswegs als solche empfand, beides: Teil der Moderne sein und Teil der Tradition bleiben. Sein wesentliches Anliegen war es, die Tradition zu rüsten gegen jedwede Versuche, von dieser immer dort abzuweichen, wo es einem soziale Vorteile verschaffte. Erneuerung bedeutet hier also vor allem Wiederbelebung. Die gesellschaftlichen Umstände erforderten in Hirschs Sicht nicht eine Anpassung der

Religion, sondern eher die zusätzliche Bereitschaft, sich neben Talmud und Tora auch die für ein respektables Leben in der Bürgerlichkeit notwendige Bildung anzueignen. Entsprechend der hier vertretenen These, dass Bildung infolge der ablehnenden Haltung der Mehrheitskultur und durch die enttäuschte Hoffnung (vgl. dazu auch Lässig 2004, S. 241) auf die Emanzipation zur Funktion des Bildungsbürgertums wurde, soll im Folgenden gezeigt werden, wie Hirschs Argumentation sowohl den politischen Aspekt von Bildung ignoriert als auch ihr Aufklärungspotenzial zurückweist. Hirsch bedient sich immer wieder aufklärerischer Ideen, wobei oft unklar bleibt, ob dies wissentlich geschieht oder ob sie schlichtweg auf Grund seines eigenen Bildungsweges Teil seines Denkens geworden sind. Hirschs Zugehörigkeit zum Bürgertum ist durchweg offenbar und nicht zuletzt sein Sprachverständnis, sein differenzierter Sprachgebrauch rufen seinen Bildungshintergrund immer wieder ins Gedächtnis. Insofern ist Sorkins Bezeichnung Hirschs als »maskilim-Orthodox« (Sorkin 1987f, S. 157) verständlich und treffend. Sein familiärer Hintergrund ist eben nicht der eines vom Aufklärungsdenken noch weitgehend unbehelligten, talmudisch gelehrten Rabbiners aus Polen oder Galizien (vgl. Rosenblüth 1977, S. 294). Das jüdische Bildungsideal im Sinne Hirschs ist denn auch der zugleich weltoffene bzw. weltgewandte und orthodoxe Jude.

An die praktische Umsetzung seiner Ideen machte sich Hirsch schließlich, nach Stationen in Emden und Mähren, ab 1851 als Rabbiner in Frankfurt am Main. Dort hatte sich der Konflikt zwischen Traditionsgemäßen und Reformern arg zugespitzt und »reichte bis in das Privatleben dieser zwei Gruppen« (Kurzweil 1987, S. 74). Reformjuden und Stadtverwaltung hatten gemeinsam die Gründung einer Talmudschule verhindert und es war zu einer von Hirsch durchaus befürworteten Spaltung[32] der Gemeinde gekommen (vgl. ebd.). Fortan gab es dort eine liberale und eine orthodoxe Gemeinde, die Israelitische Religionsgesellschaft, der Hirsch vorstand (vgl. Breuer 1987, S. 2). Sein rastloser Einsatz für die jüdische Orthodoxie brachte

---

32 Im Jahr 1876 setzte sich Hirsch beim Preußischen Landtag erfolgreich für eine Legalisierung orthodoxer Seperatgemeinden ein (vgl. Seligmann 1922, S. 132 f.; Richarz 1989, S. 32).

ihm die Bewunderung gleichgesinnter Zeitgenossen ein und seine Tätigkeitsfelder sind kaum zu überschauen. Hirschs Engagement für eine Erneuerung traditioneller jüdischer Erziehung und Bildung wirkt bis in die Gegenwart nach (vgl. Ehrmann 1987, S. III), sei es durch seine intellektuelle Vorarbeit in zahlreichen Veröffentlichungen, sei es durch den »Bau eines Schulwerks, das für die modern-traditionelle jüdische Erziehung bahnbrechend, richtunggebend und vorbildlich wurde« (Breuer 1987, S. 2). Breuer schreibt voller Ehrfurcht: Hirsch »war durch und durch Erzieher des Menschen und der Gemeinschaft ... . Er wollte für die Tradition wirken und werben, verwirrte Seelen für das Judentum begeistern, ihren Willen festigen, sich freudig der Leitung des Gotteswortes hinzugeben« (ebd., S. 3).

Was Breuer in seinen kurzen Vorbemerkungen zu Hirschs »Neunzehn Briefen« nur andeutet, nämlich die ausgesprochen bemerkenswerte Mixtur aus Toratreue und Bildung, ja deren Synthese in einer jüdischen Bildungsidee, soll in den folgenden Abschnitten mit Inhalt gefüllt werden. Es gilt, die Gründe von Breuers Faszination fassbar zu machen und das Modell des Samson Hirsch kritisch zu erörtern. Besagte Faszination gründet in Hirschs Leistung. Er sei »der Schöpfer eines bei aller Toratreue und Glaubenswärme und bei aller Enge seiner gemeindlichen Isolierung doch ausgesprochen bildungsfreundlichen und der Moderne zugekehrten Judentums« (Breuer 1987, S. 4) gewesen. Was Breuer hier so konzentriert zur Sprache bringt, einer genaueren Untersuchung zuzuführen, will nun versucht werden. Es geht letztlich um die Schärfung eines Blickes auf »diese eigenartige Verbindung gesellschaftlicher Abgeschlossenheit mit geistiger Aufgeschlossenheit« (ebd.), welche auch die Probleme deutlich werden lässt, die mit der verzögerten, mittlerweile aus dem Fokus jüdischen Interesses gerückten Emanzipation einher gingen.

6.3 Jüdische Religiosität zwischen Vernunft und Offenbarung

Während die jüdischen Aufklärer noch versucht hatten, allen voran Moses Mendelssohn, die offenbarten Gebote und Verbote des Judentums mit Vernunfterkenntnissen in Einklang zu bringen (vgl. Sorkin 1987, S. 161 f.), ist Samson Raphael Hirsch daran nicht gelegen. Hirsch setzt schlichtweg die Offenbarung als historisches Faktum vor alle weiterführenden Überlegungen. Damit verwahrt sich Hirsch gegen jedes philosophische Anliegen, »die Wahrheit des Judentums zu *beweisen*« (Ehrmann 1987, S. V) und verbleibt mit seinen Fragestellungen vielmehr innerhalb des niemals abzuschließenden jüdischen Diskurses, der nicht vor Gott und die Offenbarung zurückgeht: »Die Verpflichtungskraft dieser geoffenbarten Gebote vielmehr voraussetzend, fragt er, welche Gedanken und Gefühle wollen diese Gebote bei dem sie ausübenden Juden auslösen. Deshalb begründet er die Tatsache der jüdischen Offenbarung nicht« (ebd.).

Bei ihm ist das Judentum somit nicht als eine natürliche Religion der raschere, weil in der Menschheitsgeschichte vorangegangene Weg zu vernünftigem Handeln, sondern wieder der einzig wahre: »vielmehr sei das Gesetz nur als Problem geschrieben, um aus dessen Forschung Gewinn für die geistige und praktische Kenntnis zu schöpfen« (Hirsch 1904, S. 375). Ja, das Judentum ist im Denken Hirschs nicht einmal Religion im gewöhnlichen (christlichen) Wortsinne. Das Judentum ist bei Hirsch hinreichend bezeichnet durch »das Wort Tora, was Tatverwirklichung gemäß dem unzweifelhaften Willen Gottes im ganzen Leben bedeuten soll« (Wiener 1933, S. 69). Die Dualität von Lernen und Handeln erscheint in ihrem alten Verhältnis, bezogen auf das ganze Leben, nicht isoliert auf den religiösen Bereich, etwa die Synagoge.

Hirsch erkannte, dass die rein rationale Erfahrung der Religion seiner Vorstellung vom Judentum nicht gerecht würde. Damit setzte er sich klar von Mendelssohn mit seinem »seltsamen Standpunkt« ab, »daß das Judentum überhaupt keinen ihm eigentümlichen geoffenbarten Glauben in sich trage, sondern daß es geoffenbartes Gesetz sei« (ebd., S. 13). Er verwahrte sich ebenso gegen ein Zurückdrängen des Glaubens ins Privatleben wie es der Protestantismus jener Zeit vollzog, angesichts der alle Lebensbereiche betreffenden Mitzwot ohnehin eine Unmöglichkeit. Wie Volkov bemerkt, hat aber der in der Romantik aufgekommene Gedanke der Innerlichkeit im Judentum und so auch in Hirsch seine Rezipienten gefunden. In dem Konzept Schleiermachers, seiner Betonung der emotionalen Erfahrung der Religion, sieht Volkov eine »Antwort auf die Anforderungen der Verbürgerlichung« (Volkov 1988, S. 360). Volkov hebt hier die tendenzielle Aneignung protestantischer Religiosität durch das Judentum hervor: »Den inneren Glauben des Individuums und Allmacht der Ethik zu unterstreichen, stellte in der Tat etwas Neues im Judentum dar« (ebd.). Jedoch sollte eine solche Aussage nicht darüber hinwegtäuschen, dass Hirsch die mit der Innerlichkeit einhergehende Neigung zur Schwärmerei wenig zusagt. Der ethische Aspekt erscheint bei Hirsch aber stark ausgeprägt, es ist die traditionell jüdische Hervorhebung des Handelns nach ethischen Maßstäben, welche den Glaubensaspekt an Wichtigkeit bei Weitem übertrifft. Das bleibt auch bei Hirsch so. Es sei hier daran erinnert, dass der Glaube im Judentum grundsätzlich nicht die entscheidende Rolle spielt wie im Christentum. Die Bedeutung, die im Christentum Glaube und Gefühl haben, fällt im Judentum Moral und Tun zu. Die neuartige Betonung des »inneren Glauben[s]« (ebd.) wurde eher von den Reformern aufgenommen, während Hirsch sich aber von der auf geistige Erbauung ausgerichteten Gestaltung des protestantischen Gottesdienstes durchaus inspirieren ließ. Es musste schließlich ein Weg gefunden werden, das Judentum »einer ganzen Generation jüdischer Bildungsbürger schmackhaft« (ebd.) zu machen. Hirsch strebte dieses an, wie schon erwähnt, ohne einem Ausverkauf jüdischen Denkens und Handelns das Wort zu reden.

Für Hirsch ist es nicht mehr wie noch für die Aufklärer wichtig und nötig, das Judentum vom Nimbus der Rückständigkeit zu befreien. Die Erklärung hierfür ist außergewöhnlich. Das Judentum habe es nicht nötig, angepasst zu werden, weil es ohnehin nie zeitgemäß im Sinne anderer Völker, Philosophien oder Religionen gewesen sei (Hirsch 1904, S. 154). Dem Vorwurf, mit seiner Erneuerung der Tradition hinter die Aufklärung zurückzufallen, begegnet Hirsch mit dem Hinweis auf die Natur der Judentums wie er sie sieht, nämlich in der (gewollten) Isolation im Dienste der Menschheit (vgl. ebd., S. 155). Wohlgemerkt kann dies nicht mehr die Isolation des Ghettos sein, sondern eine auf den religiösen Bereich beschränkte. Wenn die Ausübung der Religion nur in der Isolation möglich ist, dann ist dies einer

Anpassung in jedem Fall vorzuziehen, ja wird sogar als ureigene Aufgabe des Judentums angesehen.[33] Von der Offenbarung darf kein bisschen abgewichen werden. Das Denken der Aufklärung, das Judentum wie etwa der Reformer Leopold Zunz 1823 als »purified Jewish religion combined with European culture« (Feiner 2001, S. 193) neu zu interpretieren, wobei letztlich nur eine idealisierte, wahre Essenz der Religion übrig bliebe[34], hat in Hirschs Augen der Säkularisierung den Weg bereitet (vgl. dazu: Sorkin 1987, S. 158). Diese Ansicht ist kaum zu widerlegen und für manchen radikalen Spätaufklärer ist diese Konsequenz wohl denkbar wünschenswert gewesen. Hirschs Argumentation leuchtet ferner ein, wenn die Idee einer Vernunftreligion zu Ende gedacht und ihre Unmöglichkeit erkannt wird. Entweder die Religion stützt sich auf den Glauben oder sie macht sich selbst überflüssig. Hannah Arendt hat die Unmöglichkeit der Rechtfertigung von Religion mittels der Vernunft am Beispiel des frühaufklärerischen Versuches durch Lessing aufgezeigt: »Die Trennung von Religion und Bibel ist die letzte vergebliche Rettung der Religion; vergeblich: denn diese Trennung zertrümmert die Autorität der Bibel und damit die sichtbare und wißbare Autorität Gottes auf Erden.« (Arendt 1932, S. 111) Insofern hat auch Mendelssohn unbeabsichtigt der Säkularisierung den Weg geebnet, indem er die offenbarten Gebote in den Kontext der Vernunft stellte. Damit, so Sorkin, entleerte er die Gebote ihres einzigartigen Inhalts und machte sie zu bloß symbolischen Akten der jüdischen Erinnerungskultur. Die Gebote sollen nun die Juden lediglich an die ewigen

---

33 Diese Auffassung war unter Orthodoxen im 19. Jahrhundert weitgehend Konsens: »Die strenge Orthodoxie sah es jedoch nicht als ihre Aufgabe an, sich für die uneingeschränkte Emanzipation einzusetzen, solange politische Gleichstellung mit Beeinträchtigung religiöser Tradition erkauft werden mußte« (Toury 1966, S. 20). Auch in dieser Hinsicht erwies sich die Orthodoxie als konform mit dem deutschen Bürgertum, das sich (notgedrungen) eher über ökonomische und kulturelle Dimensionen definierte als über politische Teilhabe. Zur Geschichte des politischen Kampfes der Juden um Gleichberechtigung vgl. ausführlich: Toury 1966.

34 Anderen Reformern, welche das Religionsgesetz nicht mehr als verbindlich betrachteten, war nicht einmal daran gelegen. Von ihrem Judentum blieb nur übrig, was nicht in Widerspruch zur europäischen Kultur geraten konnte. Abraham Geiger, Führerfigur des Reformjudentums, habe sich, so Wiener, »nicht einmal die Mühe gegeben, aus dem vorgefundenen Bestande ein ›eigentliches Judentum‹ zu idealisieren, das identisch sein soll mit dem begeistert verkündeten Humanitätsgedanken« (Wiener 1933, S. 49). Der Humanitätsgedanke und mit ihm die Bildungsidee schwebte also bei den Reformern gleichsam als Maßstab der Gesellschaftstauglichkeit über dem, was vom Judentum übrig geblieben war.

Wahrheiten der Offenbarung erinnern. Damit stehen sie im Dienst der Vernunft und verlieren letztlich ihren geheimen, weil göttlichen Sinn (vgl. Sorkin 1987, S. 161). Sie werden ersetzbar durch andere erzieherische Mittel, »for they merely fulfilled the pedagogical function of directing the Jews to the truths they needed to be God's priestly people, but did not reveal unique, otherwise unknowable truth« (ebd.). Die Idee der Vernunftreligion setzt Offenbarung und Vernunft als mindestens gleichwertig nebeneinander, wobei erstere ihren Part sogar merklich geschwächt ausfüllt, »weil die Objektivität der Offenbarung in der Schrift nicht mehr feststeht.« (Arendt 1932, S. 110 f.) Für Hirsch steht die Objektivität der Offenbarung unbezweifelbar fest. Das Judentum müsse sich auf seine Grundwahrheit, den göttlichen Ursprung der Offenbarung, stützen, um nicht überflüssig zu werden (vgl. Hirsch 1904, S. 153). Hirsch kennt den Preis der Isolierung und ist mit seiner systematischen Begründung des Beharrens auf der unbedingten Gültigkeit jedes Wortes der Tora darum bemüht, dem modernen Menschen das jüdische Leben trotzdem als erstrebenswert darzustellen. Dies versucht er durch eine geschickte Umkehrung der Forderungen der Aufklärung. Nicht das Judentum muss in die Moderne eingepasst werden, sondern es ist seiner Zeit voraus: »Ist das Judentum Gottesstiftung, so ist es bestimmt, die Zeiten zu erziehen, nicht aber sich von den Zeiten erziehen zu lassen« (ebd., S. 153). Die Bestätigung für diese Behauptung sieht Hirsch im jüdisch-christlichen Fundament der abendländischen Kultur. Die Juden sind demnach die Ausführenden in der göttlich gewollten Ausbreitung der Offenbarungswahrheiten: »Von Anfang an hat Gott das Judentum und somit seine Bekenner in Gegensatz zu den Zeiten gesetzt« (ebd., S. 154). Hierdurch konnten »immer mehr Keime des jüdischen Geistes« (ebd.) in den europäischen Mehrheitskulturen, in deren Mitte die Juden lebten, sprießen, der jüdische Geist »seine stille Mission auf Erden« (ebd.) erfüllen. Diese Mission laufe, so Hirsch, auf die einstige Belohnung des Judentums hinaus: »Dann, dann – wenn die Zeiten g o t t g e m ä ß geworden, wird auch das Judentum z e i t g e m ä ß sein« (ebd.). Die Hoffnung auf diese Zeit ist der Trost für heutige Entbehrungen. Eine Hoffnung, die dem Judentum keineswegs neu ist, wenn es auch die christliche Fixierung auf ein

Jenseits nicht kennt.

Die Argumentation Hirschs sieht das Primat der Forderungen Gottes vor den Erfordernissen der Zeit. Bisweilen kommen aber beide zur Deckung, wie sich noch zeigen wird. Wo dies nicht der Fall ist, hat die Religion Vorrang. In jedem Fall muss sie dies in der häuslichen Erziehung haben.

Wenn nun also Hirschs Nachdenken über die häusliche, jüdische Erziehung erörtert wird, so geschieht dies im Wesentlichen aus zwei Gründen. Zum einen wird dem Leser hier Hirschs Denken sicherlich am persönlichsten vorgeführt. Es wird spürbar, welche emotionale Bedeutung das Thema für ihn hat. Von der Erziehung hängt die Weitergabe religiöser Tradition ab. Zum zweiten zeigt sich in Hirschs Erziehungsvorstellungen klar die Zurückweisung aufklärerischer Tendenzen, vor allem derjenigen, die der religiösen Orthodoxie gefährlich werden könnten. Gleichzeitig deutet sich damit auch bereits die inhaltliche Entleerung und Funktionalisierung des Bildungsbegriffs und seine einseitige Ausrichtung auf Kultur und Ausbildung an. Scheinbar lässt sich aber gegen eine solche Interpretation eine interessante Überlegung Sorkins anführen, welcher bei Hirsch eine Synthese aus (Selbst)bildungsideal und Judentum erkennt. Wie Hirsch den Bildungsbegriff für das Judentum fruchtbar macht und was er sich sodann unter einer allgemeinen Bildung jüdischer Prägung vorstellt, soll in einem weiteren Schritt geklärt werden. Es wird zu überlegen sein, inwiefern diese Synthese der behaupteten Funktionalisierung entgegenstehen könnte oder ob sie gar als ein Bestandteil dieses Prozesses gesehen werden muss.

6.4 Probleme einer Erziehung im Geiste der jüdischen Lehre

In seinen »Pädagogischen Plaudereien«, welche hier auszugsweise vorgeführt und diskutiert werden sollen, erhält der Leser die Möglichkeit, Hirschs Denken ein wenig unverblümt kennen zu lernen. Tatsächlich herrscht hier zeitweilig ein gewisser Plauderton vor, ohne jedoch dass der Inhalt dadurch geschwächt oder banalisiert würde. Hirschs Bemühen um eine jüdisch-orthodoxe Erziehung erhält so ein alltagsnahes, lebendigeres Antlitz.

Die Aufklärung und Verbreitung allgemeiner Bildung hat es erforderlich gemacht, auch das mittels der Vernunft nicht nachvollziehbare der Religion gegen Infragestellungen zu verwahren. Wie noch zu zeigen sein wird, möchte Hirsch die Allgemeinbildung unter den Juden noch ausweiten, jedoch mehr um der beruflichen und sozialen Kompetenzen willen, während er den aufklärerischen Geist mitsamt seines Anthropozentrismus zu begrenzen bemüht ist. Dieser Geist sei besonders in der Jugendzeit anzutreffen. In dieser »sittlichen Erweckungsperiode« (Hirsch 1904, S. 380) entscheidet sich laut Hirsch bereits, ob jemand sich langsam vom Judentum abwendet oder nicht. Bei Hirsch spitzt sich gewissermaßen die Entscheidung zwischen Aufklärung und Judentum zu, während sich aber der Bildungsgedanke von dem der Aufklärung löst. Letzteres lässt an Mendelssohns Mahnung denken, bei Bildung stets beides, Kultur und Aufklärung, zu berücksichtigen. So wie der Bildungsbegriff sich im Bürgertum zusehends der kulturellen Bildung und beruflichen Ausbildung zuneigte, also eines Teils seines Gehaltes entledigt wurde, so wird er parallel dazu in Hirschs Grundlegung der neuen Orthodoxie vom Aufklärungsaspekt ebenso getrennt wie von der damit verbundenen kritischen Reflexion. Anders formuliert: An die Stelle der Aufklärung tritt das Judentum, flankiert von der europäischen Kulturbildung. Dieser Gedanke soll an anderer Stelle weiter ausgeführt werden, nun aber stehen zunächst die Erziehung und ihre Schwierigkeiten im Vordergrund. Die Zuspitzung der Entscheidung, deren intellektuelle Tragweite hier bereits angedeutet wurde, findet also im Jugendalter statt. Offenbar erkennt Hirsch eine durchaus interessante Parallele zwischen jugendlichem Trotz und aufklärerischen Ambitionen, die paradoxerweise hier gar nicht so ungerechtfertigt klingen, obgleich sie natürlich zurückgedrängt werden sollen:

> »Es gibt keine natürliche Stimme im Menschen, die ihm den Genuß des Schweinebratens, der Austern usw. als Unrecht erscheinen ließe ..., dem eigensinnigen und eigenwilligen Trotze kann gerade in dem positiven Verbote ein Reiz zur schwelgerischen Übertretung liegen. Er schwelgt darin, nicht um zu schwelgen, sondern um eine eklatante Demonstration reformatorischen Aufklärungs-Fortschritts zu vollziehen.« (ebd., S. 382)

Obgleich diese Unterstellung etwas zu weit gegriffen erscheint, erkannte Hirsch, »daß die Jugend ohne Vorwissen vom Judentum und vor allem ohne das Vorbild einer ihr verständlichen geistigen Haltung aufwuchs« (Rosenblüth 1977, S. 301). Erklärbar wird seine Sorge ferner angesichts der allgemeinen, liberalen Reformstimmung, dem Fortschrittsoptimismus und Individualismus im jungen jüdischen Bildungsbürgertum (vgl. dazu: Wiener 1933, S. 18 f.). Nach der langen Isolation im Ghetto und der damit einhergehenden »geistigen Autarkie empfand vor allem die Jugend ganz besonders das Verlangen, sich die Kultur der Umgebung anzueignen und kritiklos hinzunehmen« (Rosenblüth 1977, S. 294). Nicht die Ideen der Aufklärung sollten aber, aus Hirschs Perspektive, die jungen Menschen kritiklos hinnehmen, sondern das Judentum. Es bleibt dennoch festzuhalten, dass Hirsch die Problematik einer Rechtfertigung der dem Menschen nicht logisch nachvollziehbaren Verbote, hier der Speisegesetze, erkannte. Die Beantwortung dieser Problematik findet sich bei Hirsch nun bekanntlich in der Offenbarung und nicht in einer komplexen, philosophischen Rechtfertigung wie sie Mendelssohn versucht hat, um dann doch ebenda, in der Offenbarung, die Antwort zu finden. Die Aufklärung mit ihrer von Kant eingeführten Betonung des Selbstdenkens wird von Hirsch lediglich als ein Hindernis jüdischer Erziehung angesehen, welches aber nicht argumentativ-philosophisch beseitigt werden kann. Es darf gar nicht erst der Raum für kritisches Denken in Bezug auf die Halacha gegeben werden.

Das größte Hindernis einer konsequent jüdischen Erziehung ist für Hirsch daher die mangelnde elterliche Überzeugung, welche gerade in der kritischen Jugendphase der Kinder von Nöten wäre, um einem späteren Abfall vom Judentum vorzubeugen. Die Internalisierung jüdischer Werte kann nach Hirsch nur geschehen, wenn das Kind die Anliegen der Eltern als diejenigen Gottes empfindet. Für Hirsch besteht ein grundlegender Zusammenhang zwischen dem Gehorsam gegenüber den Eltern und demjenigen gegen Gott (vgl. Hirsch 1904, S. 384 f.). Jedoch sei allein mit Gehorsam gegen die Eltern noch nichts erreicht, wenn er bloße Pflichterfüllung bleibe, solange das Kind in Abhängigkeit lebt. Das Anliegen der Eltern, nach den Geboten zu leben, solle ernst erscheinen, um Nachahmung zu finden und um als Anliegen Gottes interpretiert zu werden. Dies wird in einem längeren Zitat sehr deutlich, welches auch deshalb lohnt zitiert zu werden, weil hier nochmals die Gefahren der Aufklärung genannt werden, welche laut Hirsch zum Hochmut gegenüber Gott führen könnten.

> »Wäre den Eltern nicht, meinen Sie, die Unterordnung unter Gottes Gesetz zur Gewohnheit geworden, wer weiß, ob sie nicht selber die unjüdische Lebensrichtung der Kinder teilen, nicht, wenn sie jetzt jung wären und sich lebendiger im Leben der Gegenwart bewegten, selber unjüdisch leben würden, wer weiß, ob sie nicht im Herzen ihren Kindern recht geben, im Herzen die Gesetze selbst bekritteln, bedauern, beklagen, die so viel Hemmnis und Schranke in den Lebensweg der strebenden Jugend werfen, und nicht die Liebe zum Gesetz, die die ganze Seligkeit in dessen Erfüllung findet, die Furcht vor Gott hält sie, die Eltern, zurück; allein die Jugend ist mutiger, kühner, aufgeklärter, sieht nur eine erbärmliche Vogelscheuche für Spatzen, wo die Eltern noch eine leuchtende und blitzende Feuer- und Wolkensäule für wandernde Menschen erblicken – Sollten diese nicht diese, oder diesen ähnliche Gedanken es sein, die jene rätselhaften Erscheinungen im Leben erklären?« (Hirsch 1904, S. 385)

Um dem Kind das Jüdische beizubringen, so Hirsch weiter, sei es unabdingbar, den eigenen Willen in den Dienst Gottes zu stellen: »habe gar keinen andern Willen als Gottes Willen« (ebd.). Was Hirsch hier von Eltern verlangt, ist die unbedingte Durchsetzung des Gesetzes und das Fungieren als Vorbild jüdischer Lebensart, »daß vor allem dein Kind diese Entschiedenheit und Freudigkeit im Gottesdienste des Lebens aus deinem eigenen Leben lerne« (ebd.), wodurch im Kind der Wunsch erzeugt würde, im Judentum »sein erhöhtes Lebensglück zu finden« (ebd., S. 384). Um dieses zu erreichen, sei vor allem die Einstimmigkeit der Eltern gefragt, »wir meinen die völlige Parität und Harmonie der Eltern in der Erziehung dem Kinde gegenüber, die das Gesetz voraussetzt« (ebd., S. 387). Es ist dies ein Ratschlag, welcher sich wohl auch heute in zahlreichen Erziehungsratgebern findet. Beachtlich daran ist, dass bei aller Verteidigung der Tradition und damit selbstverständlich auch der Rollenverteilung, die dem Vater auch im Judentum eine höhere Autorität beimisst als der Mutter, Hirsch dennoch beiden einen gleichermaßen großen Einfluss auf das Werden des Kindes zuerkennt. Es sei daran erinnert, dass es vornehmlich die Pflicht des Vaters und dann vor allem des Lehrers ist, den Sohn in die hebräische Sprache und die Tora einzuführen. Hirsch will die Macht der Eltern in der Erziehung gar gleich verteilt wissen. Dies ist für ihn der Schlüssel zur erfolgreichen Vermittlung jüdischer Werte und Tradition, »die für das ganze Erziehungsgeschäft vielleicht bedeutsamste Grundbedingung, daß im Punkte der Erziehung und des Einflusses auf die Kinder Vater und Mutter völlig gleich, übereinstimmend und eins sein müssen, wenn der Erfolg ein gedeihlicher sein soll.« (ebd., S. 387) Hirschs Ansinnen ist weit moderner als die anti-aufklärerische Haltung, welche er in seiner Erziehung zum Judentum einnimmt. Nicht etwa Strafen und Züchtigungen sieht er als angemessene Erziehungsmittel an, wie es mancher bei einem Traditionalisten vermuten dürfte. Berücksichtigt man aber die im Altertum gründende Erziehungstradition des Judentums, so muss erkannt werden, dass die zur Zeit der Spätaufklärung insgesamt als ewig gestrig empfundene jüdische Tradition modernen Vorstellungen durchaus entgegenkam: »Die neue bürgerliche Einstellung gegenüber Kindern mußte Juden gleichsam natürlich zugefallen sein. Die in ihrer Tradition verwurzelte Hochschätzung von Erziehung und Ausbildung der Kinder leistete den Juden im Prozeß der Verbürgerlichung ebenfalls gute Dienste« (Volkov 1988, S. 362 f.). Dies muss bedacht werden, wenn wie hier die Orthodoxie nicht auf ihre anti-liberalen Aspekte reduziert, sondern im Licht des Verbürgerlichungsprozesses betrachtet werden soll. Dabei darf selbstverständlich die Orthodoxie auch nicht als Vorkämpferin der Moderne idealisiert oder missverstanden werden. Natürlich erwartet Hirsch vom Kind Gehorsam gegenüber den Eltern, von dem er sich erhofft, dass er zu einem Gehorsam gegenüber Gott werde. Dennoch entspricht sein Elternideal eben nicht ganz dem, was angesichts der vehement geforderten Erzeugung einer jüdischen Identität beim Kind ebenso gut zu erwarten gewesen wäre, sondern: »Einheit des Vaters und der Mutter in der Liebe für das Kind, Einheit in seiner Erziehung, darin liegt die Kraft und die Hoffnung der Erziehung« (Hirsch 1904, S. 388). Was will nun Hirsch erreichen mit dieser Erziehung? Er zielt einerseits auf den Verbleib im Judentum, auf dessen Bejahung samt aller Ge- und Verbote, andererseits und noch vor dem zielt er aber auf Gehorsam. Freilich soll das Beispiel der Eltern das Kind überzeugen, doch reicht Hirsch das nicht aus. Hirschs Sorge kommt klar zum

Ausdruck, wenn er über die Zeit nachdenkt, da die Kinder Erwachsene sind.

»Daß aber gar im Leben, wenn der Knabe, das Mädchen groß geworden und sie sich selbständig im Leben bewegen, der alten Erzieher Wort ihnen noch etwas bedeute, das ist ihnen [den Eltern, Anm. d. Verf.] vollends ein Erfolg, der ganz und gar außer ihren Vorstellungen liegt. Und doch ist Gehorsam und zwar solcher unerzwungene, das Leben durchdauernde, mit der Altersreife nicht abnehmende, sondern nur wachsende Gehorsam – wir möchten sagen – das ganze Ziel der Erziehung; das Kind, das nicht gehorchen lernt, ist eigentlich gar nicht erzogen worden« (ebd., S. 389 f.).

Was hier ins Auge fällt, ist besonders die Rede vom unerzwungenen Gehorsam, scheinbar ein Widerspruch in sich. Doch diese Idee wird wiederum verständlich vor dem Hintergrund der von Hirsch angenommenen Deckungsgleichheit vom Gehorsam gegen Gott und gegen die Eltern. Hirsch klärt auch bald auf, wie er sich das Zustandekommen solchen Gehorsams, der letztlich nichts anderes bezeichnet als Sittlichkeit, vorstellt. Gott gehorchen, das ist wohl der Schlüssel zu dem Begriff des Gehorsams wie Hirsch ihn verwendet, bedeutet sich sittlich zu verhalten. Damit wird die mangelnde Strenge verständlich, die sich mit dem Begriff bei Hirsch verbindet. Wie nämlich kommt der Gehorsam zustande, wenn nicht durch Drohung und Strafe? Diese Frage wird auf den Erzieher selbst zurückgeworfen. Das Kind ist auch in Hirschs Anthropologie zunächst nur gut, erneut ein Gedanke aus der Aufklärung: »Es wäre so hiermit gerade die, gottlob ja auch noch heute von aller Erfahrung bestätigte Wahrheit niedergelegt, daß das Schlechte und Gemeine dem Menschen anerzogen, nicht angeboren werde, daß der Knabe und Jüngling viel aufopferungsfähiger und hingebender ist für alles Edle und Erhabene ...« (ebd., S. 393). Dieses Bild des Kindes, das Hirsch in recht blumigen Worten noch weiter ausführt, bringt ihn zu dem Schluss, dass das von Natur aus gute Kind seinen Gehorsam gewissermaßen nach eigenem sittlichen Ermessen vergibt, denn »das sittliche Urteil der Kinder ist scharf, das Gemeines und Schlechtes verdammende Urteil der Jünglinge ist rasch und scharf ...« (ebd.). Das Kind orientiere sich an dem Erzieher, der seinem eigenen sittlichen Urteil standhalte und sich somit als geeignet erweise, ein gutes Vorbild für weiteres Wachstum abzugeben. Der Ungehorsam der Kinder resultiere also lediglich aus dem schlechten Vorbild der Erzieher. »Wenn unsere Kinder uns nicht gehorchen, so sehen wir nur erst zu, ob wir es denn auch verstehen, ihnen zu gebieten, ob wir denn an uns die Bedingung erfüllen, die jeder natürliche Gehorsam voraussetzt, die Bedingung nämlich, daß wir uns den Kindern gehorsamwürdig darstellen« (ebd., S. 394). Es ist offensichtlich, worauf Hirsch mit solch einer Aussage hinaus will. Eltern, deren Kinder sich vom Judentum abwenden oder dagegen rebellieren, sollen sich nicht auf die freie Entscheidung der Kinder berufen können. Hirsch unterstellt ihnen, ein schlechtes Beispiel abgegeben zu haben. Es geht hier also tatsächlich nicht primär um die Kinder, sondern um die Erwachsenen, die erneut an ihre Pflichten, an ihr Judentum erinnert werden sollen. Nur wer selbst ein Vorbild jüdischer Sittlichkeit abgibt, kann selbiges von seinen Kindern erwarten: »Sorge nur, Vater, Mutter, sorge nur, daß du deinem Kinde in der Tat geistig und sittlich überlegen erscheinst, daß dein Kind in der Tat in dir den geistvolleren, besseren Menschen ehren und verehren könne, und es wird dein Kind von selbst mit Ehrfurcht zu dir aufblicken ...« (ebd., S. 394). Hirsch bringt mit seinen Erziehungsvorstellungen eine aufgeklärte Haltung gegenüber Kindern mit dem konservativen Anliegen, das traditionelle Judentum wieder zu beleben, überein. Aus freien Stücken sollen sich Kinder wie Erwachsene für das Judentum entscheiden, nicht aus Angst vor Bestrafung. Überaus deutlich wird der ethische Standpunkt Hirschs in seiner Ablehnung einer allzu autoritären Erziehung: »Der Zorn selbst, die Heftigkeit, in der du gebietest und verbietest, kann dein Kind, deinen Zögling in Schrecken und Angst versetzen und einen augenblicklichen Gehorsam erzielen, schwächt aber sicherlich die Verehrung und somit jenes von selbst und gern sich unterordnende Gefühl in der Brust deines Kindes und Zöglings ...« (ebd., S. 395). Einzig das Vorbild, welches der Erzieher abgibt, ist für Hirsch ausschlaggebend für das Erwachsen einer sittlichen Persönlichkeit. Das ist es offenbar war, was er unter Gehorsam versteht: Gehorsam gegenüber der inneren, ethisch-moralischen Stimme. Erlernt werden kann dieser Gehorsam aber nicht durch vernünftige Argumentation. Die meisten Gebote und Verbote der Tora lassen sich auch kaum vernünftig begründen und vermitteln. Das muss Hirsch klar gewesen sein. Das Studium der Tora dient der Handlungsorientierung, aus ihrer Erforschung werden keine Vernunftwahrheiten geschöpft, sondern praktische Erkenntnisse. Ein Erzieher im Geiste der Tora gibt demzufolge vor allem eine Orientierung: »Vater sein, Lehrer sein, heißt vor allen Dingen selbst an Taten und Sitten untadelig sein« (ebd., S. 396).

6.5 Die Einheit von Bildung und Tora

6.5.1 Hirschs Entwurf einer jüdischen Bildung

Es ist im vorhergehenden Abschnitt erneut deutlich geworden, dass der Geist der Zeit keineswegs an Hirsch vorbeigegangen ist. Seine Schriften sind eben nicht die eines reformunwilligen Gegenaufklärers. So wie er aus einer aufgeklärten Familie kommt, erwartet er dies auch von seinen Lesern. Die bürgerlichen Juden, welche im Begriff waren das Judentum zu verlassen oder doch als Nebensache zu betrachten, wollte Hirsch erreichen (vgl. Breuer 1987, S. 3). Es ging ihm schließlich nicht um die Rückkehr zu alten Verhältnissen, sondern um die Versöhnung einer erneuerten Tradition, der Orthodoxie, mit den Erfordernissen, Lebens- und Denkgewohnheiten der Moderne. Ihm ist deshalb nicht am Zwang gelegen, sondern vielmehr daran, im Kind das freiwillige Bedürfnis zu wecken jüdisch zu leben, jüdische Gesinnung, jüdisches Selbstverständnis anzunehmen. Dass das Hervorrufen von Gesinnungen Zwang und Strafen vorzuziehen ist, gehört zum aufklärerischen Gedankengut. Der Gedanke findet sich wenig überraschend in Mendelssohns »Jerusalem«, den Hirsch bekanntlich aufmerksam gelesen hat (vgl. dazu ausführlich: Sorkin 1987, S. 161-164).

Immer wieder greift Hirsch Gedanken und Fragestellungen aus der Aufklärung und dem ihr nachfolgenden Neuhumanismus auf. Er tut dies gewiss nicht aus rein pragmatischen Erwägungen, um den jüdischen Bildungsbürgern sein Anliegen einer Rückbesinnung auf jüdische Werte schmackhaft zu machen. Er selbst hat die Grundfragen der Aufklärung (Bildung, Sittlichkeit, Glückseligkeit) verinnerlicht und sucht ihre Beantwortung nun im Judentum. Dass dies tatsächlich nahe lag angesichts der zunehmenden Funktionalisierung der (allgemeinen) Bildung im Bildungsbürgertum und der damit einhergehenden Entwertung persönlicher Bildung, sollte bereits deutlich geworden sein. Hirsch, dieser Gedanke soll im Folgenden ausgeführt werden, ist mit seinem Konzept der erneuerten Tradition in eine Lücke vorgestoßen, die sich im Zuge der Verbürgerlichung der Juden leicht erkennbar aufgetan hat und die bisweilen unterschwellig, dann wieder offensichtlich ein Merkmal der Moderne ist. Technologisierung und Funktionalisierung haben eine Entromantisierung des Alltags und eine Orientierungslosigkeit mit sich gebracht, welche von der Religion nur allzu bereitwillig aufgegriffen wird. Im bürgerlichen Judentum des 19. Jahrhunderts ist die mangelnde Orientierung schmerzhafter noch zutage getreten. Die nur zögerliche Aufnahmebereitschaft der bürgerlichen Gesellschaft und die sich in Deutschland als so mühsam erweisende Emanzipation haben zweifellos das Judentum wieder attraktiv erscheinen lassen. Die »Solidarisierung auf jüdischer Seite« (Battenberg 1990, Teil II, S. 155), welche zunächst nicht unbedingt religiös motiviert war, bot der Orthodoxie dennoch die Möglichkeit zur Anknüpfung.

Die erschöpfenden Mühen der Anpassung begannen sich ökonomisch auszuzahlen (vgl. Richarz 1989, S. 21-30). In gesellschaftlicher Perspektive war man weniger erfolgreich gewesen, von der politischen ganz zu schweigen. Während sich aber die politische Situation des deutschen Bürgertums insgesamt schwierig und unbefriedigend gestaltete, gab die mangelnde soziale Integration für viele eher Anlass zur Suche nach anderen Möglichkeiten gesellschaftlichen Lebens. Die Juden des 19. Jahrhunderts waren einerseits Teil des deutschen Bürgertums und andererseits weiterhin aufeinander angewiesen. Sie hielten den Wert europäischer Bildung hoch, oft schon höher als den ihrer jüdischen Identität. Hirschs Konzept ist ein Versuch, diese womöglich zu einer Entscheidung zwingende Dualität aufzuheben, indem neuzeitliches Bildungsideal und Judentum miteinander vermengt, ja indem sie identisch werden.

Einen jüdischen Bildungsbegriff entwickelte Hirsch, indem er die Idee der Selbstvervollkommnung aus der Aufklärung aufgriff. Die Entwicklung der eigenen Persönlichkeit betrifft einen Teil von Bildung, welcher im Zuge der Inanspruchnahme ihres Kulturaspektes durch das Bürgertum eine Vernachlässigung erfahren hatte. Die allgemeine Bildung, welche inhaltlich mehr und mehr fixiert und im Gymnasium institutionalisiert wurde, war zur Voraussetzung gesellschaftlicher Teilhabe geworden und somit nur noch ihrem Ideal nach zweckfrei. Für die Juden war Bildung Gegenstand des Akkulturationsprozesses und zugleich dieser selbst. Die Akkulturation war bereits so weit fortgeschritten, dass deutsche Kultur die jüdische Lebenswelt unwiderruflich durchdrungen hatte. Hirsch erkannte, dass viele Juden zu der Überzeugung gelangt waren, es bestehe eine prinzipielle Inkompatibilität zwischen Judentum und Bildung (vgl. Sorkin 1987, S. 159). Das Judentum, so ihre Notion, stehe der persönlichen Entwicklung und Entfaltung freier Menschen mit all seinen Vorschriften und Ritualen im Weg. Der Mensch könne nur durch Bildung zur Vollkommenheit gelangen (vgl. ebd.). Hirsch nahm das Bildungsideal des nach ethisch-moralischer und intellektueller Perfektion strebenden Menschen auf in der Hoffnung, »to show its German-Jewish adherents that they could attain its highest ideals only through Judaism« (ebd.). Die innerjüdische Kontroverse hat Hirsch in seinen »Neunzehn Briefen«, einem fiktiven Briefwechsel zwischen einem Anhänger der Aufklärungsvorstellungen (Benjamin) und einem Repräsentanten seiner eigenen Vorstellungen (Naphtali), dargestellt und somit die drängenden Fragen der Zeit zu beantworten gesucht (vgl. Hirsch 1987). Der Kritiker des traditionellen Judentums argumentiert hier, die jüdischen Gebote und die jahrhundertelange Abgeschiedenheit hätten das Hervorbringen einer höheren Kultur behindert und nur das Festhalten an überkommenen Ritualen begünstigt. Ausschließlich die Aufgabe des Judentums könne Bildung und Glückseligkeit des Einzelnen befördern. Das Judentum, so dieser Kritiker, sei ein »Hemmschuh aller Lebensfreuden« (ebd., S. 2) und hindere den Menschen daran, seiner Bestimmung näher zu kommen:

> »Jede Religion, so glaube ich, soll den Menschen seiner Bestimmung näher bringen. Diese Bestimmung, was könnte sie anderes sein, als Glückseligkeit und Vollkommenheit? Nehmen wir aber diese Prinzipien als Maßstab für's Judentum, welche durchaus niederschlagende Resultate erhalten wir! – Zu welcher Glückseligkeit führt denn das Judentum seine Bekenner? – Von jeher war Elend und Sklaverei ihr Los; nicht gekannt oder verachtet von den übrigen Völkern; und während die übrigen Nationen den Gipfel der Kultur, des Wohlstands und des Glücks erstiegen, blieben seine Bekenner stets arm an allem, was Menschen groß und edel macht und das Leben verschönt!« (ebd.)

Hirsch führt gegen diese seinerzeit populäre Auffassung an, die Verheißungen der säkularen Kultur, nämlich individuelle Perfektion und Glückseligkeit nur durch Vernunft erlangen zu können, seien Illusionen des anthropozentrischen Freiheitsdenkens (vgl. Sorkin 1987, S. 159). Die Annahme, der Mensch könne die Beherrschung seiner Natur und persönliche Vollkommenheit durch bloße Vernunft erlangen und benötige dafür keine Religion, sei verderblich. Tatsächlich nämlich führe die Freiheit den Mensch in die Nähe des Tieres. Ohne die Anerkennung Gottes als höheres Wesen, werde der Mensch sich nur mehr um die Befriedigung seiner körperlichen Bedürfnisse kümmern, sich ganz in Arbeit und Besitzstreben verlieren. Insofern stellt Hirsch fest: »Aber die Freiheit verschiebt auch Erfolg der Erziehung« (Hirsch 1987, S. 28). Die Ideale des Selbstdenkens und der menschlichen Freiheit werden von Hirsch mit ihren Schattenseiten dargestellt und in Widerspruch zu Menschlichkeit und Bildung gestellt. Der Mensch, welcher ohne Anerkennung eines Schöpfers sich zum Herrscher über die Welt erklärt, fällt dem Egozentrismus anheim. Der Mensch, so Hirsch, könne sich Wege und Ziele seiner Erziehung nicht selbst geben, weil die Vernunft nicht ausreiche, um die eigene Natur zu überblicken (vgl. ebd., S. 19 f.). Diese Vorstellung spiegelt eine Angst wider, die wohl aus der aufkommenden Dominanz der Naturwissenschaft und den tiefgreifenden Veränderungen der Industrialisierung resultiert. Naturwissenschaft und Industrialisierung stehen im Geist der Rationalisierung und Beherrschung der physischen und sozialen (Um-)Welt. Die Romantik war ein Versuch, der erdrückenden Idealisierung der Vernunft die irrationale, geheimnisvolle Seite menschlichen Daseins zur Seite zu stellen. Vor diesem Hintergrund muss Hirsch quasi als Spätromantiker erscheinen und zwar indem er den Bildungsbegriff der Aufklärung aufnahm und dann in neuhumanistischer und romantischer Tradition verwendete im Sinne eines ganzheitlichen Bildungsideals.[35] Dieses lässt sich auf die kurze Formel bringen: »the individual

---

35 Die *Romantik* Hirschs beschränkt sich freilich auf einige Aspekte seines Bildungsdenkens und seiner Religiosität. Eine Verbindung von Judentum und Romantik erscheint ansonsten eher paradox angesichts des unheilvollen Entstehens völkisch-nationalistischer Gesinnungen während dieser Epoche (vgl. dazu z.B. Trepp 1996, S. 99).

developed himself into a harmonious whole that was fully formed« (Sorkin 1987, S. 164).

Es ist die menschliche Vernunft, welche in Hirschs Augen eine Bildung des Menschen nach Gottes Vorstellungen[36] verhindern kann, wenn sich der Mensch trotz ihrer Unzulänglichkeit auf sie verlässt. Sorkin fasst diesen Standpunkt Hirschs so zusammen: »God sets the standards for man; only in accepting them does man begin to act on behalf of his true education« (ebd., S. 160). Was an Sorkins Interpretation auffallen muss, ist die Rede von der wahren Erziehung und Bildung, welche nur als Gegenpart einer falschen Bildung vorstellbar ist. Die falsche Bildung ist dann jene, deren Nutzen sich nur auf die menschlichen Bedürfnisse, auf das Streben nach Besitz und persönlicher Befriedigung, bezieht. Die Gebote sind bei Hirsch nicht durch Vernunft erklärbar, sie erziehen also auch nicht im Sinne einer universellen Vernunft, sondern im Sinne eines göttlichen Planes. Die Bestimmung des Menschen liegt jedoch weiterhin in individueller Perfektibilität, Menschlichkeit und Glückseligkeit. Sie begleiten den Bildungsgedanken bei Hirsch, der so an Vorstellungen aus der Aufklärung anknüpft, sie reinterpretiert und die Möglichkeit ihrer Realisation exklusiv im Judentum gegeben sieht. Hirsch, so Sorkin, »tried to demonstrate that true *Bildung* was attainable only through an unreconstructed Judaism« (ebd.). Der revolutionäre Gedanke Hirschs liegt genau hier: die Tradition steht nicht im Widerspruch zur Bildung. Der Bildungsgedanke liegt im traditionellen Judentum zur Entdeckung bereit: »Traditional Judaism, if interpreted anew, could be shown to be the sole embodiment of humanism« (ebd.). Hirschs Konzeption führt nach Sorkin sogar noch darüber hinaus, denn »Judaism represents humanity at its highest level. Individual perfection and happiness are possible only through the ennoblement of God-given laws« (ebd.). Die neuartige Interpretation der Gebote als »exclusive means to a divinely ordained *Bildung*« (ebd., S. 161) muss einem Anhänger der Aufklärung geradezu anmaßend erscheinen. Ihren Zweck, den säkularisierten und

---

36 Hier ist freilich an Luthers Bibelübersetzung zu denken, welche durch ihre Rede von der Ebenbildlichkeit des Menschen mit Gott auch in den neuzeitlichen Bildungsbegriff hineinwirkt.

verbürgerlichten Juden die Unumgänglichkeit der jüdischen Tradition auf dem eigenen Bildungsweg zu demonstrieren, hat sie zwar in langer Sicht nur mit mäßigem Erfolg erfüllt, da »die Liberalen schon im Kaiserreich die große Mehrheit stellten und in der Weimarer Republik der Orthodoxie schätzungsweise nur noch 10 Prozent der Juden anhingen« (Richarz 1989, S. 32). Die jüdische Orthodoxie erhielt aber eine notwendige neue intellektuelle Grundlage, welche sie mit dem Bürgertum und seinen Werten versöhnte. Mindestens ebenso gewichtig ist aber umgekehrt die Einführung des Bildungsgedankens in das orthodoxe Judentum. Der Bildung kommt hier plötzlich eine im traditionellen Judentum zuvor so nicht gekannte Dimension zu. Hirsch schuf das theoretische Fundament der modernen Orthodoxie und setzte durch Schulgründungen und durch sein Eintreten für ein separiertes orthodoxes Judentum als Führer der Frankfurter Gemeinde Zeichen für dessen Praktikabilität. Zugleich aber, so führt Sorkin aus, habe Hirsch durch die Rechtfertigung jüdischer Tradition zur Herausbildung einer deutsch-jüdischen Subkultur beigetragen. Diese entstand einerseits durch die mangelnde Aufnahmebereitschaft und echte Toleranz der Mehrheitskultur, das heißt als Folge der lange Zeit aussichtslos erscheinenden Emanzipation, andererseits durch die Besinnung der orthodoxen Juden auf ihre nun doppelte kulturelle Herkunft: jüdische Tradition und deutsche Bildung.

6.5.2 Bildung zum Zwecke der Sittlichkeit und sozialer Teilhabe

> »Wenn es ein Ziel gibt, für das wir uns das Licht der Einsicht, das Wort der Überzeugung, die Kraft der Begeisterung wünschten, für das wir in allen Kreisen alles wach rufen möchten, was noch eine wahre, aufrichtige Regung für die heilige Sache des Judentums im Busen trägt, so ist es die Schule, die jüdische Schule.« (Hirsch 1908, S. 261)

Während zuvor Hirschs Konzeption jüdischer Bildung erörtert wurde, sollen nun ergänzend seine Vorstellungen von deren Übertragung auf die schulische Sphäre dargestellt werden. In der Schule wollte Hirsch seine Bildungsidee verwirklicht wissen und machte sich denn auch an deren Umsetzung in der von ihm gegründeten orthodoxen jüdischen Schule in Frankfurt am Main, welche vorbildlich für viele später gegründete Schulen der jüdischen Orthodoxie wurde.

Wie bereits dargelegt, sah er klar, dass den intellektuellen Aderlass der jüdischen Orthodoxie nur die Aufnahme des deutschen Bildungsideals in die orthodoxe Lebenswelt aufhalten könnte. Die Orthodoxie konnte so in die Gesellschaft der Mehrheitskultur integriert werden. Was das Judentum »retten kann«, so Hirsch, »das ist die innige Vermählung des religiösen Wissens und religiösen Lebens mit echter, wahrhaft sozialer Bildung« (ebd., S. 262). Die von Hirsch diagnostizierte »jüdische Unwissenheit« (ebd.) habe die jüdische Identität verwischt und durch die Reduktion des Judentums auf Festtage und den bloßen Glauben, durch die Unkenntnis rabbinischer Weisheit und biblischer Geschichten habe das Bewusstsein jüdischer Bestimmung bei der Jugend abgenommen (vgl. ebd.). Hier muss die Schule ansetzen, indem sie dem Hebräischunterricht und der Bibellektüre wieder eine herausragende Stellung in der Schule einräumt.

Weiterhin beklagt Hirsch auch den Verlust der Gebildeten, welche das Judentum durch Taufe oder durch Säkularisierung verlassen haben:

> »Es ist die Unwissenheit, der Mangel an universeller sozialer Bildung andererseits, der, durch den Abfall der meisten ›Gebildeten‹ in so manchem gesetzestreuen, jüdischen Kreise in natürlichem Rückschlage erzeugt, die würdige Vertretung des väterlichen Heiligtums in den sozialen Kreisen des gebildeten Lebens beeinträchtigte und es den Priestern jerobeamischer Bestrebungen leicht machte, in den Augen der oberflächlich Gebildeten Judentum mit Unkultur zu identifizieren« (ebd.).

Hirsch setzt erneut die oberflächliche Bildung der Gebildeten gegen die von ihm so genannte soziale Bildung, welche das sittliche Moment mit den allgemeinen Bildungsinhalten verbindet. Die Sittlichkeit ist für Hirsch freilich primär durch das Judentum vermittelte Bildung. Gleichzeitig erkennt er die Bedeutung gebildeter Juden für das Ansehen in der Gesellschaft. Erst ein gebildeter Jude kann seine Religion würdig gegenüber Angehörigen der Mehrheitskultur vertreten.

Für Hirsch stellt sich nicht die Frage: Bildung oder Judentum, sondern beides im Schulunterricht zu vereinen sei nötig, um sowohl die bildungsfernen Juden an ein Leben in der Moderne heranzuführen als auch die Gebildeten im Judentum zu halten. Vor allem letzteres ist die Aufgabe der orthodoxen Schule, denn »eine jüdische Gelehrsamkeit mögen wir haben, – aber Wissenschaft, jüdische, lebendige

Wissenschaft« (vgl. ebd.) sei nötig, um eine ganzheitliche Bildung in den jüdischen Schulen zu verwirklichen. Ein Rückfall in die Zeit vor der Bildung ist eben unmöglich und wird gar verständnislos bei den östlichen Nachbarn registriert: »man denke nur an die mannigfachen Schattierungen zwischen der Schule im Osten, in welcher noch die ersten Elemente allgemeiner Bildung als Feinde des Judentums gescheut werden« (ebd., S. 264).

Freilich gilt für Hirsch auch in der Schule: »erst Judentum, dann Bildung« (ebd., S. 276). Jedoch weiß er um die Wichtigkeit letzterer. So ruft er die jüdischen Eltern auf: »ihr alle, die ihr es noch redlich mit dem Judentum meint ... reicht euch einmal die Hand, die Gesamtbildung eurer Kinder einheitlich zu pflegen« (ebd., S. 278). Während bei Wessely die allgemeine Bildung dem Judentum den Boden bereiten sollte, stellt es sich bei Hirsch umgekehrt dar. Das Judentum leistet die Erziehung zu sittlichem Benehmen und die Bildung erfüllt den Zweck soziale Teilhabe und neue Berufsmöglichkeiten zu eröffnen:

> »Und darum hindern und beeinträchtigen sich diese beiden Bildungselemente nicht, tragen und stützen sich vielmehr dergestalt, daß ohne die Kräfte der Jugend mehr als recht ist anzustrengen, in dem Maß der gewöhnlichen Unterrichtszeit das hohe Ziel angestrebt und erreicht werden kann: in der Heranbildung unserer Kinder allen gerechten Anforderungen der Zeit und des Judentums zu genügen und sie, ausgerüstet mit dem Schmucke aller wahrhaft humanen Bildung, an der Hand der sie lebenslänglich begleitenden ... jüdischen Gotteslehre und Väterweisheit in den Ernst des Lebens treten zu lassen« (ebd., S. 280).

Hirsch erkennt die Berechtigung der Bildungselemente an, welche die Schüler für die Anforderungen der Zeit wappnen, jedoch sieht er die Gefahr, »daß aber auch der in den Schulen gepflegte Unterricht sowohl nach dem realen Unterricht seiner Gegenstände, als nach den formalen, zur Förderung der Unterrichtszwecke benutzten Mitteln zu wenig sittlich bildenden Einfluß zu üben geeignet sei« (ebd., S. 282). Es verwundert wenig, dass die sittliche Ausbildung dem Religionsunterricht zufällt. Die übrigen Fächer rechtfertigen sich einzig dadurch, dass sie zu sozialer Teilhabe befähigen: »Es lerne die Jugend, um für die einstige Brot-Karriere geschickt zu werden. (...) An die Erreichung gewisser Bildungsstufen knüpfe ich die Erlangung bedeutender Vorteile und Berechtigungen« (ebd., S. 283). Aber den Anforderungen des Judentums wird nicht gerecht, was den Anforderungen der Zeit gerecht wird, denn »Selbst von den Realien, dem reichen Gebiete des geschichtlichen und naturwissenschaftlichen Unterrichtes, dürften alle andern seelischen Fähigkeiten, insbesondere Anschauung, Gedächtnis, Denkkraft, bei weitem den Löwenanteil an bildender Ausbeute davon tragen, der Pflege des sittlichen Momentes aber nur weniges zugute kommen« (ebd., S. 284).

Hirsch sieht den Grund für den säkularen Lebensstil vieler Juden und für ihren Abfall vom gesetzestreuen Judentum in den Verlockungen einer Bildung, die zunehmend nur mehr dem beruflichen Aufstieg und damit dem materiellen Nutzen verschrieben ist. Zwar ist ihm die berufliche Notwendigkeit der Bildung bewusst, aber in der Schule muss die sittliche Erziehung gleichsam das Korrektiv bilden, damit »der materialistische Hauch, der über allem Naturwissenschaftlichen der Gegenwart schwebt, nicht auch, bewußt und unbewußt, den naturwissenschaftlichen Unterricht der Schule berührt« (ebd.) Hirsch wendet sich damit gegen eine »Bildung des Geistes«, welche »nicht selbst als Diktat sittlichen Pflichtgebotes, sondern nur als egoistisch auszubeutendes Vorteils-Vehikel« (ebd.) gebraucht wird. Seine Aufklärungskritik findet sich hier wieder, indem er einer ganzheitlichen Bildung das Wort redet, welche Ratio und Gefühl, Bildung und Sittlichkeit in jüdischer Auslegung miteinander verbindet und damit der »Utilitätsvergötterung» (ebd., S. 286) ein Ende setzt.

6.6 Die doppelte Funktion orthodoxer jüdischer Bildung

Bei aller gerechtfertigter Faszination für Hirschs höchst kreative Leistung, der jüdischen Tradition mithilfe der Bildungsidee ein neues Fundament gestiftet zu haben, darf eine kritische Beleuchtung seiner Ideen nicht ausbleiben. Wiener hebt zu Recht eine argumentative Schwäche in Hirschs Konstruktion hervor:

> »So macht sich Samson Raphael Hirsch glauben, die innigste Vermählung des Judentums, und zwar des ganzen unverkürzten Judentums mit dem Geiste echter Wissenschaft und Bildung darzutun; darzutun, daß dieses sein Judentum das ganze Judentum repräsentiere, das nicht der Vergangenheit, sondern der Gegenwart mit deren ganzem frisch pulsierenden Leben angehöre« (Wiener 1933, S. 20).

Was in dieser Anmerkung zum Ausdruck kommt, ist die ganze Problematik der

Orthodoxie im Sinne Hirschs. Sie öffnet sich einerseits der Umweltkultur, indem sie in ihrer institutionellen Erziehung den Erwerb allgemeiner Bildung fördert und ihren Besitz auch im privaten Bereich hochschätzt, andererseits aber beansprucht sie für sich, ganz in der Tradition des alten Judentums zu stehen, das doch eigentlich die Notwendigkeit profanen Wissens negiert. Die Identität von Bildung und Judentum bleibt im Grunde ein Anachronismus wie er eingangs diskutiert wurde. Talmudische Gelehrsamkeit als Ideal des frommen Juden, das Lernen der Tora als Lebensaufgabe können unmöglich Variationen des Gebildeten sein, sofern Bildung als Prozess die Aneignung der objektiven Welt, die Aneignung des Subjekts durch die Welt meint. In der Tat ignoriert Hirschs Konzeption dies nicht, jedoch betrifft seine Idee allgemeiner Bildung als sozialer Bildung wohl eher den letzteren Aspekt und weniger die Aneignung der Welt durch das Individuum, welche stets eine kritische sein muss, welche das ganze Leben betrifft, um sich Bildung nennen zu können, die nicht bloß dem Kriterium der Nützlichkeit entspricht. Mit anderen Worten: Bildung schließt Aufklärung notwendig mit ein und das bedeutet letztlich auch, dass dem Individuum die Möglichkeit zur Loslösung von gleich welchen Autoritäten gegeben werden muss, solange dies im Einklang mit den Erfordernissen des gesellschaftlichen Zusammenlebens bleibt. Bei Hirsch wird aber Bildung bloß mit ihrem gesellschaftsaffirmativen Zweck konzipiert, sein Konzept steht damit dem Bildungsbegriff Mendelssohns zwar näher als der Idee der Mündigkeit bei Kant, entspricht also noch eher der Warnung des ersteren vor den Gefahren ungezügelter Aufklärung. Dennoch wird die Idee der Aufklärung und das ist letztlich die Idee der triumphierenden Vernunft samt ihres ganzen Potenzials, mehr oder weniger deutlich negiert. Seligmann hat dies recht klar gesehen:

> »So liegt dem Hirschschen System im eigentlichen Wortsinn ›Orthodoxie‹, d.h. der Glaube an die Göttlichkeit und darum Unantastbarkeit des gesamten im Laufe von drei Jahrtausenden angehäuften Religionsgesetzes zugrunde. Dieser Glaube lässt keine Kritik und keine wissenschaftliche Untersuchung zu. Wissenschaft ist für die Orthodoxie nur innerhalb der selbstgezogenen Grenzen möglich, hat den ausschliesslichen Zweck, das Überkommene zu schützen und zu verteidigen und wird daher notgedrungen zur Apologetik und Symbolik.« (Seligmann 1922, S. 96)

Damit wird nun auch die doppelte Funktion dessen, was hier im Bewusstsein der genannten Problematik als jüdische Bildung gefasst wird, offenkundig. Bildung wird als Notwendigkeit erkannt und ob ihres gesellschaftlichen Nutzens gefordert. Sie erfüllt damit die Funktion, gesellschaftliche Teilhabe zu ermöglichen. In dieser Funktion erfüllt sie teilweise den Anspruch, ein Medium der Emanzipation zu sein, insofern sie die Gesellschaftsfähigkeit der Juden, deren Zurechtfinden in der Mehrheitskultur, zu ermöglichen vermag. Noch ist die Emanzipation im eigentlichen Sinne rechtlicher Gleichstellung nicht erreicht und so liegt die Funktion der Bildung noch eher in der über sie erreichten Verbürgerlichung. Dieser Gedankengang wird im folgenden Kapitel wieder aufgenommen und weitergeführt. Die zweite Funktion der jüdischen Bildung ist aber gewissermaßen eine der ersten tendenziell entgegengesetzte. Jüdische Bildung will gleichsam die für den Erhalt jüdischer Traditionen gefährlichen Folgen bereits erreichter Verbürgerlichung mindestens abmildern, Assimilation und Dekulturation verhindern. Damit nimmt sie eine Reaktion auf die womöglich noch verheerenderen Folgen späterer Emanzipation vorweg. Die doppelte Funktion ist damit kurz: zum einen die Ermöglichung des Eintritts in das bzw. des Verbleibs im Bürgertum, zum anderen das Wappnen des Judentum gegen die Säkularisierungstendenzen im Bürgertum.

Um sich der gegenaufklärerischen Tendenzen in Hirschs Werk und damit der Problematik seines Bildungskonzepts im Emanzipationsprozess nochmals gewahr zu werden, komme hier wiederum Seligmann zu Wort. Er vermag das Grundthema Hirschs recht präzise zu benennen:

> »Psychologisch erfasst, ist das System Hirschs indessen wohl kaum die Grundlage seiner jüdischen Einstellung, sondern seine jüdische Einstellung ist das Motiv seines Systems. Hirsch ist eine von den Pietätswerten des traditionellen Judentums tief durchdrungene Persönlichkeit. Jüdischer Partikularismus ist das Motiv seiner Theologie. Nicht aus Orthodoxie ist er gesetzestreu, sondern aus Gesetzestreue ist er orthodox. Um das jüdische Leben, das er gelebt wissen will, sicherzustellen, bedarf er des Autoritätsprinzips, das er in glänzender Dialektik in seinen neunzehn Briefen verficht.« (Seligmann 1922, S. 96)

Dem ist nur noch hinzuzufügen, dass die aus pädagogischer sowie liberal-jüdischer Sicht (!) gewiss berechtigte Kritik die Verdienste Hirschs um die Reform jüdischer Erziehung nicht vergessen darf. Die Öffnung der Orthodoxie für allgemeine Bildung ist, unabhängig von ihrer Motivation, eine hoch einzuschätzende Leistung. Was Kurzweil für die von Hirsch gegründete Schule bemerkt, dass ihre Leistung darin bestünde, die Auseinandersetzung zwischen Tora und Umweltkultur eingeleitet zu haben, das gilt ohne Zweifel für sein gesamtes Konzept (vgl. Kurzweil 1987, S. 81 f.). Die Kenntnis von Hirschs Ideen zur Konstruktion jüdischer Bildung gibt einen Einblick in die Grundthemen jüdischer Weltanschauung insgesamt. Bildungshistorisch gesehen stellen Werk und Schaffen Hirschs ein bislang arg vernachlässigtes Forschungsfeld dar, welches wichtige Aufschlüsse über die Vereinbarkeit von Bildung und streng gläubiger Religiosität geben könnte. Ebenso interessant ist die Frage nach der Möglichkeit der Integration einer Minderheit in eine Gesellschaft, wenn sie Elemente der Mehrheitskultur beinahe nur zum Zweck des Erhalts der eigenen Identität und des Aufstiegs in beruflicher Hinsicht aufnimmt, weniger aber um einen Austausch kultureller Werte zu betreiben wie er der Idee der Akkulturation und Interkulturalität eigentlich inhärent ist. Dabei bleibt zu berücksichtigen, dass die Mehrheitskultur an einem solchen Austausch auch kaum Interesse zeigte, was als primärer Auslöser des Rückzugs einer Minderheit auf die eigenen tradierten Werte gesehen werden muss.

7. Bildung als Medium der jüdischen Emanzipation?

Ist nun die Idee, der Emanzipation über die Verbreitung der Bildung unter den Juden den Weg zu bahnen, bloße Hoffnung einiger jüdischer Aufklärer geblieben oder kann es als Faktum der jüdischen Bildungsgeschichte in Deutschland angesehen werden, dass Bildung als Medium der Emanzipation fungiert hat? Die Frage lässt sich ohne Umschweife nicht beantworten. Sicherlich hat der Bildungsgedanke, wie auch an den vier zuvor vorgestellten jüdischen Denkern des 18. und 19. Jahrhunderts verdeutlicht werden konnte, Einzug in das Selbstverständnis der Juden in Deutschland gehalten. Die Bildung hatte an der Verbürgerlichung der Juden wesentlichen Anteil. Die Verheißungen der Bürgerlichkeit, Wohlstand und soziale Integration, waren den Juden ein steter Anreiz, sich vom rabbinischen Ideal talmudischer Gelehrsamkeit so weit zu verabschieden, dass weltlichem Wissen über den beruflichen Rahmen hinaus Raum gegeben werden konnte. Während Bildung oder vielmehr eine reformierte Erziehung zunächst wie bei Wessely primär der inneren Reform des Judentums dienen sollte, wurde später ihre akkulturierende Funktion immer deutlicher. Am klarsten zeigt sich dies freilich in Friedländers Schriften und Aktivitäten. Aber auch die innere Reform des Judentums, ebenso wie seine philosophische Durchdringung und Rechtfertigung im Sinne Mendelssohns, sind letztlich Folgen der Einsicht in die Notwendigkeit, sich dem Anpassungsdruck der Mehrheitskultur zu stellen und gleichzeitig dem eigenen Bedürfnis geschuldet, sich neue Lebenswelten zu erschließen. Akkulturation heißt hier die Übernahme dem entstehenden Bildungsbürgertum kompatibler Deutungsmuster. Kocka hat überzeugend aufgezeigt, dass Bildung »einem modernen Glauben mit eigenen Symbolen« geglichen und »als ein Kriterium kultureller Zugehörigkeit und Definition, als ein Mittel zu kollektiver Identitätsbestimmung« gedient habe (Kocka 1987, S. 35). Wodurch diese gemeinsame Identität genau bestimmt war, ist noch immer unklar. Einige angenommene Determinanten (Mitgliedschaften in Vereinen, Familien- und Freundschaftsbeziehungen etc.) des deutschen Bildungsbürgertums wurden bislang noch nicht hinreichend untersucht (vgl. ebd., S. 37) und so wird Bildung gemeinhin als das zumindest für die erste Hälfte des 19. Jahrhunderts dominante verbindende Element angesehen. Indem sich die Juden der Bildung zuwandten, wurden sie zu Bürgern. Dass sie dabei rechtlich noch lange Zeit gegenüber christlichen Bürgern benachteiligt wurden, konnte in den deutschen Ländern nur selten die Solidarität jener wecken, insofern allen Bürgern politische Partizipation nur eingeschränkt möglich war und die Diskriminierung der Juden offenbar nicht als ein Symptom der Benachteiligung des Bürgertums insgesamt aufgefasst wurde.[37] Das Verbindende, die Grundlage gemeinsamer Deutungsmuster bürgerlicher Juden und Christen hinsichtlich Lebensführung und -gestaltung war die Bildung. Juden waren Bürger, insofern Kockas Kennzeichnung des Bürgers auch auf sie – gleichsam in exemplarischer Eindeutigkeit – zutraf: »Die Betonung von Bildung (statt Religion oder in Verbindung mit bildungskompatiblen Varianten von Religion) kennzeichnete das Welt- und das Selbstverständnis der Bürger; Bildung gehörte zugleich zur Grundlage ihres Umgangs miteinander und zur Abgrenzung von anderen (etwa durch Zitate und Konversationsfähigkeit)« (ebd., S. 43). Der zweite Teilsatz verweist darauf, dass Bildung, als kulturelles Kapital verstanden, den Juden die Tür zum sozialen Aufstieg sicherte. Der Gedanke der (Selbst-)vervollkommnung, Bildung als »process of integral self-development on the basis of a form that was an inherent part of the individual« (Sorkin 1987, S. 15) soll keineswegs diskreditiert werden als ideelle Hülle, hinter der sich ein eigentlicher Zweck verbarg. Dennoch muss sie im hier dargelegten Kontext primär als Funktion betrachtet werden. Diese Perspektive erweist sich als gangbar, wenn nach einem dem sich wandelnden Bildungsverständnis inhärenten gemeinsamen Nenner Ausschau gehalten wird. Bei den zuvor (exemplarisch) vorgestellten Protagonisten des jüdischen Emanzipationsprozesses geht es schließlich stets, offen oder verdeckt, um die Suche nach bildungskompatiblen Varianten des Judentums, um das Auffinden einer Vereinbarkeit von

---

37 Es ist dies eine Verbindung, welche politisch aktive Juden im Vormärz durchaus sahen (vgl. Toury 1966, S. 28).

Judentum und moderner Bürgerlichkeit. Dabei hat sich Bildung also tatsächlich als Medium erwiesen, das sowohl dem jüdischen Bedürfnis nach Teilhabe an den modernen Entwicklungen als auch dem Druck der Umwelt, die ihre Anerkennung vom Grad der Bildung abhängig machte, gerecht wurde.

Problematisch bleibt aber der kausale Zusammenhang zwischen Bildung und Emanzipation. Um diese Kausalität zu hinterfragen, sollen nun noch einmal einige wesentliche Momente der Emanzipationsepoche nachvollzogen werden, um sodann wieder auf die These der Funktionalisierung von Bildung zurückzukommen.

Zur Emanzipation der Juden in Deutschland kam es bekanntlich erst mit der Reichsgründung 1871. Da den Juden in Deutschland die Emanzipation eben nicht bedingungslos zugebilligt wurde, das scheint ein unvermuteter Vorteil des zögerlichen, obrigkeitsstaatlichen Vorgehens gewesen zu sein, waren diese zu steter Anpassung an die Umweltkultur und damit zur Aneignung von Bildung aufgefordert. Das ändert allerdings nichts an der Berechtigung des kritischen Einwandes, dass die Emanzipation der Juden in erster Linie nicht aus Gründen der Toleranz und durch die Annahme des Menschheitsgedankens wie ihn Mendelssohn ins Spiel gebracht hatte erfolgte, sondern aus Nützlichkeitserwägungen im Sinne Dohms und aus Staatsräson, also um den zeitgenössischen Ansprüchen an einen modernen Verfassungsstaat gerecht zu werden. Die meisten christlichen Verfechter der Judenemanzipation trugen sich zudem in der Hoffnung, dass diese letztlich zur völligen Assimilation führen würde, zur vollständigen Aufgabe des Judentums. Assimilation wurde von vielen fadenscheinigen Judenfreunden mit Hannah Arendts Worten »als fortschreitende Einsicht in die Wahrheit, nicht als Angleichung und Rezeption einer bestimmten Kultur in einem bestimmten und damit zufälligen Geschichtsstadium« (Arendt 1932, S. 108) vorgestellt.

Dazu, zur Assimilation, ist es im hier behandelten Zeitraum und auch später nicht gekommen. Es ist höchstens von Akkulturation zu sprechen, insofern die Juden nicht die Mehrheitskultur bei gleichzeitiger völliger Aufgabe eigener kultureller Identität übernommen haben, sondern vielmehr ihre kulturell-religiöse Besonderheit bewahrten und sich den Verhaltenskodex eines Teils der Mehrheitskultur, des Bildungsbürgertums, aneigneten. Gemäß der Auffassung von Katz, die sich ähnlich auch bei Sorkin findet, kam es genau genommen nicht einmal zu einer Eingliederung der Juden in das deutsche Bildungsbürgertum, sondern vielmehr zu einer Deckungsgleichheit bestimmter Merkmale von jüdischer Subkultur und deutschem Bürgertum: »the entrance of Jewry as a *collective* into the body of German society did not mean real integration into any part, stratum, or section of it. It meant, rather, the creation of a seperate subgroup, which conformed to the German middle class in some of its characteristics« (Katz 1985, S. 85).

Judentum und Bildungsbürgertum sind gemeint, wenn von deutsch-jüdischer Symbiose (und auch deren Existenz ist fraglich) gesprochen wird (vgl. Schoeps 1996). Die Integration der Juden hat nicht stattgefunden, wenn davon ausgegangen wird, dass Integration eine zufällige Verteilung von Status und Beruf innerhalb einer Gruppe bedeutet, diese also als Minderheit in dieser Hinsicht nicht mehr erkennbar ist.[38] Gleichermaßen blieb die gesellschaftliche Teilhabe bis in die Zeit nach der Reichsgründung hinter den Erwartungen vieler Maskilim und späterer eher politisch als bildend aktiver Juden zurück. Zwar brachte die Reichsgründung die rechtliche Gleichstellung der Juden, das heißt die Emanzipation im eigentlichen Sinne, es blieben aber einige wenige Einschränkungen hinsichtlich militärischer, juristischer und akademischer Karrieremöglichkeiten bestehen. Die früheren Judenedikte in Preußen 1812 und mehr noch dasjenige in Bayern 1813 hatten gewiss trotz ihrer emanzipatorischen Absichten mehr Einschränkungen und Beschränkungen für die Juden bedeutet als die Reichsverfassung, doch ist Walter Grabs These (nicht seinem angedeuteten Fatalismus)[39] zuzustimmen, dass die Emanzipation den Juden in Deutschland nicht aus liberaler, demokratischer Überzeugung, geschweige denn

---

[38] Monika Richarz hat gezeigt, dass der Anteil der Juden an freien Berufen und am Handelswesen im 19. Jahrhundert relativ zu ihrem Bevölkerungsanteil überproportional hoch war (vgl. Richarz 1974).

[39] Die teilweise fatalistische Argumentation Grabs lässt sich hier nur in einem Satz andeuten: »Der deutsche Weg der Judenemanzipation führte in den Abgrund: Die Juden wurden das Opfer des Scheiterns der Demokratie in Deutschland« (Grab 1991, S. 8).

durch den Willen des Volkes zuteil wurde, sondern von der Obrigkeit gnädig und eigennützig gewährt wurde (vgl. Grab 1991, S. 38). Grab, der unter einer wahren und gelungenen Emanzipation neben der rechtlichen auch die soziale Gleichstellung versteht, sieht ihre Verwirklichung freilich auch 1871 nicht gekommen. Diese Auffassung vertritt auch Jacob Toury, der von einer oberflächlichen Akkulturation spricht: »Es muß als Tatsache festgehalten werden, daß die Mehrheit – wahrscheinlich sogar die große Mehrheit – der Deutschen die Juden, trotz des wachsenden Umfangs ihrer Bildung und ihren bürgerlichen und kulturellen Leistungen und trotz der endlich gesetzlich festgelegten Gleichberechtigung, nicht als ihresgleichen akzeptierte« (Toury 1977, S. 210). Tourys einschränkende Feststellung deutet aber auf eine Komponente des modernen Antisemitismus hin, dem in diesem Zusammenhang nicht weiter nachgegangen werden kann. Gewiss fand dieser auch in den Neidern der auffällig oft hochgebildeten Juden seine Anhänger.[40]

Sicher ist: die Aneignung von Bildung bedeutete für die Juden in Deutschland den Beginn eines Akkulturationsprozesses, welcher jedoch dem Ideal des kulturellen Austauschs mit der Mehrheitskultur nur äußerst selten entsprach. Am ehesten noch kam es in der Aufklärungsepoche zu intellektuellen Begegnungen zwischen Juden und Christen in Salons oder auch zu Hause.[41] Dieser Austausch trug sicherlich zum Abbau kultureller Barrieren bei, konnte jedoch kaum einen dauerhaften interkulturellen Diskurs etablieren. Angesichts dieser Einschränkungen darf jedoch nicht übersehen werden, dass die rege Teilnahme von Juden am intellektuellen Leben in Deutschland seit der Aufklärung überhaupt als Positivum des Akkulturationsprozesses gewertet werden muss. Der mangelnde interkulturelle Austausch wiederum ist symptomatisch vor allem für die Zeit nach der deutschen Aufklärung, die mit ihren Idealen in der Breite der deutschen Gesellschaft keine tiefen Wurzeln schlagen konnte und früh von

---

[40] Gerald Messadié zeichnet im Gegensatz zu Grab ein überwiegend positives Bild des Status' der Juden in der deutschen Gesellschaft im Kaiserreich, erweckt mithin den Eindruck einer auch in sozialer Hinsicht gelungenen Emanzipation, deren Schwierigkeiten er aber ebenso betont wie Toury (vgl. Messadié 2001, S. 296 ff.).

[41] Vgl. zur Geschichte deutsch-jüdischer Begegnungen zur Zeit der Aufklärung z.B. Hertz 1991; Katz 1994

Romantikern und Konservativen in Frage gestellt wurde (vgl. Mosse 1980, S. 21). In der entstehenden bürgerlichen Gesellschaft verschmolzen alte Vorurteile aus voraufklärerischer Zeit »mit den Ideen der politischen Romantik, des Nationalismus und Sozialdarwinismus« (Berding 1988, S. 7). An der »religiösen Ideologisierung der ›Judenfrage‹«, so Berding, »hatte die ›politische Romantik‹ entscheidenden Anteil. Sie ging vom Ideal der christlich-ständischen Gesellschaftsordnung aus und trat allen Auflösungstendenzen entgegen« (ebd., S. 47). Politisch zu erklären sei die antijüdische Geisteshaltung vieler völkisch-nationaler Romantiker auch dadurch, dass unter dem Einfluss der napoleonischen Besatzung die Ideen der Aufklärung an Überzeugungskraft eingebüßt hätten. In der Wendung gegen alles Napoleonische wurden auch die Juden in Mitleidenschaft gezogen. Sie hatten in den meisten französisch besetzten Gebieten die vollen Bürgerrechte erhalten, die man ihnen im Zuge der Restauration eifrig wieder entzog (vgl. ebd., S. 43).[42]

Im Selbstbezug der deutschen Aufklärung, ihrem – bisweilen nur scheinbaren – Rückzug auf die Vernunft scheint auch ein Grund für die seitens der christlichen Gebildeten selten ernsthaft, nie mit Inbrunst befürwortete Judenemanzipation zu liegen. Wie Schmidt in seiner Beschreibung der Aufklärung feststellt, blieb diese in Deutschland »ohne entscheidende äußere Erfolge, als innerliche formende Selbstbesinnung der deutschen Philosophie und Literatur auf sich selbst« (Schmidt 1978, S. 45). Die Idee individueller Entwicklung blieb in Deutschland lange auf die

---

42 Die Judenfeindschaft der Romantiker erscheint durchaus nicht selbstverständlich angesichts ihres emphatischen Interesses für das (auch kulturell) Fremde. Hartwich verweist auf die gemeinhin anerkannte Unterscheidung von christlichem Antijudaismus und modernem Antisemitismus mit seinen rassistischen, politisch ideologischen Implikationen. Die Ambivalenz des Verhältnisses der Romantiker zum Judentum steht, wie Hartwich ausführt, »im Zeichen einer irrationalistischen und archaisierenden Interpretation der Wirklichkeit. Der Feindschaft der Romantiker gegen das zeitgenössische 'reale' Judentum ... korrespondiert eine Idealisierung der mythisch-mystischen Formen dieser Religion ...« (Hartwich 2005a, S. 243). Hartwich arbeitet in seinem Aufsatz die theologische Begründung der Judenfeindschaft in der Romantik ebenso heraus wie die literarische Rezeption mittelalterlicher anti-jüdischer Legenden und ihre romantische Ästhetisierung am Beispiel Achim von Arnims. Er gelangt zu einem differenzierten Judenbild der Romantik, ein »Nebeneinander antisemitischer Stereotype und antijüdischer Argumentationen« (ebd., S. 264). Der romantische Fundamentalismus enthalte anders als der rassistische Antisemitismus »wenigstens Ansätze zum Dialog mit dem Judentum« (ebd.).

Entfaltung geistiger Potenziale beschränkt, im gesellschaftlichen Bereich ging es weniger um politische Freiheit und rechtliche Gleichheit, sondern mehr um die Erlangung von Wohlstand.

Früh begann das urbane Bildungsbürgertum in Deutschland mit der Selbstabschottung, die der Wahrung der gewonnenen sozialen Stellung in der nachständischen Gesellschaft und der Verteidigung wirtschaftlichen Wohlstands diente. Bildung als ganzheitliche Entwicklung des Individuums war das Ideal dieser Gruppe, längst aber war die Übernahme des Ideals zum Aufnahmekriterium geworden. Das Ideal hatte zunehmend weniger mit dem zu tun, was tatsächlich als allgemeine Bildung in Erscheinung trat: die Kenntnis eines bestimmten, freilich dem Wandel der Zeit unterworfenen Bildungskanons, der allgemeine, kulturelle Kenntnisse und soziale Fertigkeiten umfasste. Die Aneignung allgemeiner Bildung wurde zur Voraussetzung höherer, zumeist akademischer beruflicher Qualifizierung. Damit wurde Bildung als kulturelles Kapital etabliert und stand in zunehmend enger werdender Beziehung zu materiellem Besitz. Die Juden, besser gesagt zunächst eine dünne jüdische Führungsschicht und bis zum Ende des 19. Jahrhunderts dann auch die Breite dieser Bevölkerungsgruppe, verschafften sich in erstaunlicher Weise und weit effizienter als andere benachteiligte Bevölkerungsgruppen wie Bauern und Arbeiter Zugang zu allgemeiner Bildung. Simone Lässig führt diese Tatsache darauf zurück, dass die Juden im Gegensatz zu anderen sozial niedrig gestellten Gruppen »die ursprüngliche Akkumulation von kulturellem Kapital« bereits so erfolgreich bewerkstelligt hatten, dass sie von der Verstopfung der Aufstiegskanäle durch das Bürgertum kaum noch betroffen waren (Lässig 2004, S. 660). Dies lässt sich unter anderem aber auch mit der Tradition des Lernens und der dadurch stets notwendigen Alphabetisierung erklären. Es änderten sich Inhalt und Methode des Lernens, die Wertschätzung geistiger Arbeit blieb bestehen (vgl. Kahn 1993, S. 98). Bildung, so Lässig, »erwies sich ... schnell als ein dem eigenen kulturellen System komplementäres Element« (Lässig 2004, S. 659). Die Rede von der Akkomodation, indem sie die Bereitschaft der Juden zu Veränderungen in Habitus und Denkweise betont, erscheint hier angebracht, wurde bislang aber im Gegensatz zu den Aneignungsprozessen zu wenig beachtet. Die Anpassungsbereitschaft und -fähigkeit der Juden wäre eine eigene Untersuchung wert, auch wenn in erster Linie die im 18. und 19. Jahrhundert sich gravierend ändernden äußeren Umstände eine Anpassung der Juden erzwungen haben. Däschler-Seiler verweist auf diesen Prozess: »Indem die weltoffenen jüdischen Denker die sie umgebenden geistigen Prozesse assimilierten und die vorhandenen Schemata nicht ausreichten, mußten diese angepaßt, also akkomodiert werden. Sie veränderten sich notwendigerweise. Dieser Prozeß erwies sich als unumkehrbar« (Däschler-Seiler 1997, S. 288). Das wird an der Aufnahme des Bildungsideals in orthodoxen Kreisen sehr gut sichtbar. Hirsch hat, wie dargelegt, ja eben nicht aus freien Stücken den Bildungsgedanken in das Judentum integriert, sondern weil ein Fortbestehen der Orthodoxie ohne diesen Schritt kaum mehr möglich gewesen wäre.

Die relativ einseitige Auseinandersetzung mit den Werten der Mehrheitskultur war aber auch eine Notwendigkeit angesichts der angesprochenen Abschottungstendenz des Bürgertums. Während Lässig deren Einsetzen um die Mitte des 19. Jahrhunderts sieht (vgl. Lässig 2004, S. 660), spricht einiges dafür, die Vorbereitung der sozialen Distinktion mit Jürgen Kocka schon weit früher, um die Jahrhundertwende, anzusetzen, als sich das Bildungsbürgertum in der Entstehung begriff (vgl. Kocka 1987, S. 33 ff.). Dieses war so sehr mit der Schaffung einer eigenen bürgerlichen Kultur, eines eigenen Wertsystems beschäftigt, dass es sich wenig offen für andere kulturelle Eigenheiten zeigte, ja deren Ablehnung oder gar Abwertung war im Grunde dazu angetan, die eigene Gruppenidentität zu festigen.

Eine weitere Hürde – und diese konnten die Juden vollends nie übersteigen – stellte bald die Frage der Nationalität dar. Die Juden begriffen sich lange Zeit selbst als Volk oder Nation und wurden als solches von deutschen Nationalisten geschmäht, ja sie wurden als »feindselig gesinnter Staat« (Fichte 1793/1971, S. 149) im Staate empfunden.

Zur Zeit des entstehenden deutschen Nationalismus und der christlichen Romantik im frühen 19. Jahrhundert war es deshalb zusätzlich schwierig für Juden, Einlass in die gehobenen sozialen Kreise zu erhalten (vgl. Katz 1986, S. 213). Sie hatten sich bereits weitgehend akkulturiert und via allgemeiner Bildung die Befähigung zu gehobener Konversation erlangt. Katz übertreibt, wenn er bemerkt, »alle christlichen Kreise« hätten in der Zeit der Restauration »auf ihrer christlichen Exklusivität« bestanden (ebd., S. 222). So waren Juden sogar in manchen der um diese Zeit entstehenden deutsch-nationalen Burschenschaften zugelassen (vgl. Toury 1966, S. 28 ff.). Dennoch ist eines unabweisbar: »Es war eine Zeit großer Enttäuschung für den gebildeten Juden, der sich für berechtigt hielt, von seiner Umgebung anerkannt und aufgenommen zu werden, und dennoch von ihr zurückgewiesen wurde« (Katz 1986, S. 222 f.). Die Hoffnung auf eine durch Bildung vermittelte Emanzipation wurde wieder einmal enttäuscht, nachdem ein Großteil der im Edikt von 1812 zugestandenen Rechte in der Restaurationszeit sukzessive zurückgenommen wurde. Auch die etwa mit der französischen Revolution von 1830 einsetzende und mindestens bis zum Scheitern der Revolution von 1848/49 andauernde liberale Ära in den deutschen Ländern brachte keine durchschlagenden, erst recht keine nachhaltigen Verbesserungen für die Juden. Sie waren zwar bereits in großer Zahl Teil des Bildungsbürgertums geworden, doch die »Errungenschaften in der gesellschaftlichen Sphäre blieben weit hinter den Vorstellungen zurück, die sich die Juden gemacht hatten, als sie zuerst die Schranken ihrer traditionellen Gesellschaft hinter sich ließen« (ebd., S. 223).

Die mangelnde Bereitschaft zu kulturellem Austausch, das Pochen auf weitestgehende Assimilation, bisweilen eine geradezu anti-aufklärerische, vorurteilsbehaftete Ablehnung nahm aber nicht erst mit der Romantik ihren Anfang. Schon mancher Aufklärer, so etwa der Hamburger Jakobiner Heinrich Christoph Albrecht, erwies sich als Vorbote des bürgerlichen Antisemitismus. Albrecht forderte von den Juden die Aufgabe ihrer Sitten, Traditionen und wie selbstverständlich der Befolgung der Gebote als Voraussetzung der Emanzipation (vgl. Grab 1991, S. 60). Sogar Kant gab sich anti-jüdischen Ausschweifungen hin, wie jedenfalls das Reisetagebuch des

Heidelberger Gymnasialinspektors Johann Friedrich Abegg offenbart: »so lange die Juden Juden sind, sich beschneiden lassen, werden sie nie in der bürgerlichen Gesellschaft mehr nützlich als schädlich werden. Jetzo sind sie die Vampyre der Gesellschaft« (Abegg 1798/1987, S. 190).

Bei der Suche nach einer Antwort auf die eingangs gestellte Frage, kann nun eine vorläufige Antwort gewagt werden. Bildung wurde, so gesehen bei Wessely und Mendelssohn, als Medium der bürgerlichen Verbesserung der Juden konzipiert. Damit verbunden war die Notwendigkeit einer Reform der Erziehung und der Inhalte des Wissenserwerbs – kurz der zentralen Elemente des Judentums –, was im Mittelpunkt der auf das Judentum bezogenen Bemühungen der beiden Denker stand. Die von mehr und mehr weltoffenen Juden empfundene Unzulänglichkeit spornte zunächst zu autodidaktischem Wissenserwerb, später zu institutionellen Reformen an. An den Ressentiments der Umwelt änderte die Zunahme der Bildung unter Juden ebenso wenig wie spätere Reformen des Judentums. Die Messlatte bezüglich der Angepasstheit der Juden wurde von Missgünstigen immer höher gelegt. Ein Phänomen, das im Rahmen dieser Arbeit nicht näher betrachtet werden konnte und dessen Untersuchung von großem Interesse nicht nur für die Antisemitismusforschung ist.

Als sich schließlich die Bestrebungen Friedländers, die rechtliche Gleichstellung herbeizuführen, als vergeblich erwiesen hatten und die Funktion der Bildung sich fortan vorläufig auf den Prozess der Verbürgerlichung konzentrierte, war dann die Idee der Bildung als Medium der Emanzipation tatsächlich gescheitert? In der Tat spielte die Verbindung von Bildung und Emanzipationsbestrebungen nach Friedländer eine untergeordnete Rolle bei den gebildeten Juden. Die Enttäuschung über die zögerliche Haltung der Obrigkeit hatte sie gelehrt, sich auf die Verbesserung ihrer gegenwärtigen Situation zu konzentrieren und sich auf die innere Reform des Judentums zu besinnen. Der Reformeifer eines Abraham Geiger ist ebenso Sinnbild dafür wie die Regeneration der Orthodoxie. Die Verbindung von Judentum und Bildung bei Hirsch wurde hier auch in dem Sinne gedeutet, dass sie Ausdruck der

Funktionalisierung der Bildungsidee gewesen sei. Bildung war Voraussetzung gesellschaftlicher Partizipation. In Hirschs Konzept zeigt sich aber natürlich auch ein Selbstzweck der Bildung. Bildung und Religion sollten unzertrennbar werden, gemeinsam an der Entwicklung des Menschen mitwirken. Damit wird im eigentlichen Sinne eine Idee weitergeführt, die bei Wessely und Mendelssohn ihren Ausgang nahm und die sich der seit jeher im Judentum stark ausgeprägten Bemühung zuschreiben lässt, auch bei widrigsten Umständen am jüdischen Glauben festzuhalten. Das war letztlich auch Friedländers Antrieb, obgleich er am meisten dafür zu opfern bereit war.

Indem er der Bildung das Primat gegenüber dem Judentum einräumen wollte, grub er einen Graben zwischen sich und die eigene Geschichte, die jüdische Identität, die von einer ausgeprägten Erinnerungskultur wesentlich geprägt ist. Das ist die Schattenseite der allgemeinen Bildung, die nicht ursprünglich, aber im Gefolge von Neuhumanismus und Historismus ein Bewahren des Alten wurde.[43] Zwar blieb Friedländer mit seinen Bemühungen um die rechtliche Gleichstellung erfolglos. Die Verbreitung des Bildungsideals unter den deutschen Juden hat aber deren Verbürgerlichung bewirkt. Problematisch wurde, dass sie auch einen Weg aus dem Judentum heraus angebahnt hat. Hannah Arendt weist kritisch auf dieses Element der (bewahrenden) Bildung hin, deren Aneignung für Juden stets auch die Aneignung einer fremden Geschichte bedeutete. Entfremdung von der eigenen Geschichte und Herkunft ist die negative Wirkung der Akkulturation. Für die Juden bedeutete dies:

> »Innerhalb einer geschichtlichen Wirklichkeit, innerhalb der europäischen säkularisierten Welt, sind sie gezwungen, sich dieser Welt irgendwie anzupassen, sich zu bilden.

---

[43] Die Definition von Bildung als Bewahren des Alten fand oben (siehe Kap. 2.1) bereits Erwähnung. Fuhrmanns Sichtweise steht offenbar wage in der Tradition der humboldtschen Bildungsidee, gleichzeitig spiegelt sie die Auffassung wider, welche sich (keineswegs nur) in der institutionalisierten Bildung, insbesondere natürlich im humanistischen Gymnasium, im 19. Jahrhundert durchgesetzt hat. Muhlack liefert eine aufschlussreiche Analyse der »Bildung zwischen Neuhumanismus und Historismus«, welche u.a. zeigt, dass ihrem ursprünglich gemeinten Sinn nach die neuhumanistische, »historische Bildung, dem, der sie erwirbt, zur Emanzipation von praktischer Ausrichtung und Funktionalisierung verhilft. Die Autonomie der historischen Erkenntnis führt zur Autonomie der durch diese historische Erkenntnis gebildeten Persönlichkeit« (Muhlack 1990, S. 94 f.).

> Bildung aber ist für sie notwendig all das, was nicht jüdische Welt ist. Da ihnen ihre eigene Vergangenheit entzogen ist, hat die gegenwärtige Wirklichkeit begonnen, ihre Macht zu zeigen. Bildung ist die einzige Möglichkeit, diese Gegenwart zu überstehen. Ist Bildung vor allem Verstehen der Vergangenheit, so ist der ›gebildete‹ Jude angewiesen auf eine fremde Vergangenheit.« (Arendt 1932, S. 125)

Bildung, so der Kern dieser Aussage, schafft eine Distanz des Gebildeten zu seinem vorherigen Dasein. Diese Distanz zu überbrücken, die eigene Vergangenheit eben nicht in Vergessenheit geraten zu lassen, hat Hirsch sich am eindringlichsten bemüht. Damit hat er das orthodoxe Judentum in die Emanzipation, die »nicht ohne Akkulturation gewährt werden sollte« (Däschler-Seiler 1997, S. 61), hinüber gerettet. Indem die jüdische Elite sich nun angesichts der Gefahr der Entwurzelung auf sich selbst besann, der eigenen Weiterentwicklung zuarbeitete, trieb sie aber wie nebenbei den emanzipatorischen Prozess voran. Bildung wurde im Zeitalter der Industrialisierung, die Deutschland in der zweiten Hälfte des 19. Jahrhunderts mit ganzer Wucht erfasste, zur wichtigen Ressource der kapitalistischen Führungsschicht und blieb freilich das Fundament des Bildungsbürgertums. Die kulturelle (und berufliche) Bildung platzierte die Juden in der Mitte der bürgerlichen Gesellschaft, ausgestattet mit den erforderlichen (auch ökonomischen) Merkmalen des Bürgers, stets an der Förderung des eigenen Bildungsniveaus interessiert, stets auf die Mehrung des ökonomischen Wohlstands bedacht. Das bürgerliche Judentum stellte in Deutschland, zumindest in Preußen, bald eine – kulturelle, finanzielle und wirtschaftliche – Säule des Staates dar (vgl. Messadié 2001, S. 298 f.). Die Verbürgerlichung erscheint daher letztlich als ein Zwischenschritt, der die Emanzipation unumgänglich machte. Lässig hat diesen bis in die jüngste Zeit kaum gesehenen Vorgang präzise analysiert und ist auf ganz anderem Wege zu einem auch für die vorliegende Arbeit passenden Schluss gekommen. Eine abschließende Antwort auf die Frage, die über diesem Kapitel steht, kann damit formuliert werden. Lässig resümiert, die Erziehung zur Bürgerlichkeit, sie wurde hier als Bildung und Akkulturation verstanden, habe sich als besonders geeignete Strategie erwiesen, »um unter den Bedingungen der Moderne – in einem permanenten Konstruktions- und Dekonstruktionsprozess – eine neue, nicht mehr allein religiös definierte, sondern hybride »jüdische Identität« auszuformen« (Lässig 2004,

S. 665).

Um den womöglich hier bisweilen erweckten Eindruck zu relativieren, es habe sich bei dem von den jüdischen Aufklärern und Reformern forcierten Prozess um einen stets bewusst geplanten gehandelt, sei hier in Anlehnung an Lässig auf eine Besonderheit dieses Prozesses hingewiesen. Akkulturation, der Erwerb kultureller und sozialer Kompetenzen, die sich unter den Bildungsbegriff subsumieren lassen, geschieht freilich weder von jetzt auf gleich noch lässt sie sich rein planmäßig herbeiführen. Die erörterten Gedankengänge jüdischer Protagonisten der Emanzipationsepoche bergen in sich gewisse Absichten, entfalteten ihre nicht problemlos zuordenbare Wirkung mit Blick auf Verbürgerlichung, Emanzipation und Transformation des Judentums aber durch unbewusst strukturierte Gedanken und Handlungen der Zeitgenossen, die dem fraglichen Prozess erst seine Dynamik verliehen (vgl. ebd., S. 667). Lässig hat sich der »Verankerung der bürgerlichen Bildungsidee im jüdischen Alltag« (ebd., S. 213) über die Untersuchung zeitgenössischer Autobiografien zu nähern versucht. Die Bedeutung der Bildung in der deutschen Judenheit wird hier konkret erfahrbar. Sicher ließe sich an diese Methode, in Kombination mit der ebenfalls aufschlussreichen Auswertung amtlicher Statistiken über Schul- und Universitätsbesuch, anknüpfen. Noch zahlreiche Tagebücher, Briefwechsel und weitere persönliche Dokumente ließen sich in Aussicht auf Hinweise auf die zunehmende Bedeutung von Bildung und Ausbildung im Leben deutscher Juden auswerten. Lässig vertritt die Auffassung, das »rare Gut Bildung – in codierter wie in funktionaler Form –« sei »der Schlüssel und eine der wichtigsten Wegmarken für die Verbürgerlichung des Einzelnen wie der Gruppe« (ebd., S. 241) gewesen. Während Lässig zu diesem Schluss über die Auswertung konkreter wirtschaftlicher, sozialer und autobiografischer Lebensäußerungen gelangt, wurde in dieser Arbeit gewissermaßen von einer anderen Seite herkommend die ideengeschichtliche Begleitung dieses Vorgangs untersucht. Die bildungstheoretische wie -historische Erörterung der Wandlungen im jüdischen Bildungsverständnis von Wessely bis Hirsch, vor dem Hintergrund der lange hinausgezögerten Emanzipation, macht im Ergebnis eines ebenso deutlich: »Die deutschen Juden hatten ... die Logik der konditionalen Emanzipation für die Interessen der eigenen Bezugsgruppe umgedeutet und instrumentalisiert. Ungeachtet aller Enttäuschung fungierte die Bildungsoffensive damit als ein zentrales Medium der individuellen wie der kollektiven (Auto-)Emanzipation« (ebd., S. 242). Gleiches gilt für das Bildungsverständnis, dessen Umdeutungen – von jüdischer Gelehrsamkeit bis hin zur Idee jüdischer Bildung – als Mittel der Emanzipation betrachtet werden können.

Resümee

Obgleich im vorangegangenen Kapitel bereits eine Beantwortung der Frage, inwiefern Bildung als Medium der Emanzipation gelten kann, versucht und damit einer resümierenden Schlussbetrachtung in gewisser Hinsicht vorausgeschickt wurde, soll nun nochmals dieser Frage nachgegangen werden. Dabei sollen die Wandlungen der thematisierten Bildungsauffassungen abschließend reflektiert werden.

Insgesamt ist deutlich geworden, dass die aktive Auseinandersetzung mit der Bildungsidee mitsamt ihrer verschiedenen Konnotationen durch die jüdischen Aufklärer und gleichfalls durch die Orthodoxie durchaus vor dem Hintergrund einer Funktionalisierung der Bildung gesehen werden kann. Damit ist gemeint, dass Bildung und Erziehung (als Instrument der Vermittlung von Bildung in der Schule) der Idee nach für die Juden stets nicht nur der Selbstvervollkommnung diente, sondern ganz selbstverständlich auch der Akkulturation und darüber der Emanzipation. Die Aufklärer Wessely und Friedländer nahmen die Forderung Dohms nach der *Verbesserung* der Juden als Herausforderung an und bemühten sich um programmatische Antworten zur Erziehungs- und Religionsreform. Mendelssohn wiederum, das ist ebenfalls deutlich geworden, muss als ihr Wegbereiter gelten. Sein Bildungsverständnis und damit das der Aufklärung wurde zur Grundlage der Konzepte Wesselys und Friedländers, aber auch Hirsch belebte die Idee der Vervollkommnung auf die ihm eigneide Weise.

Die Zweckgebundenheit der Bildung im Emanzipationsprozess ist zwar nicht immer gleich offensichtlich, schwingt bei den jüdischen Aufklärern stets mit und wird von Hirsch beinahe gänzlich (und wohl unbewusst) verschleiert. Bewusstes Anliegen und unbewusstes, zumindest nicht immer artikuliertes Hoffen wechseln einander ab und lassen bisweilen die Zielsetzungen der Aufklärer wie der Orthodoxen verschwimmen. Gleichwohl offenbart der Blick auf das jüdische, freilich als Einheit gar nicht existierende Bildungsverständnis erneut die Illusion der Zweckfreiheit von Bildung überhaupt. Bildung dient dem (häufig missverstandenen) neuhumanistischen Ideal nach zuallererst, aber nicht exklusiv der Entwicklung des Individuums für sich. Tatsächlich täuscht dieses Ideal bisweilen über die Funktionalisierung der Bildung im entstehenden Bildungsbürgertum hinweg, die der Übergang von der feudalen Gesellschaft zu einer bürgerlichen Gesellschaft notwendig gemacht hat. Eine bildungstheoretische Untersuchung speziell dieses Aspektes, des Zusammenhangs zwischen bürgerlicher Selbstabschottung im frühen 19. Jahrhundert und der Ausgestaltung des neuzeitlichen Bildungsideals wäre auch im Hinblick auf die Verbürgerlichung der Juden von Interesse, da hier womöglich auch ein Grund zu finden ist, warum es zur toleranten Aufnahme der Juden in die Mehrheitskultur nicht gekommen ist. Welche Rolle spielte das Bildungsideal der Mehrheitskultur für die Bildung der jüdischen Subkultur? Eine Frage, die hier nicht mehr geklärt werden kann.

In einem konzentrierten Rückblick soll nun nochmals aufgezeigt werden wie sich der Bildungsgedanke bei Mendelssohn, Wessely und Friedländer sowie schließlich bei Hirsch äußert. Bei Mendelssohn findet sich Bildung noch eher als Medium der kulturellen und moralischen Verbesserung seiner jüdischen Glaubensgenossen. Mendelssohn liefert die theoretische Rechtfertigung der Vereinbarkeit von Vernunft und Judentum in der Hoffnung, damit das Gewissen der preußischen Obrigkeit zur rechtlichen Gleichstellung der Juden zu bewegen. In sein Bildungsverständnis integriert Mendelssohn universelle Prinzipien der Sittlichkeit und der Weltgewandtheit. Seine Unterscheidung zwischen der Bestimmung als Mensch und als Bürger hat bei Wessely und Friedländer dankbare Aufnahme gefunden. Hartwig Wessely, gelehrter Jude und später zu den Maskilim gezählt, bemüht sich im Anschluss an die doppelte Bestimmung des Menschen um eine Reform der jüdischen Erziehung in zwei Richtungen. Zunächst widmet sich seine Erziehungsauffassung ganz der Erneuerung des Judentums, indem sich dieses auf seine Essenz(en), hebräische Sprache und Tora, besinnen soll. Es soll aber sodann auch mit der Umgebungskultur kompatibel werden, indem die deutsche Sprache Einzug in den Unterricht erhält. Wessely wurde von Traditionellen ebenso missverstanden wie von vielen jüdischen

Aufklärern, was mehr ihm persönlich geschadet zu haben scheint als der Verbreitung seiner Ideen.

Während das Motiv der Akkulturation bei Mendelssohn und bei Wessely noch eher hervortritt als das der Emanzipation, zielt Friedländers Programmatik deutlich auf die Emanzipation ab. Der selbst ernannte Nachfolger Mendelssohns bindet die Reform von Erziehung und Judentum an das Ziel der Emanzipation. Sein Scheitern, nicht das seiner Ideen aber seiner Programmatik, zeigt den mangelnden direkten Einfluss der Maskilim auf die politische Durchsetzung der Emanzipation. Ihr Einfluss erfolgte tatsächlich eher vermittelt über die Ideen, mit denen sie den Emanzipationsprozess in Gang setzten. Die Verbindung von Judentum *und* Bildung war stets auch das Anliegen der jüdischen Aufklärer, von denen nur wenige das Judentum verließen und sich dem Atheismus zuwendeten.

Hirschs Konzeption hat deutlich werden lassen, dass auch die Orthodoxie Ideen der Aufklärung in ihre Erziehungsauffassung integrierte, wenn sie auch die autonome Auslegung der Schrift – wie von Friedländer gefordert – verneinte und damit hinter die (radikale) Aufklärung zurück fiel. Den Besonderheiten des orthodoxen Bildungsideals würden weitere Untersuchungen, die speziell auch die Rezeption deutscher Kulturgüter in den Blick nehmen, sicher aufschlussreiche Erkenntnisse abgewinnen über die Möglichkeit der Verbindung strenger Religiosität mit dem Anspruch auf Teilhabe in einer sich als aufgeklärt verstehenden Gesellschaft.

Blickt man über die bildungstheoretischen Erörterungen hinaus, so bestätigt sich auch die These, dass die eifrige Anhäufung von Bildung als kulturellem Kapital (Bourdieu) durch die deutschen Juden seit der Aufklärungszeit auch dem Eintritt ins (Bildungs-) bürgertum diente, wobei das Endziel der Emanzipation hin und wieder ob seiner zeitweise unmöglich erscheinenden Realisierung aus dem Sinn geriet. Es erwies sich für die Juden in Deutschland, dass der Eintritt in das deutsche Bürgertum nicht zwangsläufig die erhoffte breite gesellschaftliche Anerkennung mit sich brachte, von der vollständigen Emanzipation ganz zu schweigen. Bildung, d.h. deren kultureller Aspekt, wurde dann mehr und mehr zum Merkmal einer jüdischen Subkultur, die sich bald zum Bewahrer des deutschen Bildungsideals empor schwang. Dieser Aspekt wurde jedoch nicht in seiner möglichen Breite diskutiert. Eben dies gilt für die von Walter Grab beschriebene paradoxe Entwicklung, dass der Antisemitismus parallel zur Anpassung gebildeter Juden an die Mehrheitskultur wuchs, womöglich dessen Korrelat darstellt. Inwiefern deutsch-national gesinnte Intellektuelle von der wachsenden Bildung der Juden überfordert waren, sich (materiell) in Gefahr wähnten, ist die Sache anderer Untersuchungen. Während Bildung und Akkulturation zwei Seiten derselben Medaille zu sein scheinen, bleibt die Frage nach der Erwartungshaltung der Mehrheitskultur hinsichtlich des Grades der Assimilation einer Minderheit offen.

Erneut kann nun Jouhy zitiert werden, demzufolge »Bildung ... für die Juden die Teilhabe an der Vielfalt der Kulturen und gleichzeitig Fortsetzung der eigenen Tradition, des Buches der Bücher« (Jouhy 1986, S. 276) hieß. Galt dies nun vor der Aufklärung nicht, so galt es später sowohl im liberalen, die Aufklärung bejahenden Judentum als auch (zwar abgeschwächt) im aufklärungskritischen orthodoxen Judentum. Dass einer kulturell-religiösen Minderheit dergleichen zugestanden werden sollte, macht ein Blick auf die jüdische Geschichte deutlich. Die Juden mussten bis zur Emanzipation, die weitere Probleme mit sich brachte, eine lange Serie von Enttäuschungen hinnehmen, ihr Bildungs- und Selbstverständnis geradezu hoffnungslos modifizieren und fanden sich schließlich auf sich selbst zurück verwiesen. Dass der überzogene Anpassungsdruck einer Mehrheitskultur nicht Assimilation, sondern vielmehr kulturelle Verwirrung oder den Rückzug in die Subkultur bedeuten kann, ist auch in dieser Arbeit deutlich geworden. Friedländers späte Rechtfertigung der Beibehaltung des Judentums ist von religiöser Indifferenz überschattet, während Hirschs Verständnis das aufklärerische Potenzial der Bildung weitgehend negiert.

Literaturverzeichnis

Abegg, J. F. (1798): Reisetagebuch von 1798, hrsg. von Walter und Jolanda Abegg in Zusammenarbeit mit Zwi Batscha. Frankfurt am Main 1987

Altmann, A. (1981): Aufklärung und Kultur bei Moses Mendelssohn. In: Hinske, N. (Hrsg.): Ich handle mit Vernunft ... : Moses Mendelssohn u. d. europäische Aufklärung. Hamburg, S. 1-14

Arendt, H. (1932): Aufklärung und Judenfrage. In: dies. (Hrsg.): Die verborgene Tradition: 8 Essays. Frankfurt am Main 1976, S. 108-125

Battenberg, F. (1990): Das europäische Zeitalter der Juden. Zur Entwicklung einer Minderheit in der nichtjüdischen Umwelt Europas. Darmstadt

Behm, B. L. (2002): Moses Mendelssohn und die Transformation der jüdischen Erziehung in Berlin : eine bildungsgeschichtliche Analyse zur jüdischen Aufklärung im 18. Jahrhundert. Münster/New York u.a.

Ben-Sasson, H. H. (1969): Geschichte des jüdischen Volkes: von den Anfängen bis zur Gegenwart. 3. Aufl.. München 1995

Benner, D. (2007): Aufklärung, Bildung und Kultur. Anmerkungen zu Kants Beantwortung der Frage: ›Was ist Aufklärung?‹ und zu Mendelssohns Essay »Über die Frage: was heißt aufklären?«. In: Fuchs, B. (Hrsg.): Urteilskraft und Pädagogik. Beiträge zu einer pädagogischen Handlungstheorie ; Lutz Koch zum 65. Geburtstag. Würzburg, S. 31-47

Berding, H. (1988): Moderner Antisemitismus in Deutschland. Frankfurt am Main

Berghahn, K. L. (2000): Grenzen der Toleranz. Juden und Christen im Zeitalter der Aufklärung. Köln/Weimar/Wien

Bergmann, J./Bernfeld, S./Elbogen, I. (1929): Gedenkbuch für Moses Mendelssohn. Berlin

Böhm, W. (2004): Geschichte der Pädagogik. München

Böhm, W. (2000): Wörterbuch der Pädagogik. Stuttgart

Böning, H. (2007): Bildungsbegeisterung und Bücherliebe im 18. Jahrhundert – Der lesende und philosophierende Bauer Johann Ludewig (1715-1760). In: Link, J.-W./ Tosch, F. (Hrsg.): Bildungsgeschichte(n) in Quellen. Bad Heilbrunn, S. 15-27

Bourdieu, P. (1992): Die verborgenen Mechanismen der Macht. Schriften zu Politik und Kultur. Hamburg

Brandt, H.-H. (1988): Vom aufgeklärten Absolutismus bis zur Reichsgründung: Der mühsame Weg der Emanzipation. In: Müller, K./Wittstadt, K. (Hrsg.): Geschichte und Kultur des Judentums. Eine Vorlesungsreihe an der Julius-Maximilians-Universität Würzburg. Würzburg, S. 175-200

Breuer, E. (2001): Naphtali Herz Wessely and the Cultural Dislocations of an Eighteenth-Century Maskilim. In: Feiner, S./Sorkin, D. (Hrsg.): New Perspectives on the Haskalah. London/Portland, S. 27-47

Breuer, M. (1987): Samson Raphael Hirsch und seine Neunzehn Briefe. In: Hirsch, S. R.: Neunzehn Briefe über Judentum. Zürich, S. 1-4

Celan, P. (1963): Die Niemandsrose. In: Gesammelte Werke in sieben Bänden. Erster Band, S. 205-291. Frankfurt am Main 2000

Ciafardone, R. (1990): Einleitung. In: ders. (Hrsg.): Die Philosophie der deutschen Aufklärung. Texte und Darstellung. Stuttgart, S. 11-38

Däschler-Seiler, S. (1997): Auf dem Weg in die bürgerliche Gesellschaft. Joseph Maier und die jüdische Volksschule im Königreich Bayern. Stuttgart

Delgado, M. (2004): Der Mythos „Toledo" – Zur Konvivenz der drei monotheistischen Religionen und Kulturen im mittelalterlichen Spanien. In: Hering, S. (Hrsg.): Toleranz – Weisheit, Liebe oder Kompromiss? multikulturelle Diskurse und Orte. Opladen, S. 69-91

Düntzer, H./Herder, F. G. v. (1857): Mendelssohn an Herder. Ungedruckte Briefe von Herder und dessen Gattin, Goethe, Schiller, Klopstock, Lenz, Jean Paul, Claudius, Lavater, Jacobi und andern bedeutenden Zeitgenossen. Zweiter Band: Lavater, Mendelssohn, Fr. H. Jacobi, J. G. Zimmerman, G. Forster, August Herder. Frankfurt am Main

Ehrmann, S. (1987): Einführung. In: Hirsch, S. R.: Neunzehn Briefe über Judentum. Zürich, S. III-XVII

Eliav, M. (1960): Jüdische Erziehung in Deutschland im Zeitalter der Aufklärung und Emanzipation. Münster/New York/München/Berlin 2001

Elvers, R./Klein, H.-G. (1983): Die Mendelssohns in Berlin: Eine Familie und ihre Stadt. Wiesbaden

Eschelbacher, J. (1916): Die Anfänge allgemeiner Bildung unter den deutschen Juden vor Mendelssohn. In: Gesellschaft zur Förderung der Wissenschaft des Judentums (Hrsg.): Beiträge zur Geschichte der deutschen Juden. Festschrift zum siebzigsten Geburtstage Martin Philippsons. Leipzig, S. 168-177

Feiner, S. (2002): Haskalah and History. The Emergence of a Modern Jewish Historical Consciousness. Oxford

Feiner, S. (2001): Towards a Historical Definition of the Haskalah. In: Feiner, S./Sorkin, D. (Hrsg.): New Perspectives on the Haskalah. London/Portland, S. 184-219

Fertig, L. (1984): Zeitgeist und Erziehungskunst. Eine Einführung in die Kulturgeschichte der Erziehung in Deutschland von 1600 bis 1900. Darmstadt

Fichte, J. G. (1793): Beiträge zur Berichtigung der Urtheile des Publicums über die französische Revolution. In: ders.: Fichtes Werke. Band IV. Berlin 1971, S. 39-288

Freund, I. (1912): Die Emanzipation der Juden in Preußen, unter besonderer Berücksichtigung des Gesetzes vom 11. März 1812; ein Beitrag zur Rechtsgeschichte der Juden in Preußen. Zweiter Band. Berlin

Friedländer, D. (1799): Sendschreiben an Seine Hochwürden, Herrn Oberconsistorialrath und Probst Teller zu Berlin. Von einigen Hausvätern jüdischer Religion. In: Allgemeine Literatur-Zeitung, 145. Berlin, S. 329-333

Friedländer, D. (1788): Über den besten Gebrauch der heiligen Schrift in pädagogischer Rücksicht. (Orig. in: Der Prediger, Berlin 1788, S. 3-72). In: Lohmann, U./Lohmann, I. (Hrsg.): »Lerne Vernunft!« Jüdische Erziehungsprogramme zwischen Tradition und Modernisierung. Quellentexte aus der Zeit der Haskala, 1760-1811. Münster/New York u.a. 2005, S. 61-81

Friedländer, D. (1812): Über die durch die neue Organisation der Judenschaften in den preußischen Staaten nothwendig gewordene Umbildung ihres Gottesdienstes in den Synagogen, ihrer Unterrichts-Anstalten und deren Lehrgegenstände und ihres Erziehungswesens überhaupt. Nachdruck nebst Anhang, hrsg. von M. Stern. Berlin 1934

Fuhrmann, M. (2002): Bildung. Europas kulturelle Identität. Stuttgart

Gay, P. (1966): The Enlightenment: The Rise of Modern Paganism. New York 1995

Grab, W. (1991): Der deutsche Weg der Judenemanzipation. 1789-1938. München

Greyerz, K. v. (2000): Religion und Kultur: Europa 1500-1800. Göttingen

Hampson, N. (1968): A Cultural History of the Enlightenment. New York

Hartwich, W.-D. (2005a): Messianische Mythen und Romantischer Antisemitismus. Von Achim von Arnim zu Richard Wagner. In: Bormann, A. v. (Hrsg.): Romantische Religiosität. Würzburg, S. 243-263

Hartwich, W.-D. (2005b): Romantischer Antisemitismus. Von Klopstock bis Richard Wagner. Göttingen

Herlitz, G./Kirschner, B. (Begr.) (1927): Jüdisches Lexikon: ein enzyklopädisches Handbuch des jüdischen Wissens in 4 Bänden. 2. Aufl.. Frankfurt am Main 1987

Hertz, D. (1991): Die jüdischen Salons im alten Berlin (engl. Orig.: Jewish high society in old regime Berlin). Frankfurt am Main

Herzog, E./Zborowski, M. (1991): Das Schtetl. Die untergegangene Welt der osteuropäischen Juden (engl. orig. erschien 1952). Frankfurt am Main/Wien

Hinske, N. (1990): Die tragenden Grundideen der deutschen Aufklärung. Versuch einer Typologie. In: Ciafardone, R. (Hrsg.): Die Philosophie der deutschen Aufklärung. Texte und Darstellung. Stuttgart, S. 67-100

Hinske, N. (1981): Mendelssohns Beantwortung der Frage: Was ist Aufklärung? oder Über die Aktualität Mendelssohns. In: ders. (Hrsg): Ich handle mit Vernunft ... : Moses Mendelssohn u. d. europäische Aufklärung. Hamburg, S. 85-117

Hirsch, E. (1949): Geschichte der neuern evangelischen Theologie im Zusammenhang mit den allgemeinen Bewegungen des europäischen Denkens, Bd. 1. Gütersloh

Hirsch, E. (1952): Geschichte der neuern evangelischen Theologie im Zusammenhang mit den allgemeinen Bewegungen des europäischen Denkens, Bd. 4. Gütersloh

Hirsch, S. R. (1908): Gesammelte Schriften von Rabbiner Samson Raphael Hirsch, hrsg. von Naphtali Hirsch. Bd. 1, 2. Aufl.. Frankfurt am Main

Hirsch, S. R. (1904): Gesammelte Schriften von Rabbiner Samson Raphael Hirsch, hrsg. von Naphtali Hirsch. Bd. 2. Frankfurt am Main

Hirsch, S. R. (1987): Neunzehn Briefe über Judentum. Zürich

Holstein, H. (1977): Allgemeinbildung. In: Rombach, H. (Hrsg.): Wörterbuch der Pädagogik. Abendschulen bis Genetische Methode. Freiburg/Basel/Wien, S. 16-18

Jersch-Wenzel, S. (1974): Die Lage von Minderheiten als Indiz für den Stand der Emanzipation einer Gesellschaft. In: Wehler, H.-U. (Hrsg.): Sozialgeschichte Heute. Festschrift für Hans Rosenberg zum 70. Geburtstag. Göttingen, S. 365-387

Ruhloff (2004): Emanzipation. In: Benner, D./Oelkers, J. (Hrsg.): Historisches Wörterbuch der Pädagogik. Weinheim/Basel, S. 279-287

Jouhy, E. (1986): Vielfalt der Kulturen – Einheit der Bildung. Ein Beispiel: Judentum. In: Tenorth, H.-E. (Hrsg.): Allgemeine Bildung: Analysen zu ihrer Wirklichkeit, Versuche über ihre Zukunft. Weinheim/München, S. 267-287

Kahn, G. (1993): Janusz Korczak und die jüdische Erziehung. Janusz Korczaks Pädagogik auf dem Hintergrund seiner jüdischen Herkunft. 2. Aufl.. Weinheim

Kant, I. (1993): Die drei Kritiken in ihrem Zusammenhang mit dem Gesamtwerk, mit verbindendem Text zusammengefasst von Raymund Schmidt. Stuttgart

Kant, I. (1838): Immanuel Kants sämmtliche Werke, hrsg. von Karl Rosenkranz und Friedrich Wilhelm Schubert. Leipzig

Katz, J. (1986): Aus dem Ghetto in die bürgerliche Gesellschaft: jüdische Emanzipation 1770-1870. Frankfurt am Main

Katz, J. (1994): Begegnung von Deutschen und Juden in der Geistesgeschichte des 18. Jahrhunderts. Tübingen

Katz, J. (1985): German Culture and the Jews. In: Reinharz, J./Schatzberg, W. (Hrsg.): The Jewish Response to German Culture. Hanover/London, S. 85-99

Katz, J. (2002): Tradition und Krise – Der Weg der jüdischen Gesellschaft in die Moderne. München

Kayserling, M. (1867): Ein vergessener Zeitgenosse Mendelssohns. In: Frankel, Z. (Hrsg.): Monatsschrift für Geschichte und Wissenschaft des Judentums, unter Mitwirkung mehrerer Gelehrten. Sechzehnter Jahrgang. Breslau, S. 161-167

Kayserling, M. (1862): Moses Mendelssohn. Sein Leben und seine Werke. Leipzig

Kirn, H.-M. (2004): »Ihr Palästina ist sodann da, wo sie leben und edel wirken […]«. Juden und Judentum bei Johann Gottfried Herder (1744-1803). In: Beutel, A./Leppin, V. (Hrsg.): Religion und Aufklärung. Studien zur neuzeitlichen »Umformung des Christlichen«. Leipzig, S. 131-146

Kocka, J. (1987): Bürgertum und Bürgerlichkeit als Probleme der deutschen Geschichte vom späten 18. zum frühen 20. Jahrhundert. In: Kocka, J. (Hrsg.): Bürger und Bürgerlichkeit im 19. Jahrhundert. Göttingen, S. 21-63

Kümper, M. (2004): Interkulturelle Begegnung und innerjüdischer Diskurs in der Epoche der Haskala am Beispiel Naphtali Hartwig Wesselys (1725-1805) pädagogischem Manifest Divrei schalom ve'emet (1782). In: Krech, Vl./Schwartz, Y. (Hrsg.): Religious apologetics, philosophical argumentation. Tübingen, S. 439-458

Kurzweil, Z. E. (1987): Hauptströmungen jüdischer Pädagogik in Deutschland von der Aufklärung bis zum Nationalsozialismus. Frankfurt am Main

Lässig, S. (2004): Jüdische Wege ins Bürgertum. Kulturelles Kapital und sozialer Aufstieg im 19. Jahrhundert. Göttingen

Lohmann, I. (2008): Über die Anfänge bürgerlicher Gesprächskultur – Moses Mendelssohn (1729-1786) und die Berliner Aufklärung. Vortrag, gehalten im Jüdischen Salon am Grindel/Café Leonar, Hamburg am 4. Mai 2008. http://www.erzwiss.uni-hamburg.de/Personal/Lohmann/Publik/Mendelssohn.pdf

Lohmann, I./Lohmann, U. (2002): Die jüdische Freischule in Berlin im Spiegel ihrer Programmschriften (1803-1826). In: Herzig, A./Horch, H. O./Jütte, R. (Hrsg.): Judentum und Aufklärung: Jüdisches Selbstverständnis in der bürgerlichen Öffentlichkeit. Göttingen, S. 66-90

Lohmann, I./Lohmann, U. (2001): hevrat Chinuch Nearim Die jüdische Freischule in Berlin (1778-1825) im Umfeld preußischer Bildungspolitik und jüdischer Kultusreform. Eine Quellensammlung. 2 Bände. Münster/New York/München/Berlin

Lohmann, U. (2002): ‚Interkulturalität' in der Bildungskonzeption David Friedländers. In: Behm, B. L./Lohmann, I./Lohmann, U. (Hrsg.): Jüdische Erziehung und aufklärerische Schulreform: Analysen zum späten 18. Und frühen 19. Jahrhundert. Münster/New York/München/Berlin, S. 291-306

Lohrmann, K. (2000): Zwischen Finanz und Toleranz: das Haus Habsburg und die Juden. Graz/Wien/Köln

Marcus, L. (1960): Heinrich Heine in Selbstzeugnissen und Bilddokumenten. Reinbek

Martyn, D. (2001): Nachwort. In: ders. (Hrsg.): Jerusalem oder über religiöse Macht und Judentum : Vorrede zu Manasseh Ben Israels „Rettung der Juden", nach den Erstausg. neu. ed. und mit einem Nachwort vers. von D. Martyn. Bielefeld, S. 137-155

Meisl, J. (1919): Haskalah. Geschichte der Aufklärungsbewegung unter den Juden in Russland. Berlin

Mendelssohn, M. (1784): Aufklärung als Aufklärung des Volkes. In: Ciafardone, R. (Hrsg.): Die Philosophie der deutschen Aufklärung. Texte und Darstellung. Stuttgart, S. 338-342

Mendelssohn, M. (1976): Gesammelte Schriften, hrsg. von Georg Benjamin Mendelssohn (Nachdr. der Ausg. Leipzig 1863). Band V. Hildesheim

Mendelssohn, M. (1783): Jerusalem oder über religiöse Macht und Judentum. In: Martyn, D. (Hrsg.): Jerusalem oder über religiöse Macht und Judentum : Vorrede zu Manasseh Ben Israels „Rettung der Juden", nach den Erstausg. neu. ed. und mit einem Nachwort vers. von D. Martyn. Bielefeld 2001, S. 31-136

Mendelssohn, M. (1844): Moses Mendelssohns gesammelte Schriften, hrsg. von Georg Benjamin Mendelssohn. Leipzig

Mendelssohn, M. (1755): Philosophische Gespräche. Berlin

Messadié, G. (2001): Verfolgt und auserwählt. Die lange Geschichte des Antisemitismus (franz. Orig. erschien 1999). München

Meyer, M. A. (1967): The Origins of the Modern Jew. Jewish Identity and European Culture in Germany, 1749-1824. Detroit

Mosse, G. L. (1990): Das deutsch-jüdische Bildungsbürgertum. In: Koselleck, R. (Hrsg.): Bildungsbürgertum im 19. Jahrhundert. Teil 2: Bildungsgüter und Bildungswissen. Stuttgart, S. 168-180

Mosse, G. L. (1980): Masses and Man. Nationalist and Fascist Perceptions of Reality. New York

Muhlack, U. (1990): Bildung zwischen Neuhumanismus und Historismus. In: Koselleck, R. (Hrsg.): Bildungsbürgertum im 19. Jahrhundert. Teil II : Bildungsgüter und Bildungswissen. Stuttgart, S. 80-105

Richarz, M. (1989): Bürger auf Widerruf: Lebenszeugnisse deutscher Juden 1780-1945. München

Richarz. M. (1974): Der Eintritt der Juden in die akademischen Berufe. Jüdische Studenten und Akademiker in Deutschland 1678-1848. Tübingen

Rombach, H./Hillmann, K. (1977): Bürgerliche Gesellschaft. In: Rombach, H. (Hrsg.): Wörterbuch der Pädagogik. Abendschulen bis genetische Methode. Freiburg/Basel/Wien, S. 157-162

Rosenblüth, P. E. (1977): Samson Raphael Hirsch. Sein Denken und Wirken. In: Liebeschütz, H./Paucker, A. (Hrsg.): Das Judentum in der deutschen Umwelt (1800-1850). Tübingen, S. 293-324

Rosten, L. (2006): Jiddisch. Eine kleine Enzyklopädie. München

Schleiermacher, F. (1984): Kritische Gesamtausgabe, Schriften aus der Berliner Zeit 1796-1799, hrsg. von Günter Meckenstock. Berlin/New York

Schmidt, H. (1978): Philosophisches Wörterbuch. Neu bearb. von G. Schischkoff, 20. Aufl.. Stuttgart

Schmitt, H. (1998): Haskala und Philanthropismus: Begegnung und Austausch. In: Hyams, H.-U. u.a. (Hrsg.): Jüdisches Kinderleben im Spiegel jüdischer Kinderbücher. Oldenburg, S. 59-66

Schneiders, W. (1992): Aufklärungsphilosphien. In: Jüttner, S./Schlobach, J. (Hrsg.): Europäische Aufklärung(en). Einheit und nationale Vielfalt. Hamburg, S. 1-25

Schochat, A. (1960): Der Ursprung der jüdischen Aufklärung in Deutschland. Frankfurt am Main 2000

Schoeps, J. (1996): Deutsch-jüdische Symbiose oder Die mißglückte Emanzipation. Berlin u.a.

Schoeps, J. H. (1979): Moses Mendelssohn. Königstein/Ts.

Schulte, C. (2002): Die jüdische Aufklärung. Philosophie, Religion, Geschichte. München

Seligmann, C. (1922): Geschichte der jüdischen Reformbewegung von Mendelssohn bis zur Gegenwart. Frankfurt am Main

Sen, Amartya (2007): Die Identitätsfalle. Warum es keinen Krieg der Kulturen gibt. München

Simon, E. A. (2002): Der pädagogische Philanthropinismus und die jüdische Erziehung (zuerst erschienen 1953). In: Behm, B. L./Lohmann, I./Lohmann, U. (Hrsg.): Jüdische Erziehung und aufklärerische Schulreform: Analysen zum späten 18. Und frühen 19. Jahrhundert. Münster/New York/München/Berlin, S. 13-65

Simon, H./Simon, M. (1999): Geschichte der jüdischen Philosophie. Leipzig

Sorkin, D. (1987): The Transformation of German Jewry, 1780-1840. New York/Oxford

Stemberger, G. (1995): Jüdische Religion. 5. Aufl.. München 2006

Strowig, R. (1996): Religion und Aufklärung bei Moses Mendelssohn. Marburg

Tenorth, H.-E./ Tippelt, R. (2007): BELTZ Lexikon Pädagogik. Weinheim/Basel

Toury, J. (1966): Die politischen Orientierungen der Juden in Deutschland. Von Jena bis Weimar. Tübingen

Toury, J. (1977): Soziale und politische Geschichte der Juden in Deutschland 1847-1871. Zwischen Revolution, Reaktion und Emanzipation. Düsseldorf

Trepp, L. (1996): Geschichte der deutschen Juden. Stuttgart/Berlin/Köln

Volkov, S. (1988): Die Verbürgerlichung der Juden in Deutschland. Eigenart und Paradigma. In: Kocka, J. (Hrsg.): Bürgertum im 19. Jahrhundert. Deutschland im europäischen Vergleich. München, S. 343-371

Voßkamp, W. (1992): Perfectibilité und Bildung. Zu den Besonderheiten des Bildungskonzepts im Kontext der europäischen Utopie- und Fortschrittsdiskussion. In: Jüttner, S./Schlobach, J. (Hrsg.): Europäische Aufklärung(en). Einheit und nationale Vielfalt. Hamburg, S. 117-126

Wessely, N. H. (1782): Worte der Wahrheit und des Friedens. Erstes Sendschreiben und Zweiter Brief (Auszug). In: Lohmann, I. (Hrsg.): Chevrat Chinuch Nearim: die jüdische Freischule in Berlin (1778-1825) im Umfeld preußischer Bildungspolitik und jüdischer Kulusreform; eine Quellensammlung. Münster/New York u.a. 2001, S. 174-191

Wiener, M. (1933): Jüdische Religion im Zeitalter der Emanzipation. Herausgegeben und mit einem Nachwort versehen von Daniel Weidner. Berlin 2002

Wiesel, E. (1992): Die Weisheit des Talmud. Geschichten und Portraits. Freiburg/Basel/Wien

ibidem-Verlag

Melchiorstr. 15

D-70439 Stuttgart

info@ibidem-verlag.de

www.ibidem-verlag.de
www.ibidem.eu
www.edition-noema.de
www.autorenbetreuung.de

www.ingramcontent.com/pod-product-compliance
Lightning Source LLC
Chambersburg PA
CBHW051645230426
43669CB00013B/2446